2020年主题出版重点出版物

脱贫攻坚与精准扶贫：理论与实践

汪三贵 ◎ 著

中国人民大学农业与农村发展学院

人大农经精品书系

中国财经出版传媒集团

经济科学出版社
Economic Science Press

图书在版编目（CIP）数据

脱贫攻坚与精准扶贫：理论与实践/汪三贵著.
—北京：经济科学出版社，2020.10（2021.4 重印）
（人大农经精品书系）
ISBN 978-7-5218-1891-8

Ⅰ.①脱… Ⅱ.①汪… Ⅲ.①扶贫-研究-中国 Ⅳ.①F126

中国版本图书馆 CIP 数据核字（2020）第 176920 号

责任编辑：申先菊　吴　敏
责任校对：靳玉环
责任印制：邱　天　王世伟

脱贫攻坚与精准扶贫：理论与实践
汪三贵　著

经济科学出版社出版、发行　新华书店经销
社址：北京市海淀区阜成路甲 28 号　邮编：100142
总编部电话：010-88191217　发行部电话：010-88191522
网址：www.esp.com.cn
电子邮箱：esp@esp.com.cn
天猫网店：经济科学出版社旗舰店
网址：http://jjkxcbs.tmall.com
固安华明印业有限公司印装
787×1092　16 开　21.5 印张　300000 字
2020 年 10 月第 1 版　2021 年 4 月第 2 次印刷
ISBN 978-7-5218-1891-8　定价：138.00 元
（图书出现印装问题，本社负责调换。电话：010-88191510）
（版权所有　侵权必究　打击盗版　举报热线：010-88191661
QQ：2242791300　营销中心电话：010-88191537
电子邮箱：dbts@esp.com.cn）

前 言

2011年中国政府制定了《中国农村扶贫开发纲要（2011—2020年）》，确定了"到2020年，稳定实现扶贫对象不愁吃、不愁穿，保障其义务教育、基本医疗和住房。贫困地区农民人均纯收入增长幅度高于全国平均水平，基本公共服务主要领域指标接近全国平均水平，扭转发展差距扩大趋势"的总体目标。2013年11月，习近平总书记在湖南湘西考察时提出了"精准扶贫"并将其作为现阶段脱贫攻坚的基本方略。2015年11月，《中共中央 国务院关于打赢脱贫攻坚战的决定》正式发布。党的十九大将脱贫攻坚作为全面建成小康社会的三大攻坚战之一。脱贫攻坚与精准扶贫已经成为全党和全国人民在2020年必须完成的重要的战略任务，也是全面建成小康社会的关键。近几年来，从中央到地方，从各级政府部门到市场和社会组织，在中央统筹、省负总责、市县抓落实的组织体系下，广泛参与脱贫攻坚和精准扶贫实践，取得了显著的成效。

本书系统总结了这场人类历史上最大规模的、波澜壮阔的扶贫实践：一是通过对脱贫攻坚背景的阐述和分析，让读者理解中国为什么要吹响打赢脱贫攻坚战的号角，特别是理解到2020年消除绝对贫困的意义。二是通过系统分析脱贫攻坚的组织体系、政策体系，让读者理解中国脱贫攻坚是如何实施的，特别是理解中国的制度优势在大规模减贫中发挥了重要作用，同时通过具体实践深入阐述精准扶贫基本方略在脱贫攻坚战中的实施模式和路径，有利于读者理解精准扶贫理念。三是通过分析中国脱贫攻坚与精准扶贫的多维成效，让读者理解中国的脱贫攻坚的成效不光是真实可信的减贫成就，还有经济社会各方面的积极影响，有利于读者更加维护脱贫攻坚与精准扶贫事业。四是通过阐述和分析脱贫攻坚与乡村振兴的对接，让读者理解贫困的相对性以及乡村振兴阶段为什么转向相对贫困，相对贫困的本质是什么以及缓解相对贫困的主要策略。国家社会科学基金重大项目（项目批准号：15ZDC026）的研究成果一并收入本书，对本书的完成作出了重大贡献。

本书主要由中国人民大学中国扶贫研究院院长汪三贵教授等撰写，其他成员包括：胡骏、周园翔、冯紫曦、孙俊娜、曾小溪、白增博、金晓捷、马兰等。汪三贵教授专心潜心研究贫困问题30多年，提出了特殊类型（深度）贫困地区致贫机理和发展路径，分析了中国大规模减贫的经验、推动力量和制度因素，系统阐述了习近平总书记关于扶贫工作的重要论述和精准扶贫实践，前瞻性地研究了中国扶贫城乡一体化扶贫策略。

由于时间仓促，作者水平有限，书中难免存在不足或不妥之处，恳请读者批评指正，以便我们不断改进提高。

目 录

第一章 脱贫攻坚：全面建成小康社会背景下的一场攻坚战 / 1
  第一节 脱贫攻坚的背景 ………………………………………… 1
  第二节 脱贫攻坚的目标 ………………………………………… 11
  第三节 脱贫攻坚的理论和实践意义 …………………………… 16
  参考文献 …………………………………………………………… 31

第二章 脱贫攻坚的组织体系 / 33
  第一节 组织系统的构成 ………………………………………… 33
  第二节 "三位一体"大扶贫格局 ……………………………… 45
  第三节 政策制定、项目实施和监督考核机制 ………………… 57
  参考文献 …………………………………………………………… 70

第三章 脱贫攻坚的政策体系 / 76
  第一节 财政扶贫政策 …………………………………………… 77
  第二节 金融扶贫政策 …………………………………………… 82
  第三节 行业部门扶贫政策 ……………………………………… 91
  第四节 鼓励市场参与的政策 …………………………………… 106
  第五节 东西协作扶贫政策 ……………………………………… 109
  第六节 定点扶贫政策 …………………………………………… 111
  第七节 社会扶贫政策 …………………………………………… 114
  参考文献 …………………………………………………………… 117

第四章 精准扶贫：脱贫攻坚的实施模式和路径 / 124
  第一节 贫困人口的识别与瞄准 ………………………………… 125

第二节　产业扶贫模式 ·············· 132
　　第三节　就业扶贫模式 ·············· 143
　　第四节　易地扶贫搬迁的实施模式 ········ 148
　　第五节　生态扶贫的实施模式 ·········· 153
　　第六节　教育扶贫的实施模式 ·········· 163
　　第七节　健康扶贫的实施模式 ·········· 173
　　第八节　社会保障兜底模式 ··········· 182
　　参考文献 ···················· 190

第五章　脱贫攻坚与精准扶贫的成效 / 195
　　第一节　脱贫攻坚与精准扶贫的减贫成效 ····· 195
　　第二节　脱贫攻坚对区域发展的影响 ······· 198
　　第三节　脱贫攻坚与精准扶贫的社会效应 ····· 213
　　第四节　脱贫攻坚与精准扶贫的政治和其他效应 ·· 221
　　参考文献 ···················· 240

第六章　打赢脱贫攻坚战的经验及其理论解释 / 250
　　第一节　充分发挥制度优势 ··········· 250
　　第二节　坚持政府主导 ············· 254
　　第三节　大扶贫格局 ·············· 258
　　第四节　社会广泛参与 ············· 261
　　第五节　扶贫战略和政策的不断调整与完善 ···· 265
　　第六节　大规模的资源动员与扶贫投入 ····· 271
　　第七节　完善的考核监督机制 ·········· 275
　　参考文献 ···················· 277

第七章　决胜脱贫攻坚的难点和对策 / 280
　　第一节　大规模扶贫下的"逆向激励"难题 ···· 281
　　第二节　兼顾扶贫成本与扶贫效益问题 ····· 284
　　第三节　短期脱贫与可持续发展的矛盾 ····· 290

第四节　扶持对象与非扶持对象之间的模糊界限下的

　　　　"悬崖效应" ·············· 293

参考文献 ·············· 298

第八章　脱贫攻坚与乡村振兴的对接／301

第一节　乡村振兴下的扶贫目标 ·············· 301

第二节　乡村振兴下缓解相对贫困的策略 ·············· 309

第三节　乡村振兴下的扶贫体制与机制 ·············· 313

第四节　乡村振兴下的扶贫政策 ·············· 314

第五节　乡村振兴下的扶贫模式 ·············· 324

参考文献 ·············· 331

第一章

脱贫攻坚：全面建成小康社会背景下的一场攻坚战

中国是全球最大的发展中国家，自改革开放以来，党和政府一直非常重视扶贫开发工作，从家庭联产承包责任制、自上而下各级政府扶贫领导小组相继设立到《国家八七扶贫攻坚计划》和两个为期十年的《中国农村扶贫开发纲要》的发布，中国政府在制度构建、组织保障以及发展规划三个方面逐步展开扶贫开发工作，取得了举世瞩目的成绩，为全世界消除贫困之使命作出了卓越贡献，提供了重要典范。

到 2020 年，全面建成小康社会，实现第一个百年奋斗目标，是中国共产党对全国人民的庄严承诺。确保现行标准下农村贫困人口实现脱贫，贫困县全部摘帽，解决区域性整体贫困，是全面建成小康社会的底线任务和基本标志。为此，必须拿出更大力气，采取超常规举措、超大规模动员，全力攻坚克难，打赢打好脱贫攻坚战，确保贫困地区和贫困人口同全国人民一道迈入全面小康社会。

第一节 脱贫攻坚的背景

贫困问题是一个永恒的话题，是世界各国经济社会发展所面临的共同挑战。消灭贫困是一个世界性的重大课题，也是全人类面临的一项重要任务。让更多人摆脱贫困一直是世界各国共同奋斗的目标，也是各国政府的重要工作内容。2000年《联合国千年宣言》和2015年《2030年可持续发展议程》的相继出台，为世界各国提供了总体发展框架，明确了奋斗目标和时间节点，对加快全球在消除贫困、改善基本公共服务和环境等方面的进展具有重要的指引作用。

中国作为世界上最大的发展中国家，人口基数大，占世界人口的比重高，处于贫困状态的人口绝对数量大的基本国情决定了中国的扶贫工作状况将对国际减贫形势和格局产生持续且深远的影响。自千年发展目标制定以来，中国在坚持改革开放和经济发展的过程中，始终贯彻落实扶贫开发工作，扶贫政策始终随着贫困形势的变化而不断调整。在2015年千年发展目标到期时，中国的千年发展目标完成情况远远优于全球的整体水平，中国交出的减贫成绩单为全球实现千年发展目标作出了巨大贡献。在千年发展目标到期后，中国在习近平扶贫理论的指导下，减贫工作取得了新的历史性进展，有力推动了全球减贫事业的发展。但是，"贫中之贫、困中之困"的剩余贫困人口意味着减贫形势仍然严峻。全面建成小康社会目标的实现近在眼前，时间紧，任务重，必须拿出前所未有的力度打赢脱贫攻坚战，才能确保全国人民一道迈入全面小康社会。

一、全球消除一切形式贫困的目标指引

在2000年9月召开的联合国大会上，联合国191个成员国一致通过了一项行动计划：在2015年前，全球贫困水平降低一半（以1990年的水平为标准）。联合国千年首脑会议上，189个国家共同签署《联合国千年宣言》，将此行动计划作为重要目标，正式作出承诺。《联合

《千年宣言》确立了一个宏伟的人类发展愿景，以减贫为核心的千年发展目标（Millennium Development Goals，MDGs）。《联合国千年宣言》提出，"我们将不遗余力地帮助我们十亿多男女老少同胞摆脱目前凄苦可怜和毫无尊严的极端贫穷状况。我们决心使每一个人实现发展权，并使全人类免于匮乏"，同时决心"在2015年年底前，使世界上每日收入低于一美元的人口比例和挨饿人口比例降低一半，并在同一日期之前，使无法得到或负担不起安全饮用水的人口比例降低一半"。①

2015年是实现联合国千年发展目标的最后期限。过去的15年中，全球落实千年发展目标的努力取得显著进展，使数以亿计的民众摆脱贫困，实现或基本实现减贫、降低儿童死亡率等目标。每天生活低于1.25美元的极端贫困人口由1990年的19亿人下降到2015年的8.36亿人，极端贫困率由1990年的近50%下降到2015年的14%。尽管取得了很多成绩，全球总体实现了千年发展目标，但面对世界经济和政治格局的深刻变化以及一系列全球新挑战，如人口膨胀、资源短缺、环境退化、社会不公平加剧等，国际社会迫切需要重新审视可持续发展的理念和内涵，构建新的全球可持续发展治理框架，促进发展模式的根本转型。

联合国千年发展目标到期后，为促使国际社会根据人类发展新的形势和挑战继续开展广泛合作，2015年9月联合国可持续发展峰会在纽约联合国总部召开。联合国193个成员国在此次历史性的峰会上达成了共识，共同签署了一份重要的成果文件，即《2030年可持续发展议程》。这一纲领性文件提出了17项可持续发展目标和169项具体目标，即可持续发展目标（Sustainable Development Goals，SDGs），旨在推动世界在2030年前实现三个史无前例的非凡创举——消除极端贫穷、战

---

① 联合国. 联合国千年宣言［EB/OL］. (2000-09-08). http://www.un.org/chinese/ga/55/res/a55r2.htm.

胜不平等和不公正以及遏制气候变化。《2030年可持续发展议程》提出，"我们决心在现在到2030年的这一段时间内，在世界各地消除贫困与饥饿；消除各个国家内和各个国家之间的不平等；建立和平、公正和包容的社会；保护人权和促进性别平等，增强妇女和女童的权能；永久保护地球及其自然资源。我们还决心创造条件，实现可持续、包容和持久的经济增长，让所有人分享繁荣并拥有体面工作，同时顾及各国不同的发展程度和能力。"这些目标涉及发达国家和发展中国家人民的需求，并强调不会落下任何一个人。在众多目标中，排在第一位的就是要"在2030年消除一切形式和表现的贫困与饥饿，让所有人平等和有尊严地在一个健康的环境中充分发挥自己的潜能"[1]。

《2030年可持续发展议程》提出了全球消除一切形式和表现的贫困与饥饿目标的时间节点，为人类战胜极端贫困问题制定了目标。在可持续发展目标的指引下，中国作为世界上最大的发展中国家，贫困人口规模庞大，面临的减贫任务和挑战异常艰巨，要在有限的时间内完成如此艰巨复杂的任务，就必须树立"时不我待的担当精神"，想方设法、群策群力，尽快让贫困人口摆脱贫困，为全球实现消除贫困目标作出重要贡献。

二、中国全面建成小康社会的内在要求

"小康社会"是古代思想家对理想社会的描述，表现了普通大众对富裕殷实的理想生活的追求。"小康"一词早在西周时期便已经出现。《诗经》里的《大雅·民劳》中写道："民亦劳止，汔可小康。"这句话的意思是"老百姓劳动太辛苦了，该稍稍得到安乐了"，表现了普通老

---

[1] 联合国. 改变我们的世界：2030年可持续发展议程[EB/OL]. (2015-09-25). http://www.un.org/zh/documents/view_doc.asp?symbol=A/RES/70/1.

百姓对宽裕安乐生活的向往。在古代传统文化中，儒家把小康看作是仅次于"大同"的一种理想社会模式，是一种政教清明、百姓安居乐业的社会局面。中国共产党人赋予了"小康"以新的时代内涵，指广大人民群众所享有的介于温饱和富裕之间的一种比较殷实的生活状态，并将其作为社会主义现代化建设的一个阶段性目标。

1979年12月6日，邓小平在会见日本首相大平正芳时提出，小康社会是"中国式现代化"的全新概念。此后，这一思想在他领导的中国特色社会主义现代化建设的实践中反复论证，逐渐丰富并发展，他也在此基础上提出了"三步走"的发展战略。2002年，党的十六大提出了到2020年全面建设小康社会的宏伟目标，并从经济、政治、文化和可持续发展等方面进一步明确了全面建设小康社会的具体目标。2007年，党的十七大提出了全面建设小康社会的新要求，赋予了小康社会以新的内涵。2012年，党的十八大在十六大、十七大确立的全面建设小康社会目标的基础上，提出了到2020年全面建成小康社会的总蓝图。到2020年，全面建成小康社会，实现中华民族伟大复兴"两个一百年"目标中的第一个百年奋斗目标，是中国共产党对全国人民的庄严承诺。如期全面建成小康社会，事关中国梦的实现，事关中华民族的伟大复兴。

（一）中国扶贫开发的历程

贫困问题一直是中国经济社会发展中最突出的"短板"，是全面建成小康社会的关键所在。习近平总书记在河北阜平看望慰问困难群众时论述了全面建成小康社会与贫困地区小康的辩证关系，指出"全面建成小康社会，最艰巨最繁重的任务在农村，特别是贫困地区。没有农村的小康，特别是没有贫困地区的小康，就没有全面建成小康社会"[①]。

---

① 中共中央党史和文献研究院. 习近平扶贫论述摘编[M]. 北京：中央文献出版社，2018.

消除贫困、改善民生、逐步实现共同富裕，是社会主义的本质要求，是中国共产党的重要使命和矢志不渝的奋斗目标。党的十八大以前，在中国共产党的带领下，中国以政府为主导的有计划、有组织的大规模扶贫开发行动已经走过了30多个年头。自改革开放以来，加快经济建设，深化改革和大规模扶贫开发，坚持普惠政策和特惠政策相结合，中国的扶贫开发行动先后经历了四个主要阶段，每个阶段均具有鲜明的特征，扶贫政策具有极强的针对性。第一阶段是1978—1985年。这一阶段的扶贫开发行动以区域瞄准为重点，全党的工作重心转移到经济建设上来，普遍推行农村家庭联产承包责任制改革试点，生产力得到极大解放，大大提高了劳动生产率，促进了农村整体收入水平的提高，从而带动了农村的减贫成效，农村贫困人口由1978年的2.5亿人减少到1985年的1.25亿人[①]，贫困发生率从33.7%下降到14.8%，减贫效果十分明显。第二阶段是1986—1993年。针对区域发展不均衡问题，这一阶段的扶贫开发行动以全民改革确立贫困县为重点，先是1986年5月16日国家成立了国务院贫困地区经济开发领导小组（1993年改为国务院扶贫开发领导小组），标志着中国开始设立专门的扶贫机构，有计划、有组织地实施扶贫开发行动；此外，根据贫困程度确定了331个国家重点扶持贫困县，明确了以贫困县为重点的扶贫新模式，给予大量扶贫资源推动贫困减缓。经过这一阶段的努力，农村贫困人口由1.25亿人减少到7000万人[②]，贫困发生率从14.8%下降到7.7%，下降近一半。第三阶段是1994—2000年。国务院制定了中国历史上第一个有明确目标、明确期限的纲领性扶贫文件《国家八七扶贫攻坚计划》（简称"八七扶贫计划"），明确提出"用7年时间解决当时全国农村8000万贫困人口的温饱问题"，并将这一时期国家扶贫重点县的数量提高到

---

① 1985年，中国农村贫困标准为农民人均纯收入206元。
② 经过调整，1994年中国农村贫困标准为农民人均纯收入440元。

592 个，继续推行以贫困县为重点的扶贫政策，同时完善创新专项扶贫政策。这一时期，农村贫困人口下降到 2000 年年底的 3209 万人，贫困发生率降低到 3.4%[①]。第四阶段是 2001—2012 年。国家制定了《中国农村扶贫开发纲要（2001—2010 年）》，对扶贫重点与瞄准对象作出了重大调整，在贫困县瞄准的基础上，选定了 14.8 万个贫困村作为新时期的贫困瞄准对象，全面实施以村为单位的整村推进参与式扶贫。经过这一时期的努力，扶贫开发行动继续取得进展，但由于农村扶贫标准大幅提高，到 2012 年年底农村贫困人口为 9899 万人，贫困发生率为 10.2%[②]。

（二）精准扶贫、精准脱贫战略

过去 30 余年，在全党全社会的共同努力下，中国取得了巨大的减贫成就。经济高质量飞速发展，农业农村改革纵深推进，农村从普遍贫困走向整体消除绝对贫困，农民可支配收入不断提高，生活水平逐步由低水平、不全面发展为高水平、均衡的小康，成功走出了一条中国特色的扶贫开发道路。按现行农村贫困标准，农村贫困人口从 1978 年年末的 7.7 亿人减少到 2012 年年末的 9899 万人，贫困发生率从 97.5% 下降到 10.2%，成为世界上减贫人口最多的国家，也是世界上率先完成联合国千年发展目标的国家。

然而，随着整个宏观经济环境的变化，特别是经济发展进入新常态和收入分配不平等程度的扩大，以区域开发为重点的农村扶贫开发行动已经出现了偏离目标和扶贫效果下降的问题，中国的减贫形势依然面临着严峻的挑战，全国仍有近 1 亿农村贫困人口，这些贫困人口多数是

---

① 经过调整，2000 年中国农村贫困标准为农民人均纯收入 625 元。
② 经过调整，2011 年中国农村贫困标准为农民人均纯收入 2300 元（2010 年不变价），比 2010 年的 1274 元提高了 81%。在新的农村贫困标准下，农村贫困人口增至 1.65 亿人（2010 年年底数）。

"贫中之贫、困中之困"，大多居住在地理位置偏远、资源匮乏的革命老区、民族地区、边疆地区或生态脆弱地区，贫困程度更深、减贫成本更高、脱贫难度更大。从群体分布看，剩余贫困人口主要是残疾人、孤寡老人、长期患病者等"无业可扶、无力脱贫"的贫困人口以及部分教育文化水平低、缺乏技能的贫困群众。从发展环境看，经济形势更加错综复杂，经济下行压力大，地区经济发展分化对缩小贫困地区与全国发展差距带来新挑战；贫困地区县级财力薄弱，基础设施瓶颈制约依然明显，基本公共服务供给能力不足；产业发展活力不强，结构单一，环境约束趋紧，粗放式资源开发模式难以为继；贫困人口就业渠道狭窄，转移就业和增收难度大。面对这些"贫中之贫、困中之困"，中国在经济发展带动减贫效益日益递减的情况下，如若不及时调整扶贫开发策略，依靠常规举措难以摆脱贫困状况。可以说，中国扶贫开发行动已经进入啃硬骨头、攻坚拔寨的冲刺期。

"形势逼人，形势不等人。"党的十八大以来，以习近平同志为核心的党中央担当起全面建成小康社会的重任，把扶贫开发摆到治国理政的重要位置，提升到事关全面建成小康社会、实现第一个百年奋斗目标的新高度，纳入"五位一体"总体布局和"四个全面"战略布局进行决策部署，加大扶贫投入，创新扶贫方式，出台系列重大政策措施，不断丰富和拓展中国特色扶贫开发道路。2013年11月，习近平总书记在湖南省湘西州花垣县十八洞村考察的时候，首次明确提出了"精准扶贫"的概念。他指出，"扶贫要实事求是，因地制宜。要精准扶贫，切忌喊口号，也不要定好高骛远的目标。"[①] 之后，习近平总书记多次在重要场合发表长篇讲话，多次作出重要指示批示，对精准扶贫的内涵与方法作出重要论述。2015年6月，习近平总书记深入贫困面最广、

---

① 习近平. 扶贫切忌喊口号 也不要定好高骛远目标［EB/OL］. (2013-11-03). http://www.chinanews.com/gn/2013/11-03/5457417.shtml.

贫困程度最深的贵州进行调研,并召开了部分省区市党委主要负责同志座谈会。在这次座谈会上,习近平总书记发表了重要讲话。他指出,"我们的扶贫攻坚工作要在'精准扶贫、精准脱贫'上下更大功夫。"① 这次论述比之前更加深入和系统,扶贫工作不仅要精准扶贫,还要精准脱贫,要将扶贫与脱贫紧密结合起来。更为重要的是,他还对精准扶贫、精准脱贫的内涵进行了明确界定,将精准扶贫的"精准"界定于"六个精准",即扶持对象精准、项目安排精准、资金使用精准、措施到户精准、因村派人精准、脱贫成效精准。随着精准扶贫理论不断丰富和完善,精准扶贫、精准脱贫成为中国新时代扶贫攻坚的基本方略。

三、全面打响脱贫攻坚战

2015年10月,党的十八届五中全会从实现第一个百年奋斗目标——全面建成小康社会出发,把"扶贫攻坚"改成"脱贫攻坚",明确到2020年确保现行标准下农村贫困人口实现脱贫,贫困县全部摘帽,解决区域性整体贫困。2015年11月,《中共中央 国务院关于打赢脱贫攻坚战的决定》指出,"扶贫开发事关全面建成小康社会,事关人民福祉,事关巩固党的执政基础,事关国家长治久安,事关我国国际形象。打赢脱贫攻坚战,是促进全体人民共享改革发展成果、实现共同富裕的重大举措,是体现中国特色社会主义制度优越性的重要标志,也是经济发展新常态下扩大国内需求、促进经济增长的重要途径。各级党委和政府必须把扶贫开发工作作为重大政治任务来抓,切实增强责任感、使命感和紧迫感,切实解决好思想认识不到位、体制机制不健全、工作措施

---

① 中共中央党史和文献研究院. 习近平扶贫论述摘编[M]. 北京:中央文献出版社,2018.

不落实等突出问题，不辱使命、勇于担当，只争朝夕、真抓实干，加快补齐全面建成小康社会中的这块突出短板，决不让一个地区、一个民族掉队。"随着《中共中央 国务院关于打赢脱贫攻坚战的决定》的出台，中国脱贫攻坚战全面打响。全国从中央到地方，层层签订了脱贫攻坚责任书，立下了军令状。军中无戏言。为了实现诺言，全面建立起年度脱贫攻坚报告和督查制度，对落实不力的部门和地区，由国务院扶贫开发领导小组向党中央、国务院报告并提出责任追究建议，对未完成年度减贫任务的省区市的党政主要负责人进行约谈。与此同时，省对市地、市地对县、县对乡镇、乡镇对村实行督查问责，形成了省市县乡村五级书记抓扶贫、全党动员促攻坚的生动局面。各级党委和政府围绕"六个精准"（扶持对象精准、项目安排精准、资金使用精准、措施到户精准、因村派人精准、脱贫成效精准）、"五个一批"（发展生产脱贫一批、易地搬迁脱贫一批、生态补偿脱贫一批、发展教育脱贫一批、社会保障兜底一批）和"四个问题"（扶持谁、谁来扶、怎么扶、如何退）不断"下绣花功夫"，开辟了中国扶贫开发事业的新局面。

　　脱贫攻坚是全面建成小康社会的标志性指标和底线任务。习近平总书记指出，"全面建成小康社会、实现第一个百年奋斗目标，农村贫困人口全部脱贫是一个标志性指标。小康不小康，关键看老乡，关键看贫困老乡能不能脱贫。全面建成小康社会，是我们对全国人民的庄严承诺，必须实现，而且必须全面实现，没有任何讨价还价的余地。不能到了时候我们说还实现不了，再干几年。也不能到了时候我们一边宣布全面建成了小康社会，另一边还有几千万人生活在扶贫标准线以下。如果是那样，必然会影响人民群众对全面小康社会的满意度和国际社会对全面小康社会的认可度，也必然会影响我们党在人民群众中的威望和我们国家在国际上的形象。我们必须动员全党全国全社会力量，向贫困发起总攻，确保到2020年所有贫困地区和贫困人口同全国人民一道迈入全面小康社会。"①

由此，经济社会发展的转型升级和全面建成小康社会的战略要求共同构成了脱贫攻坚的总体背景。"十三五"时期是全面建成小康社会、实现第一个百年奋斗目标的决胜阶段，也是打赢脱贫攻坚战的决胜阶段。新型工业化、信息化、城镇化、农业现代化同步推进和国家重大区域发展战略加快实施，为贫困地区发展提供了良好环境和重大机遇，特别是国家综合实力不断增强，为打赢脱贫攻坚战奠定了坚实的物质基础。党中央、国务院制定并出台了系列重大政策措施，为举全国之力打赢脱贫攻坚战提供了坚强的政治保证和制度保障；各地区各部门及社会各界积极行动、凝神聚气、锐意进取，形成强大合力；贫困地区广大干部群众盼脱贫、谋发展的意愿强烈，内生动力和活力不断激发，脱贫攻坚成为全党全社会的统一意志和共同行动。

第二节 脱贫攻坚的目标

习近平总书记在党的十九大报告中强调，"坚决打赢脱贫攻坚战。让贫困人口和贫困地区同全国一道进入全面小康社会是我们党的庄严承诺。"② 目标是战略政策措施体系设计、实施的基础，脱贫攻坚的目标是要解决绝对贫困问题。

早在2011年，中共中央、国务院印发的《中国农村扶贫开发纲要（2011—2020年）》就提出了全面消除农村贫困的目标，要求"到2020

---

① 中共中央文献研究室. 十八大以来重要文献选编（下）[M]. 北京：中央文献出版社，2018.

② 习近平. 决胜全面建成小康社会 夺取新时代中国特色社会主义伟大胜利——在中国共产党第十九次全国代表大会上的报告 [EB/OL]. (2017-10-28). http://cpc.people.com.cn/n1/2017/1028/c64094-29613660.html.

年，稳定实现扶贫对象不愁吃、不愁穿，保障其义务教育、基本医疗和住房①。贫困地区农民人均纯收入增长幅度高于全国平均水平，基本公共服务主要领域指标接近全国平均水平，扭转发展差距扩大趋势"，并对贫困地区基础设施建设、基本公共服务等方面提出了具体目标要求。主要包括以下内容：一是到2020年，明显提高农田基础设施建设水平，初步构建起特色支柱产业体系；二是进一步提高农村饮水安全保障程度和自来水普及率，全面解决无电人口的用电问题；三是实现具备条件的建制村通沥青（水泥）路，推进村庄内道路硬化；四是实现村村通班车，全面提高农村公路服务水平和防灾抗灾能力；五是要显著改善贫困地区群众的居住条件，基本普及学前教育，进一步提高义务教育水平，普及高中阶段教育，加快发展远程继续教育和社区教育；六是贫困地区群众获得公共卫生和基本医疗服务更加均等，实现新型农村社会养老保险制度全覆盖；七是全面实现广播电视户户通，自然村基本实现通宽带，基本实现每个国家扶贫开发工作重点县有图书馆、文化馆，乡镇有综合文化站，行政村有文化活动室。

2015年11月，《中共中央　国务院关于打赢脱贫攻坚战的决定》提出了更高的脱贫攻坚的总体目标，即"到2020年，稳定实现农村贫困人口不愁吃、不愁穿，义务教育、基本医疗和住房安全有保障。实现贫困地区农民人均可支配收入增长幅度高于全国平均水平，基本公共服务主要领域指标接近全国平均水平。确保我国现行标准下农村贫困人口实现脱贫，贫困县全部摘帽，解决区域性整体贫困"。

2016年12月，国务院印发《"十三五"脱贫攻坚规划》（简称"《规划》"）再次强调了脱贫攻坚的总体目标："到2020年，稳定实现现行标准下农村贫困人口不愁吃、不愁穿，义务教育、基本医疗和住房

---

① 即"两不愁三保障"。

安全有保障。贫困地区农民人均可支配收入比2010年翻一番以上，增长幅度高于全国平均水平，基本公共服务主要领域指标接近全国平均水平。确保我国现行标准下农村贫困人口实现脱贫，贫困县全部摘帽，解决区域性整体贫困。"《规划》对脱贫攻坚目标做了具体阐述：一是现行标准下农村建档立卡贫困人口实现脱贫。贫困户有稳定的收入来源，人均可支配收入稳定超过国家扶贫标准，实现"两不愁三保障"。二是建档立卡贫困村有序摘帽。村内基础设施、基本公共服务设施和人居环境明显改善，基本农田和农田水利等设施水平明显提高，特色产业基本形成，集体经济有一定规模，社区管理能力不断增强。三是贫困县全部摘帽。县域内基础设施明显改善，基本公共服务能力和水平进一步提升，全面解决出行难、上学难、就医难等问题，社会保障实现全覆盖，县域经济发展壮大，生态环境有效改善，可持续发展能力不断增强。

2017年10月，党的十九大明确把精准脱贫作为决胜全面建成小康社会必须打好的三大攻坚战之一。2018年6月，《中共中央 国务院关于打赢脱贫攻坚战三年行动的指导意见》针对新的贫困形式，再次明确脱贫攻坚的任务目标："到2020年，巩固脱贫成果，通过发展生产脱贫一批，易地搬迁脱贫一批，生态补偿脱贫一批，发展教育脱贫一批，社会保障兜底一批，因地制宜综合施策，确保现行标准下农村贫困人口实现脱贫，消除绝对贫困；确保贫困县全部摘帽，解决区域性整体贫困。实现贫困地区农民人均可支配收入增长幅度高于全国平均水平。实现贫困地区基本公共服务主要领域指标接近全国平均水平，主要有：贫困地区具备条件的乡镇和建制村通硬化路，贫困村全部实现通动力电，全面解决贫困人口的住房和饮水安全问题，贫困村达到人居环境干净整洁的基本要求，切实解决义务教育学生因贫失学辍学问题，基本养老保险和基本医疗保险、大病保险实现贫困人口全覆盖，最低生活保障实现应保尽保。集中连片特困地区和革命老区、民族地区、边疆地区发展环境明显改善，深度贫困地区如期完成全面脱贫任务。"

总的来看，中国脱贫攻坚的目标从农村扶贫标准出发，体现了贫困衡量的多维性和脱贫的稳定性。脱贫退出不仅仅局限于改善农村贫困人口的生产生活条件，更是注重提升群众接受的教育、医疗、住房、文化等方面的公共服务水平，以及实现贫困地区更广泛的经济社会目标。通过脱贫攻坚，提升贫困人口和贫困地区的这些水平，就能使他们跟上全面小康的步伐，并且这是管长远的，具有稳定性的含义。《"十三五"脱贫攻坚规划》将贫困人口脱贫目标细化成为10项具体指标（见表1-1）。可以看出，除了总体目标中提出的贫困人口、贫困村、贫困县和贫困地区农民人均可支配收入增速等指标外，还重点围绕"两不愁三保障"，进一步细化了贫困地区农村集中供水率、贫困户存量危房改造率、贫困县义务教育巩固率、贫困户因病致（返）贫户数等指标。同时，考虑到易地扶贫搬迁是打赢脱贫攻坚战的"头号工程"，贫困村集体经济壮大对改善贫困村生产生活条件的重要性，设置了实施易地扶贫搬迁贫困人口和建档立卡贫困村村集体经济年收入指标。[①] 这些目标都是事关贫困人口生存和发展的重要指标，对如期打赢脱贫攻坚战，全面建成小康社会具有重要的预期引导作用。

表1-1 "十三五"时期贫困地区发展和贫困人口脱贫主要指标

指标	2015年	2020年	属性	数据来源
建档立卡贫困人口（万人）	5630*	实现脱贫	约束性	国务院扶贫办
建档立卡贫困村（万个）	12.8	0	约束性	国务院扶贫办

---

① 董峻，安蓓. 推动贫困地区贫困人口同步实现全面小康——"十三五"脱贫攻坚六大亮点解读 [EB/OL]. (2016-12-02). http://news.cnr.cn/native/gd/20161202/t20161202_523301510.shtml.

第一章 脱贫攻坚：全面建成小康社会背景下的一场攻坚战

续表

指标	2015 年	2020 年	属性	数据来源
贫困县（个）	832**	0	约束性	国务院扶贫办
实施易地扶贫搬迁贫困人口（万人）	—	981	约束性	国家发展改革委、国务院扶贫办
贫困地区农民人均可支配收入增速（%）	11.7	年均增速高于全国平均水平	预期性	国家统计局
贫困地区农村集中供水率（%）	75	≥83	预期性	水利部
建档立卡贫困户存量危房改造率（%）	—	近 100	约束性	住房城乡建设部、国务院扶贫办
贫困县义务教育巩固率（%）	90	93	预期性	教育部
建档立卡贫困户因病致（返）贫户数（万户）	838.5	基本解决	预期性	国家卫生计生委
建档立卡贫困村村集体经济年收入（万元）	2	≥5	预期性	国务院扶贫办

注：*国家统计局抽样统计调查显示，截至 2015 年年底全国农村贫困人口为 5575 万人。根据国务院扶贫办扶贫开发建档立卡信息系统识别认定，截至 2015 年年底全国农村建档立卡贫困人口为 5630 万人。按照精准扶贫、精准脱贫要求，为确保脱贫一户、销号一户，本规划使用扶贫开发建档立卡信息系统核定的贫困人口数。

**此外，还有新疆维吾尔自治区阿克苏地区 6 县 1 市享受片区政策。

资料来源：《"十三五"脱贫攻坚规划》。

总的来看，中国脱贫攻坚的目标主要体现了三个鲜明的特点：一是基本标志。习近平总书记在中央扶贫开发工作会议上指出，"全面建成小康社会、实现第一个百年奋斗目标，农村贫困人口全部脱贫是一个标志性指标。"① 因此，完成脱贫攻坚任务就是全面建成小康社会的底线目标和基本标志，是必须完成的硬任务。二是不留锅底。纵观扶贫开发历史，《国家八七扶贫攻坚计划》结束和 21 世纪第一个十年扶贫纲要

---

① 中共中央文献研究室. 十八大以来重要文献选编（下）[M]. 北京：中央文献出版社，2018.

结束时，贫困人口都没有完全脱贫。历史上贫困县经历三次调整，总数并没有减少过。脱贫攻坚的目标是贫困人口全部脱贫、贫困县全部脱贫摘帽，不留锅底，这将成为历史性的一刻。三是没有退路。中央打赢脱贫攻坚战的号召已经发出，习近平总书记代表全党向世界作出了庄严承诺，这是一场没有退路的战斗，必须夺取全面胜利。

按照中央确定的脱贫目标，既不降低标准，也不盲目提高标准，吊高胃口。实现脱贫攻坚目标将至少包含三层含义：一是意味着中国农村贫困人口与全国人民一道迈入了全面小康社会；二是中国绝对贫困问题得到历史性解决；三是中国将提前10年实现联合国2030年可持续发展议程确定的减贫目标，继续走在全球减贫事业的前列。

第三节 脱贫攻坚的理论和实践意义

消除贫困、改善民生是中国共产党治国理政的重要使命。新中国成立以来，党和政府带领广大人民群众自力更生、艰苦奋斗，不断向贫困宣战，迅速改变了积贫积弱的落后面貌。20世纪80年代中期，中国开始实施大规模的扶贫开发行动。经过多年的不懈努力，农村贫困人口大幅减少，贫困群众的生活生产水平显著提高。党的十八大以来，以习近平同志为核心的党中央高度重视扶贫开发工作，把扶贫开发摆到治国理政的突出位置，大力推进精准扶贫、精准脱贫，扶贫开发事业取得新的显著进展。中国的扶贫开发事业历经30多年的发展，坚持从实际国情出发，积极借鉴其他国家的有益经验，从萌芽到发展、成熟，再到脱贫攻坚，成功走出了一条中国特色扶贫开发道路，无论在理论层面还是实践层面，均具有重大意义。

第一章 脱贫攻坚：全面建成小康社会背景下的一场攻坚战

一、理论意义

精准扶贫以来，习近平总书记亲自挂帅出征，驰而不息抓脱贫。脱贫攻坚作为第一民生工程，成为全面建成小康社会的底线任务和关键性指标，应用"绣花"的精神扎实有力、有序、有效推进精准扶贫、精准脱贫方略。习近平总书记就精准扶贫工作提出了一系列新思想、新论断、新观点，作出一系列新部署、新要求，形成了习近平关于扶贫工作的重要论述。习近平扶贫开发重要论述是马克思主义扶贫理论的继承、创新和发展，是中国特色扶贫开发思想的丰富与完善，是习近平新时代中国特色社会主义思想的重要组成部分，为新时代决胜全面建成小康社会提供了现实依据，具有重要的时代价值。

（一）马克思主义反贫困理论的继承、创新和发展

马克思主义贫困与反贫困理论来源于其对资产阶级剥削无产阶级的揭露，认为造成无产阶级长期贫困的根源是资本主义雇佣制度和资本家们对剩余价值的无偿占有，指出消除贫困和剥削、实现共产主义的根本出路在于消灭资本主义雇佣剥削制度。基于对当时欧洲资产阶级压迫无产阶级的现实的批判，马克思提出了其关于贫困与反贫困的理论观点。

马克思主义贫困与反贫困理论博大精深，内容丰富深刻。在马克思看来，要获得贫困人民的解放，就要通过革命运动来推翻资本主义，最终实现人类的共同富裕。恩格斯也指出，"我们的目的是要建立社会制度，这种制度将给所有人提供健康而有益的工作，给所有人提供充裕的物质生活和闲暇时间，给所有人提供真正的充分的自由。"[1] 由此可见，

---

[1] 马克思，恩格斯. 马克思恩格斯全集：第21卷［M］. 北京：人民出版社，1965：570.

为了一切人的发展的共同富裕思想是马克思主义的重要价值诉求。习近平总书记关于扶贫工作的重要论述继承了马克思主义共同富裕的思想。他指出，"我国经济发展的'蛋糕'不断做大，但分配不公问题比较突出……我们必须坚持发展为了人民、发展依靠人民、发展成果由人民共享，作出更有效的制度安排，使全体人民朝着共同富裕方向稳步前进，绝不能出现'富者累巨万，而贫者食糟糠'的现象。"① "治天下也，必先公，公则天下平矣。"加大对困难群众的帮扶力度，坚决打赢脱贫攻坚战，是落实共享发展理念、解决社会公平正义问题的重要措施。

马克思主义贫困与反贫困理论不仅强调共同富裕思想，还提出了"人的全面发展"的社会理想，认为要使社会的每一个成员都能完全自由地发展和发挥其全部才能和力量。以"人的全面发展"为目标，意味着不仅要使得人们实现温饱的诉求，更要满足人们对于美好生活的需要。习近平总书记提出的"五位一体"总体布局、"四个全面"战略布局和"创新、协调、绿色、开放、共享"五大发展理念，以及社会主义初级阶段主要矛盾的转变，都体现了对人的全面发展的重视，这些理论中包括了促进人的解放和全面自由发展的各个方面。

习近平总书记结合中国实际情况，在马克思主义反贫困目标基础上，坚持走中国特色社会主义扶贫开发道路。贫困的原因千差万别，因人而异，习近平总书记坚持唯物史观，根据中国贫困问题的实际情况，以共同富裕为出发点和落脚点，实施精准扶贫、精准脱贫方略，找到"贫根"，对症下药，靶向治疗，构建省市县乡村五级一起抓扶贫，层层落实责任制的治理格局，注重抓"六个精准""五个一批"等重要内容，创新了马克思主义反贫困理论的实现途径。

习近平关于扶贫工作的重要论述是在马克思主义贫困与反贫困理论

---

① 习近平. 在党的十八届五中全会第二次全体会议上的讲话（节选）[J]. 求是，2016 (1).

的基础上,紧密结合中国新的时代条件和扶贫实践,运用马克思主义的立场、观点、方法来解决中国扶贫工作具体问题的成功典范,体现了时代的要求和发展的方向,是马克思主义贫困与反贫困理论中国化的最新理论成果,是对马克思主义贫困与反贫困理论的继承、创新与发展,推动了马克思主义中国化的发展。

(二) 中国特色扶贫开发理论的丰富与完善

马克思主义贫困与反贫困理论是中国特色扶贫开发理论的重要理论来源。在马克思主义贫困与反贫困理论的指导下,中国共产党人确立了看待分析贫困问题的唯物主义立场,结合中国革命、建设和改革实际,逐步形成了中国特色扶贫开发理论。

新中国成立之初,国家一穷二白,以毛泽东同志为核心的党的第一代中央领导集体基于当时的国情,提出消除贫困要坚持中国共产党的领导和农民的主体地位,其"共同富裕"和追求平等的思想为中国的反贫困理论奠定了坚实的基础;以邓小平同志为核心的党的第二代中央领导集体主张将中国经济发展、农村经济发展与摆脱贫困结合起来,以"先富带动后富,最终实现共同富裕";以江泽民同志为核心的党的第三代中央领导集体系统化地提出了扶贫开发的理论,强调坚持开发式扶贫、坚持科技先行、坚持正确领导、坚持因地制宜、坚持可持续发展"五个坚持";以胡锦涛同志为总书记的党中央从科学发展的战略高度出发,强调必须坚持以人为本、坚持统筹兼顾,提出了"多予、少取、放活"以及"工业反哺农业、城市支持农村"等扶贫开发的工作方针。

习近平关于扶贫工作的重要论述坚持和发展了中国共产党历史上形成的消除贫困的科学思想。随着扶贫形势的转变,习近平总书记围绕为什么要脱贫、如何脱贫、如何保证脱贫效果等重大理论和实践问题,结合丰富的基础工作经验以及对多个贫困地区的走访调研,创造性地提出了精准扶贫、精准脱贫的基本方略，重点解决"扶持谁""谁来扶""怎么扶""如何退"等重要问题。他指出，"扶贫要实事求是，因地制宜。要精准扶贫，切忌喊口号，也不要定好高骛远的目标""治病要找病根。扶贫也要找'贫根'。对不同原因、不同类型的贫困，采取不同的脱贫措施，对症下药、精准滴灌、靶向治疗"。[①]

习近平关于扶贫工作的重要论述提出了一系列新思想、新观点、新论断，涵盖了新时期扶贫开发工作的奋斗目标、战略任务、工作格局、政治保障、科学方法等方方面面，既是认识论又是方法论，进一步丰富与完善了中国特色扶贫开发理论。

（三）习近平新时代中国特色社会主义思想的重要组成部分

习近平总书记在党的十九大上提出了习近平新时代中国特色社会主义思想，清晰阐明了新时代坚持和发展中国特色社会主义的总目标、总任务。总任务是实现社会主义现代化和中华民族伟大复兴，在全面建成小康社会的基础上，分两步走，在21世纪中叶建成富强民主文明和谐美丽的社会主义现代化强国：第一个阶段，从2020年到2035年，在全面建成小康社会的基础上，再奋斗15年，基本实现社会主义现代化；第二个阶段，从2035年到21世纪中叶，在基本实现现代化的基础上，再奋斗15年，把中国建成富强民主文明和谐美丽的社会主义现代化强国[②]。习近平新时代中国特色社会主义思想是一个主题鲜明、内容丰富、思想深邃、博大精深的完整的科学理论体系，具有丰富的时代内容和思想内涵。

[①] 中共中央党史和文献研究院. 习近平扶贫论述摘编［M］. 北京：中央文献出版社，2018.

[②] 习近平. 决胜全面建成小康社会 夺取新时代中国特色社会主义伟大胜利——在中国共产党第十九次全国代表大会上的报告［EB/OL］. (2017-10-28). http://cpc.people.com.cn/n1/2017/1028/c64094-29613660.html.

全面建成小康社会是习近平新时代中国特色社会主义总体目标的基础，而脱贫攻坚是全面建成小康社会、实现第一个百年奋斗目标最艰巨的任务，打赢脱贫攻坚战是全面建成小康社会的底线任务和标志性指标。习近平总书记指出，"到2020年全面建成小康社会，任何一个地区、任何一个民族都不能落下。"① 全面建成小康社会，不能让一个人掉队。

另外，习近平新时代中国特色社会主义思想明确了"五位一体"的中国特色社会主义事业总体布局，即经济建设、政治建设、文化建设、社会建设、生态文明建设，着眼于全面建成小康社会、实现社会主义现代化和中华民族伟大复兴；明确了"四个全面"的战略布局，即全面建成小康社会、全面深化改革、全面依法治国、全面从严治党。总体布局和战略布局时刻体现着"人民对美好生活的向往，就是我们的奋斗目标"，包含了习近平扶贫开发理论的内容。其中，经济建设是扶贫开发的物质基础，政治建设是扶贫开发的制度保障，文化建设是扶贫开发的内生动力，社会建设是扶贫开发的力量源泉，生态文明建设是扶贫开发的新动力。

（四）新时代决胜全面建成小康社会的现实依据

随着扶贫开发事业的推进，传统粗放型的区域开发扶贫方式导致贫困人口底数不清、情况不明，项目安排"大水漫灌"，资金使用"撒胡椒面"，帮扶工作"走马观花"，贫困县不愿"摘帽"等问题逐渐凸显，亟须创新扶贫开发路径。习近平关于扶贫工作的重要论述结合扶贫形势的转变，全面阐释了精准扶贫、精准脱贫的基本方略，明确指出精准扶贫的主要内容和基本要求是"扶持对象精准、项目安排精准、资金使用

---

① 中共中央党史和文献研究院. 习近平扶贫论述摘编［M］. 北京：中央文献出版社，2018.

精准、措施到户精准、因村派人精准、脱贫成效精准"，即"六个精准"；提出"发展生产脱贫一批、易地搬迁脱贫一批、生态补偿脱贫一批、发展教育脱贫一批、社会保障兜底一批"的脱贫实现路径，即"五个一批"；解决"扶持谁、谁来扶、怎么扶、如何退"等关键问题，即"四个问题"。中西部22个省份党政主要负责同志向中央签署脱贫攻坚责任书，层层立下军令状，建立起了"中央统筹、省负总责、市县抓落实"的扶贫工作机制，形成了"省市县乡村五级书记一起抓扶贫、全党动员促攻坚"的治理体系，层层压紧压实主体责任，做到一级抓一级、层层抓落实。针对制约贫困地区发展的瓶颈，以集中连片特殊困难地区为主战场，因地制宜，分类指导，突出重点，注重实效，组织实施扶贫开发10项重点工作，分别是：村级道路畅通、饮水安全、农村电力保障、危房改造、特色产业增收、乡村旅游扶贫、教育扶贫、卫生和计划生育、文化建设、贫困村信息化，以全面带动和推进各项扶贫开发工作，坚决打赢脱贫攻坚战。

习近平关于扶贫工作的重要论述中明确了全面建成小康社会这一奋斗目标，并强调了在精准扶贫基础上继续开展脱贫攻坚是实现全面建成小康社会的有效措施，为新时代决胜全面建成小康社会提供了重要的现实依据。

二、实践意义

打赢脱贫攻坚战，确保到2020年现行标准下农村贫困人口实现脱贫，贫困县全部摘帽，解决区域性整体贫困，是全面建成小康社会的重要内容，是促进全体人民共享改革发展成果、实现共同富裕的重大举措，是促进区域协调发展、跨越"中等收入陷阱"的重要途径，是巩固党的执政基础和国家长治久安、促进民族团结、边疆稳固的重要保证，是提升中国国际形象的重要途径，使命光荣、责任重大。新时期的脱贫攻坚战略具有多方面重要的实践意义。

（一）经济意义：消除绝对贫困，全面建成小康社会

党的十八大以来，习近平总书记亲自部署、亲自挂帅、亲自出征、亲自督战，把扶贫开发工作作为实现第一个百年奋斗目标的重点任务，作出一系列重大部署和安排，全面打响脱贫攻坚战。脱贫攻坚力度之大、规模之广、影响之深，前所未有，取得了决定性进展，具有重要的经济意义。

第一，贫困人口大幅减少。按现行农村贫困标准，2013—2018年累计减贫8239万人，年均减贫1373万人，累计减贫幅度达到83.2%，贫困人口下降到2018年年末的551万人，农村贫困发生率也从2012年年末的10.2%下降到2018年年末的1.7%，其中，10个省份的农村贫困发生率已降至1.0%以下[①]。第二，贫困地区农村居民收入水平大幅提升。2013—2019年，贫困地区农村居民人均可支配收入从6079元增加到10371元，年均增长9.3%，高于全国农村居民人均可支配收入的增长水平，与全国农村平均水平的差距进一步缩小，贫困地区农村居民的生活水平进一步改善。第三，贫困地区加快发展，贫困居民生产生活条件明显改善，行路难、上学难、就医难、饮水不安全等问题逐步缓解，基本公共服务水平与全国平均水平之间的差距趋于缩小，相关资源要素不断向贫困地区聚集，特色优势产业迅速发展，旅游扶贫、光伏扶贫、电商扶贫等新业态从无到有、从小到大，快速发展，最大限度调动了贫困群众的积极性，极大增强了农民的自我发展能力。

---

① 国家统计局住户调查办公室. 中国农村贫困监测报告2019[M]. 北京：中国统计出版社，2019.

到 2020 年，中华民族千百年来的绝对贫困问题将得到历史性解决，实现全面建成小康社会的第一个百年奋斗目标。

（二）政治意义：有利于全面从严治党，巩固党的执政基础

"民为邦本，未有本摇而枝叶不动者。"我们的党来自人民，植根于人民，服务于人民。建设有中国特色的社会主义的出发点和落脚点就是全心全意为人民谋利益，只有始终践行以人民为中心的发展思想，坚持为人民服务的根本宗旨，真正做到为人民造福，全体人民过上了好日子，党的执政基础才能坚不可摧。习近平总书记深刻指出，"反贫困是古今中外治国理政的一件大事。中国共产党在中国执政就是要为民造福，而只有做到为民造福，我们党的执政基础才能坚如磐石。"[①] 中国共产党作为国家各项事业的领导核心，自然也是脱贫攻坚工作的中坚力量。脱贫攻坚深刻体现了中国共产党人的根本立场，诠释了我们党全心全意为人民服务的根本宗旨和为人民谋幸福的不变初心以及带领全体人民迈向全面小康社会的决心。脱贫攻坚战略的实施有利于促进全体人民共享改革发展成果，实现共同富裕，还有利于促进党群关系、干群关系更加密切，这对于巩固党的执政基础具有重要意义。

全面从严治党是"四个全面"战略布局的重要一环，也是实现全面建成小康社会的重要保证，在脱贫攻坚中的重要体现便是增强党员干部的使命担当、责任意识、创新精神、吃苦作风，有利于为国家培养优秀的一线干部。为解决好"谁来扶"的问题，全国累计选派 300 多万县级以上机关、国有企事业单位干部参加驻村帮扶，约有第一书记20.6 万人、驻村干部 70 万人深入脱贫攻坚一线，加上 197.4 万乡镇扶贫干部和数百万村干部，共同帮助贫困群众摆脱贫困，改变贫困现状，

---

① 中共中央党史和文献研究院. 习近平扶贫论述摘编［M］. 北京：中央文献出版社，2018.

不断调动广大群众参与扶贫的积极性，不断增强贫困群众在参与中的主体感、获得感。脱贫攻坚充分彰显了中国共产党的政治优势和制度优势，体现了以习近平同志为核心的党中央坚持发展依靠人民、一切为了人民的根本信念，体现了心系民生、心系贫困地区和贫困群众的政治信守。脱贫攻坚是对干部能力的测试，更是对责任担当的考验。履职尽责，既要有严格的督查制度保障，以问责压力激发实干动力，也需完善激励措施，把脱贫攻坚实绩作为干部选任的重要依据，在脱贫攻坚第一线考察识别干部，让能力强、作风正、有作为的干部脱颖而出，在脱贫攻坚中成就一番事业，营造崇尚实干、敢于担当的良好氛围①。

脱贫攻坚是培养干部最好的方式之一，也是检验干部最好的手段之一。习近平总书记在深度贫困地区脱贫攻坚座谈会上的讲话中指出，"打赢脱贫攻坚战绝非朝夕之功，不是轻轻松松冲一冲就能解决的。党中央没有硬性要求地方提前完成脱贫任务，更何况贫困问题错综复杂的深度贫困地区。脱贫计划不能脱离实际随意提前，扶贫标准不能随意降低，决不能搞数字脱贫、虚假脱贫。要实施最严格的考核评估，坚持年度脱贫攻坚报告和督查制度，加强督查问责，对不严不实、弄虚作假的严肃问责。要加强扶贫资金管理使用，对挪用乃至贪污扶贫款项的行为必须坚决纠正、严肃处理。扶贫工作必须务实，脱贫过程必须扎实，脱贫结果必须真实，让脱贫成效真正获得群众认可、经得起实践和历史检验。"②脱贫攻坚战略的实施对各级扶贫干部都有明文规定，以此约束和管理党员干部的思想和行为，既有利于脱贫攻坚的如期实现，也有利于从严治党。

---

① 学习贯彻习近平总书记在中央扶贫开发工作会议重要讲话 [EB/OL]. (2015 - 11 -29). http：//www.xinhuanet.com/politics/2015 - 11/29/c_1117295719. htm.
② 中共中央党史和文献研究院. 习近平扶贫论述摘编 [M]. 北京：中央文献出版社，2018.

（三）社会意义：有利于社会公平与国家长治久安，维护社会和谐稳定

"不患寡而患不均，不患贫而患不安。"贫困现象的存在，贫富差距的扩大，严重影响了社会公平正义，加剧了现实的社会矛盾。社会矛盾加剧到一定程度，则会对社会的稳定和谐产生负面影响，甚至会危害国家安全和统一。改革开放以来，中国扶贫开发事业大踏步发展，极大地改变了贫困地区人民群众的生产生活状态和精神面貌，对促进社会进步、民族团结和谐、国家长治久安发挥了重要作用。但习近平总书记在2015减贫与发展高层论坛上强调，"尽管中国取得了举世瞩目的发展成就，但中国仍然是世界上最大的发展中国家，缩小城乡和区域发展差距依然是我们面临的重大挑战。全面小康是全体中国人民的小康，不能出现有人掉队。未来5年，我们将使中国现有标准下7000多万贫困人口全部脱贫。这是中国落实2015年后发展议程的重要一步。为了打赢这场攻坚战，我们将把扶贫开发作为经济社会发展规划的主要内容，大幅增加扶贫投入，出台更多惠及贫困地区、贫困人口的政策措施，提高市场机制的益贫性，推进经济社会包容性发展，实施一系列更有针对性的重大发展举措。"[①] 正是全国自上而下各级扶贫干部对扶贫事业的尽职尽责，为人民福祉奋斗不止，才换来了减贫事业的不断前进，才换来了国家的长治久安。

"十三五"时期，扶贫工作不仅在改善贫困人口生产生活条件上着力，更注重提升群众接受的教育、医疗、文化等方面的公共服务水平，各种资源、各类帮扶向贫困地区迸发涌动，尤其是重点支持革命老区、民族地区、边疆地区和集中连片特困地区。政府积极引导市场、社会等

---

① 中共中央党史和文献研究院. 习近平扶贫论述摘编［M］. 北京：中央文献出版社，2018.

主体参与脱贫攻坚，有利于激发人们内心深处扶贫济困的情感，帮助贫困人口脱离贫困，共享改革发展的成果。脱贫攻坚有利于改善贫困地区人民群众的生产生活状态和精神面貌，控制收入差距进一步扩大的趋势，有力解决收入和机会不平等问题，缓解区域差距和城乡差距扩大的趋势，在帮扶中促进了社会和谐发展，缓解了社会矛盾，为国民经济持续健康发展，为社会进步、政治稳定、边疆巩固、民族团结、社会和谐、国家长治久安发挥重要作用。

（四）文化意义：有利于智志双扶，促进乡风文明建设

摆脱贫困需要智慧。培养智慧，教育是根本。教育是拔穷根，阻止贫困代际传递的重要途径。再穷不能穷教育。习近平多次强调，"扶贫必扶智。让贫困地区的孩子们接受良好教育，是扶贫开发的重要任务，也是阻断贫困代际传递的重要途径。"[①] 脱贫攻坚战略空前重视教育扶贫工作，把发展教育作为扶贫开发的重要内容。通过发展教育，有利于使贫困地区的孩子接受更好的教育，用知识的力量武装和充实自己，提升综合素质，拥有改变自己命运的可能，阻断贫困的代际传递。

"人无志不立，贫无志难脱。"如果贫困人口失去了摆脱贫困的精神和志气，缺乏脱贫攻坚的主体意识、责任，那么无论政府、社会如何扶持，均无法实现长期稳定脱贫。脱贫致富贵在立志，只要有志气、有信心，就没有迈不过去的坎。加强扶贫扶志，激发贫困群众内生动力，是打赢脱贫攻坚战的重要举措。通过从单纯地依靠外部"输血式"扶贫向增加贫困地区的"造血"功能转变，从单纯的物质资金支持到重视贫困地区人口的教育和人力资源开发转变，有利于让贫困群众充分认识到掌握脱贫技能的重要性，提升其文化素质与职业技能，使其精神富

---

① 中共中央党史和文献研究院. 习近平扶贫论述摘编[M]. 北京：中央文献出版社，2018.

有，从根本上断掉穷根，有志向、有雄心，努力创造美好生活。

脱贫攻坚的文化意义还体现在有利于乡风文明建设。铺张浪费、大操大办等歪风陋习在农村由来已久、根深蒂固。面对各种攀比之风和花样翻新的"人情债"，不少农村群众避之不及、有苦难言。特别是在全面建成小康的进程中，许多农村家庭深受其害，被其拖累，因此返贫。脱贫攻坚坚持以社会主义核心价值观为引领，把推进移风易俗作为社会主义核心价值观建设的重要抓手，把反对铺张浪费、反对婚丧大操大办作为农村精神文明建设的重要内容，在培育乡风民风、美化人居环境、丰富文化生活上下功夫、做文章，推动移风易俗，树立文明乡风，引导广大群众革除陈规陋俗，倡导文明新风。这有利于引导广大党员干部和群众更新思想观念，革除陈规陋习，遏制不良习俗，形成勤俭节约、文明健康的生活方式，让崇德向善、勤俭节约、崇尚科学、健康生活的文明新风尚在人们心中落地生根、开花结果。

（五）生态意义：有利于维护生态平衡，促进绿色发展

"既要金山银山，又要绿水青山；只有绿水青山，才有金山银山。"这是二者的辩证关系。脱贫攻坚战略并非只顾眼前利益，随意开采资源，而是统筹推进生态建设和扶贫开发。《中国农村扶贫开发纲要（2011—2020年）》指出："加快贫困地区可再生能源开发利用，因地制宜发展小水电、太阳能、风能、生物质能，推广应用沼气、节能灶、固体成型燃料、秸秆气化集中供气站等生态能源建设项目，带动改水、改厨、改厕、改圈和秸秆综合利用。提高城镇生活污水和垃圾无害化处理率，加大农村环境综合整治力度。加强草原保护和建设，加强自然保护区建设和管理，大力支持退牧还草工程。采取禁牧、休牧、轮牧等措施，恢复天然草原植被和生态功能。"这表明党和政府在脱贫攻坚过程中，十分重视贫困地区的生态环境和生态平衡。

2015年11月,《中共中央 国务院关于打赢脱贫攻坚战的决定》明确提出结合生态保护脱贫,并指出一系列具体实施办法:"国家实施的退耕还林还草、天然林保护、防护林建设、石漠化治理、防沙治沙、湿地保护与恢复、坡耕地综合整治、退牧还草、水生态治理等重大生态工程,在项目和资金安排上进一步向贫困地区倾斜,提高贫困人口参与度和受益水平。加大贫困地区生态保护修复力度,增加重点生态功能区转移支付。结合建立国家公园体制,创新生态资金使用方式,利用生态补偿和生态保护工程资金使当地有劳动能力的部分贫困人口转为护林员等生态保护人员。合理调整贫困地区基本农田保有指标,加大贫困地区新一轮退耕还林还草力度。开展贫困地区生态综合补偿试点,健全公益林补偿标准动态调整机制,完善草原生态保护补助奖励政策,推动地区间建立横向生态补偿制度。"一系列统筹推进生态保护与扶贫开发政策的出台,对加快脱贫攻坚进程、维护贫困地区生态平衡、促进绿色发展具有重要意义。

(六)大国意义:有利于加速世界减贫进程,展现中国大国形象

打赢脱贫攻坚战是对整个人类都具有重大意义的伟业。作为全球最早实现联合国千年发展目标中减贫目标的发展中国家,中国的减贫成就加速了世界减贫进程,中国的减贫经验为世界减贫事业作出了重要贡献,谱写了人类反贫困历史上的壮丽篇章。中国在扶贫开发工作中探索和积累了许多宝贵经验,在脱贫攻坚战中不断完善中国特色脱贫攻坚制度体系,成为全球反贫困事业的亮丽风景,也为全球减贫提供了中国方案和中国经验。中国为全球减贫事业作出的突出贡献得到了国际社会的广泛赞誉。世界银行2018年发布的《中国系统性国别诊断》报告称,"中国在快速经济增长和减少贫困方面取得了'史无前例的成就'。"联

合国秘书长古特雷斯在 2017 减贫与发展高层论坛时发贺信盛赞中国减贫方略，称"精准减贫方略是帮助最贫困人口、实现 2030 年可持续发展议程宏伟目标的唯一途径。中国已实现数亿人脱贫，中国的经验可以为其他发展中国家提供有益借鉴"①。

"仁义忠信，乐善不倦。"中国人民历来重友谊、负责任、讲信义，中华文化历来具有扶贫济困、乐善好施、助人为乐的优良传统。习近平总书记在 2015 减贫与发展高层论坛上讲道："消除贫困是人类的共同使命。中国在致力于自身消除贫困的同时，始终积极开展南南合作，力所能及向其他发展中国家提供不附加任何政治条件的援助，支持和帮助广大发展中国家特别是最不发达国家消除贫困。60 多年来，中国共向 166 个国家和国际组织提供了近 4000 亿元人民币援助，派遣了 60 多万援助人员，其中 700 多名中国好儿女为他国发展献出了宝贵生命。中国先后 7 次宣布无条件免除重债穷国和最不发达国家对华到期政府无息贷款债务。中国积极向亚洲、非洲、拉丁美洲和加勒比地区、大洋洲的 69 个国家提供医疗援助，先后为 120 多个发展中国家落实千年发展目标提供帮助。"② 此外，中国还积极推进"一带一路"建设，让国际减贫合作成果惠及更多的国家和人民。中国向来主张维护世界和平，促进全球发展，构建人类命运共同体。一系列的数据表明，中国作为负责任的大国，一直是世界减贫事业的积极倡导者和有力推动者，对全球消除一切形式贫困问题目标的实现作出了不可磨灭的贡献。

---

① 扶贫开发成就举世瞩目 脱贫攻坚取得决定性进展 [EB/OL]. (2018 - 09 - 03). http://www.gov.cn/xinwen/2018 - 09/03/content_5318888.htm.
② 中共中央党史和文献研究院. 习近平扶贫论述摘编 [M]. 北京：中央文献出版社，2018.

参 考 文 献

[1] 董峻,安蓓. 推动贫困地区贫困人口同步实现全面小康——"十三五"脱贫攻坚六大亮点解读[EB/OL]. (2016-12-02). http://news.cnr.cn/native/gd/20161202/t20161202_523301510.shtml.

[2] 国家统计局住户调查办公室. 中国农村贫困监测报告2019[M]. 北京:中国统计出版社,2019.

[3] 胡富国. 读懂中国脱贫攻坚[M]. 北京:外文出版社,2018.

[4] 黄承伟. 深刻认识打赢脱贫攻坚战的伟大意义[N]. 光明日报,2018-09-25.

[5] 联合国. 改变我们的世界:2030年可持续发展议程[EB/OL]. (2015-09-25). http://www.un.org/zh/documents/view_doc.asp?symbol=A/RES/70/1.

[6] 联合国. 联合国千年宣言[EB/OL]. (2000-09-08). http://www.un.org/chinese/ga/55/res/a55r2.htm.

[7] 马克思,恩格斯. 马克思恩格斯全集:第21卷[M]. 北京:人民出版社,1965.

[8] 全国扶贫宣传教育中心. 脱贫攻坚理论实践创新研究[M]. 北京:中国农业出版社,2018.

[9] 习近平. 决胜全面建成小康社会 夺取新时代中国特色社会主义伟大胜利——在中国共产党第十九次全国代表大会上的报告[EB/OL]. (2017-10-18). http://cpc.people.com.cn/n1/2017/1028/c64094-29613660.html.

[10] 习近平. 扶贫切忌喊口号 也不要定好高骛远目标[EB/OL]. (2013-11-03). http://www.chinanews.com/gn/2013/11-03/5457417.shtml.

[11] 习近平. 在党的十八届五中全会第二次全体会议上的讲话（节选）[EB/OL].（2016-01-01）. http://cpc.people.com.cn/n1/2016/0101/c64094-28002398.html.

[12] 习近平. 在解决"两不愁三保障"突出问题座谈会上的讲话[J]. 求是，2019（16）：4-12.

[13] 习近平. 在深度贫困地区脱贫攻坚座谈会上的讲话[M]. 北京：人民出版社，2017.

[14] 中共中央党史和文献研究院. 习近平扶贫论述摘编[M]. 北京：中央文献出版社，2018.

[15] 中共中央文献研究室. 十八大以来重要文献选编（下）[M]. 北京：中央文献出版社，2018.

[16] 国务院关于印发《"十三五"脱贫攻坚规划》的通知[EB/OL].（2016-12-02）. http://www.gov.cn/zhengce/content/2016-12/02/content_5142197.htm.

[17] 中共中央 国务院关于打赢脱贫攻坚战的决定[EB/OL].（2015-12-07）. http://www.gov.cn/zhengce/2015-12/07/content_5020963.htm.

[18] 中共中央 国务院印发《中国农村扶贫开发纲要（2011—2020年）》[EB/OL]. http://www.gov.cn/gongbao/content/2011/content_2020905.htm.

[19] 中共中央 国务院关于打赢脱贫攻坚战三年行动的指导意见[EB/OL].（2018-08-19）. http://www.gov.cn/zhengce/2018-08/19/content_5314959.htm.

第二章

脱贫攻坚的组织体系

精准脱贫是决胜全面建成小康社会要坚决打好的"三大战役"之一，建立完备的组织体系是打赢脱贫攻坚战役的重要保障。在党和政府的领导下，激发贫困群众内生动力，形成党委、政府、干部、群众、社会、市场多元主体参与的组织系统，是构建组织系统的主要内容。调动各方面的力量，形成有机结合和互为支撑的"三位一体"大扶贫格局是构建组织体系的重大创新。在此组织体系下的政策制定、项目实施机制和考核机制，是保障脱贫攻坚顺利进行的重要机制。

第一节 组织系统的构成

党的十八大以来，党中央将扶贫开发工作摆到事关全面建成小康社会的战略高度来思考谋划，标志我国扶贫开发事业进入总攻阶段。党的十八届五中全会将"扶贫攻坚战"上升到"脱贫攻坚战"。从扶贫到脱贫，显示出当前任务的新变化，践行了以人民为中心的扶贫逻辑，体现了共同富裕、全面小康的逻辑要求。

为打赢脱贫攻坚战，需要实行脱贫攻坚责任制。习近平总书记展开了一系列重要论述，强调自上而下建立"中央统筹、省负总责、市

(地）县抓落实"的工作机制,"横向到边、纵向到底"的管理体系,"片为重点、工作到村、扶贫到户"的工作格局,"党政一把手负总责"的工作责任制等相结合的宏观制度体系,实施"因村派人、因户因人施策"为主的微观责任体系,形成五级书记一起抓、层层落实责任制的治理格局,为脱贫攻坚提供政治保证。各级党委和政府把打赢脱贫攻坚战作为重大政治任务,增强政治担当、责任担当和行动自觉,层层传导压力,建立完善的扶贫组织体系,实行扶贫问责制。扶贫问责制的建立有助于调动各级政府部门的责任感、使命感,也使各部门分工明确、权责清晰。

脱贫攻坚必须坚持党的全面领导,坚持党的领导是打赢脱贫攻坚战的政治基础。历史经验证明,只有中国共产党才能团结人民之心。脱贫攻坚必须形成全国上下统一思想、统一认识、统一步伐、统一标准的工作格局,才能取得新的突破和更大成就。坚持党的领导是打赢脱贫攻坚战的组织保障。脱贫攻坚工作规模大、工作任务重、复杂程度高、难度系数大,若没有有力的组织保障作为后盾,无法取得历史性胜利。坚持共产党的领导,由党中央和各级党委统一决策部署和指挥,形成强大的工作合力,才能在脱贫攻坚中迎难而上。坚持党的领导是打赢脱贫攻坚战的实现途径。脱贫攻坚面对的是贫困群众,为人民服务是共产党的奋斗宗旨。要取得脱贫攻坚中反贫困斗争的胜利,必须坚持党的绝对领导才能实现。

脱贫攻坚利用了中国社会主义制度的优势,集中力量办大事,调动了中央、省、市、县、乡五个层次的行政管理力量,这些是取得阶段性成就的重要原因。实践表明,社会主义制度具有强大的整合和动员能力。一方面,社会主义制度的优越性可以调动市场、社会力量共同参与,实现扶贫资源要素的有效配置;另一方面,社会主义的本质是消除贫困、改善民生,这就使得脱贫攻坚的政策供给和政策体系具有明确的指向性。在中国行政体系分级负责制和行政考核制的影响下,各级政府有动力调动各方资源和力量全力投入脱贫攻坚,确保了中央的政策能在地方落实。而且贫困县财政涉农资金统筹整合政策要求贫困资金与脱贫攻坚项目挂钩,在这种组织系统和权责体系下,县级政府根据实际情况,有充分的自主权选择合适的发展项目,保障了脱贫攻坚政策足够"接地气",贫困户能切实享受到政策红利。中国脱贫攻坚的巨大成绩是中国特色社会主义的制度优势所造就的。

一、脱贫攻坚的行政体系

中国的扶贫开发是按照行政体制实施的。行政体系分为五级,依次是中央、省(自治区、直辖市)、市(地区、自治州、盟)、县(区、旗、县级市、执行委员会)和乡(镇、街道)。大规模有组织、有计划的减贫行动始于20世纪80年代。1986年,国务院贫困地区经济开发领导小组成立,1993年更名为国务院扶贫开发领导小组。实施的减贫行动包括农村扶贫与发展计划(2001—2010年)、农村扶贫与发展计划(2011—2020年)。中央政府一直在国家经济社会发展总体规划中重视扶贫开发事业。1997年以来,中国建立了扶贫开发省(自治区、直辖市)问责制。原则上,所有省(自治区、直辖市)都按照国家扶贫开发计划制订本实施计划,开展扶贫开发行动。

同时,中国政府依靠行政体制建立了自上而下的扶贫开发机构(见图2-1),成立了由中央有关行政职能部门组成的扶贫开发领导小组,负责组织、领导、协调、监督和检查扶贫开发总体工作。国务院扶贫开发领导小组下设办公室,即国务院扶贫开发领导小组办公室,负责领导小组的日常工作。有关省(自治区、直辖市)、地(州、市)和县(市、旗)也建立了相应的组织机构,领导和协调当地的扶贫开发工作。为应对农村基层扶贫治理相对薄弱的情况,政府已派出第一书记到贫困村,并成立了驻村工作队,专门致力于帮助贫困村出列、贫困人口脱贫。

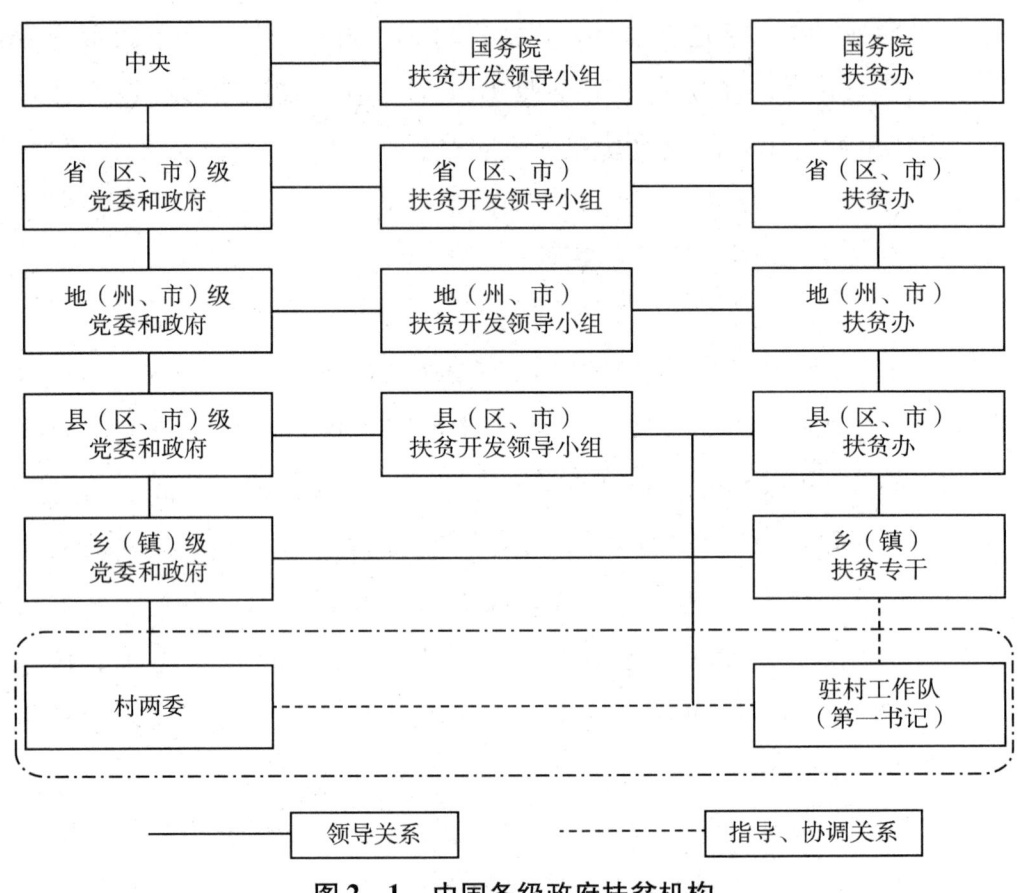

图 2-1 中国各级政府扶贫机构

作为扶贫政策的基层实施单位,贫困村的经济社会发展相对落后。根据《关于加强贫困村驻村工作队选派管理工作的指导意见》,县委县政府根据贫困村的特点,组织和协调各部门选拔优秀干部担任第一书记和驻村干部,充分发挥派出单位的优势,提高脱贫工作效率。村里每个工作队通常不少于 3 人,每期驻村时间不少于 2 年。干部驻村期间不承担原单位的工作，党员组织关系转接到所驻贫困村。在驻村任职期间，一是要帮助村两委改进贫困户的识别方法，帮助解决和协调识别过程中容易发生的矛盾；二是鼓励单位和个人动员更多的力量和资源用于精准扶贫；三是协助村民委员会建立有效的帮扶机制，使贫困户长期受益；四是切实监督村级精准扶贫工作，防止舞弊和腐败现象发生；五是在精准扶贫过程中，培养贫困村干部的责任心和能力，增强贫困村的内生发展动力，使贫困村逐渐走上可持续发展之路。驻村帮扶制度大大提高了村级贫困治理水平，促进了扶贫开发事业的纵深发展。

二、脱贫攻坚的责任制度

脱贫攻坚按照中央统筹、省负总责、市县抓落实的工作机制，构建责任清晰、各负其责、合力攻坚的责任体系。在以习近平同志为核心的党中央领导下，中央、省、市、县层层签订脱贫攻坚责任书，立军令状，坚决打赢脱贫攻坚战。此外，贫困县党政正职在攻坚期内保持稳定的要求有利于保持"五级书记抓扶贫"的稳定性和连续性，为打赢攻坚战提供组织保障。

首先，党中央、国务院和国家机关负责工作统筹。党中央、国务院主要负责制定脱贫攻坚大方针，颁布重大政策措施，完善制度和机制，规划重大工程项目，协调全局性重大问题和全国共性问题。国务院扶贫开发领导小组负责脱贫攻坚的综合协调，包括建立扶贫成效考核工作机制、贫困县约束机制、督查巡查机制、贫困县退出机制等，评估省委省政府扶贫开发工作，建立精准脱贫大数据平台，完善农村贫困统计监测体系等。有关中央和国家机关根据业务特点，运用行业资源落实脱贫攻坚责任，按照相关要求制定相关政策并实施。中央纪委机关进行监督执纪问责，最高人民检察院对扶贫领域职务犯罪进行预防和整治，审计署对政策落实和资金重点项目进行跟踪审计。

其次，省级党委和政府全面贯彻落实党中央、国务院的重大方针政策，其主要负责人向中央签署脱贫责任书，并每年汇报脱贫进展情况。省级党委和政府还根据本地区实际情况制订省级脱贫攻坚滚动规划和年度计划并负责实施。具体包括但不限于：调整财政支出结构，建立扶贫资金增长机制，明确投融资主体，确保扶贫投入力度与脱贫攻坚任务相适应；统筹使用扶贫协作、对口支援、定点扶贫等资源，动员社会力量参与扶贫；加强对扶贫资金分配使用、项目实施管理的检查监督和审计，纠正和处理扶贫过程中出现的违纪违规问题。在此过程中，还加强对贫困县的管理，组织落实贫困县考核机制、约束机制、退出机制；确保贫困县党政正职稳定，在目标设定、项目下达、资金投入、组织动员、监督考核等方面做好工作，确保辖区内的所有贫困人口如期全部脱贫，所有贫困县如期全部摘帽。

再次，市县级党委和政府承担脱贫攻坚主体责任，落实省级党委和政府的政策。市级党委和政府监督辖区内跨县扶贫项目的落实、资金使用和管理，督促脱贫目标任务的完成。县级党委和政府负责制定实施规划，优化资源要素配置，指导乡、村实施贫困村、贫困人口建档立卡和退出工作，因地制宜地制定乡、村精准扶贫的指导意见并监督实施，确保贫困县退出的真实性和有效性。在此过程中，市县两级政府要充分调动贫困群众的主动性和创造性，把脱贫攻坚政策落实到村到户到人，并强化贫困村基层党组织建设，选优配强和稳定基层干部队伍。县级政府建立扶贫项目库，整合财政涉农资金，建立健全扶贫资金项目信息公开制度，负责扶贫资金的监督和管理。

最后，县委书记和县长负责准确识别、安排进度、项目实施、资金使用、人力部署和实施。在脱贫攻坚期内，贫困县的党政正职保持稳定，确保了贫困县党政工作的连续性。以脱贫攻坚统揽贫困县经济社会发展全局，有效帮助了贫困县党政领导建立正确的政绩观，促进了贫困县经济社会发展方式的转变。根据《关于改进贫困县党政领导班子和领导干部经济社会发展实绩考核工作的意见》，对县级干部的考核是从贫困县经济和社会发展落后的实际出发，不简单考核经济增长率，更侧重于考核与减贫脱贫密切相关的民生改善和社会发展情况。

脱贫攻坚责任制建立健全了问责体制，充分激发了各级领导的责任心，既确保了脱贫攻坚国家重大政策落到实处，又提高了各级领导执政能力，特别是基层治理能力。在责任制度的影响下，脱贫攻坚成为农村工作的重要抓手。

三、脱贫攻坚的各方力量

脱贫攻坚是一场持久战，并不是某个地方某个领域某一部分的事情，也并非靠政府或者贫困群众自身的力量就可以完成。只有坚持以政府为主导，积极调动各方因素、凝聚各方力量、整合各类资源，才能打赢打好这场新时代攻坚战。脱贫攻坚涉及产业、教育、住房、医疗、水利、住建等领域，要鼓励各行业部门积极参与，使其成为脱贫攻坚的重要力量，才能在短时间内实现"真脱贫，脱真贫"。

（一）国内力量

一是东部地区党委和政府。东部地区党委和政府通过东西部扶贫协作行动支持西部地区脱贫攻坚。东西部扶贫协作最初起源于《国家八七扶贫攻坚计划》时期。1996年党中央、国务院作出开展东西扶贫协作的重大战略决策，确定北京、上海、天津、辽宁、山东、江苏、浙江、福建、广东、大连、青岛、宁波、深圳9个东部省市和4个计划单列市与西部10个省区市开展扶贫协作，即北京帮扶内蒙古，天津帮扶甘肃，上海帮扶云南，广东帮扶广西，江苏帮扶陕西，浙江帮扶四川，山东帮扶新疆，辽宁帮扶青海，福建帮扶宁夏，大连、青岛、宁波、深圳4个计划单列市共同帮扶贵州。2016年12月，《关于进一步加强东西部扶贫协作工作的指导意见》出台，调整了东西部扶贫协作结对关系，增加了对深度贫困地区的帮扶力量，实现对30个少数民族自治州的全覆盖。同时，对经济下行压力较大且自身帮扶任务较重的东部省份适当调减任务。该《意见》加强了对云南、四川、甘肃、青海等重点贫困市区的帮扶力量，调整了辽宁、上海、天津的帮扶任务。调整后，东部9省市帮扶中西部14个省区市，全国支援西藏和新疆，东部343个经济发达县市区与中西部573个贫困县开展携手奔小康行动。调整后的结对帮扶关系如表2-1所示。

表2-1　　　　　　　东西部扶贫协作结对帮扶关系

东部省市	西部省区市
北京市	内蒙古自治区、河北省张家口市和保定市
天津市	甘肃省、河北省承德市
辽宁省大连市	贵州省六盘水市
上海市	云南省、贵州省遵义市
江苏省	陕西省、青海省西宁市和海东市
江苏省苏州市	贵州省铜仁市
浙江省	四川省
浙江省杭州市	湖北省恩施土家族苗族自治州、贵州省黔东南苗族侗族自治州
浙江省宁波市	吉林省延边朝鲜族自治州、贵州省黔西南布依族苗族自治州
福建省	宁夏回族自治区
福建省福州市	甘肃省定西市
福建省厦门市	甘肃省临夏回族自治州
山东省	重庆市

续表

东部省市	西部省区市
山东省济南市	湖南湘西土家族苗族自治州
山东省青岛市	贵州省安顺市、甘肃省陇南市
广东省	广西壮族自治区、四川省甘孜藏族自治州
广东省广州市	贵州省黔西南布依族苗族自治州和毕节市
广东省佛山市	四川省凉山彝族自治州
广东省中山市和东莞市	云南省昭通市
广东省珠海市	云南省怒江傈僳族自治州

资料来源：《关于进一步加强东西部扶贫协作工作的指导意见》。

二是中央、国家机关和有关单位。中央、国家机关和有关单位主要通过定点扶贫支持西部地区脱贫发展。2012年，国家部署新一轮定点扶贫工作，参与定点扶贫的中央和国家机关等单位达到310个，军队和武警部队与全国63个县、547个乡镇、2856个贫困村结对，首次实现了定点扶贫对全国592个国家扶贫开发工作重点县的全覆盖。随着定点扶贫的推进和行政体制的改革，定点扶贫工作面临新的情况：因机构改革和央企重组，参与定点扶贫的单位由310个减少到300个；有22个单位尚未承担定点扶贫任务；一些单位帮扶任务畸轻畸重，不利于下一步开展工作考核；一些单位提出要求调整定点扶贫县。在新形势下，2015年8月，中共中央办公厅、国务院办公厅发布《关于进一步完善定点扶贫工作的通知》，对定点扶贫结对帮扶关系进行调整，并明确由中共中央直属机关工作委员会（简称"中直机关工委"）、中共中央国家机关工作委员会（简称"中央国家机关工委"）、中共中央统一战线工作部（简称"中央统战部"）、教育部、中国人民银行、国务院国有资产监督管理委员会（简称"国务院国资委"）、中国人民解放军总政治部（2016年国防和军队改革后，改为中共中央军事委员会政治工作部）分别牵头联系中直机关、中央国家机关、民主党派中央和全国工商联、高校、金融机构、中央企业、解放军和武警部队的定点扶贫工作。调整后，参与定点扶贫的中央、国家机关和有关单位共320个，帮扶全国592个国家扶贫开发工作重点县。军队和武警部队继续推进与贫困县、乡镇、村的定点帮扶工作，并形成了新的结对帮扶关系。根据定点扶贫的单位性质，定点扶贫主要单位可分为7大类，包括：中央直属机关、中央国家机关、民主党派中央和全国工商联、中央企业、高等院校、金融机构、解放军和武警部队。据不完全统计，有中央直属机关32家，中央国家机关78家，民主党派中央和全国工商联9家，中央企业100家，高等院校49家，金融机构19家。

专栏2-1 中央单位定点扶贫工作牵头联系单位和联系对象

中直机关工委牵头联系中央组织部、中央宣传部等中直机关单位；中央国家机关工委牵头联系外交部、国家发展改革委、教育部等中央国家机关单位；中央统战部牵头联系民主党派中央和全国工商联；教育部牵头联系北京大学、清华大学、中国农业大学等高校；人民银行牵头联系中国工商银行、中国农业银行、中国银行等金融机构和银监会、证监会、保监会；国务院国资委牵头联系中国核工业集团公司、中国核工业建设集团公司、中国航天科技集团公司等中央企业；中央军委政治工作部牵头联系解放军和武警部队有关单位；中央组织部牵头联系各单位选派挂职扶贫干部和第一书记工作。

资料来源：《"十三五"脱贫攻坚规划》。

三是民营企业、社会组织和个人。民营企业、社会组织和个人积极履行社会责任，利用自身资源为贫困地区开展一系列扶贫活动，主动支持和参与脱贫攻坚。改革开放以来，社会各界力量参与扶贫开发取得了一定的成效，但还存在着组织动员不够、政策支持不足、体制机制不完善等问题。为解决这些问题，2014年国务院办公厅发布《关于进一步动员社会各方面力量参与扶贫开发的意见》，明确培育多元社会主体。其一，大力倡导民营企业扶贫。鼓励民营企业积极承担社会责任，充分激发市场活力，发挥资金、技术、市场、管理等优势，通过资源开发、产业培育、市场开拓、村企共建等多种形式到贫困地区投资兴业、培训技能、吸纳就业、捐资助贫，参与扶贫开发，发挥辐射和带动作用。其二，积极引导社会组织扶贫。支持社会团体、基金会、民办非企业单位等各类组织积极从事扶贫开发事业。地方各级政府和有关部门要对社会组织开展扶贫活动提供信息服务、业务指导，鼓励其参与社会扶贫资源动员、配置和使用等环节，建设充满活力的社会组织参与扶贫机制。其三，广泛动员个人扶贫。积极倡导"我为人人、人人为我"的全民公益理念，开展丰富多样的体验走访等社会实践活动，畅通社会各阶层交流交融、互帮互助的渠道。引导广大社会成员和港澳同胞、台湾同胞、华侨及海外人士，通过爱心捐赠、志愿服务、结对帮扶等多种形式参与扶贫。

（二）国际力量

与国际力量进行扶贫合作一直是中国扶贫开发事业不可忽视的一部分。国际力量不仅在资金上提供援助，而且还带来了一系列先进的减贫理念、模式和方法。这些宝贵经验对助推中国的减贫实践有着深远的影响。在诸多国际组织对华扶贫援助中，世界银行和亚洲开发银行在中国实施的减贫工程具有一定的代表性，是中国大规模减贫过程中重要的国际力量。截至2014年6月30日，世界银行累计对华贷款（国际复兴开发银行和国际开发协会贷款总和）约为540亿美元，实施项目376个。项目主要集中在环境、交通、城市发展、农村发展、能源、水资源管理和人类发展等领域。2015年度，世界银行共批准13个项目，承诺投资额共12.785亿美元（见表2-2）。

表2-2　　　　2015年度世界银行在中国投资项目情况

序号	项目	承诺投资金额（亿美元）
1	桂林市环境综合治理项目	1
2	河北省农村再生能源开发示范项目	0.715
3	川渝合作（广安）示范区基础设施建设项目	1
4	甘肃省统筹城乡发展基础设施建设项目	1.5
5	云南省公路资产管理项目	1.5
6	中国污染场地管理项目	0.15
7	安徽淮南采煤塌陷区综合治理项目	1
8	新疆职业教育项目	0.5
9	可持续城市综合方式项目	0.02
10	贫困片区产业扶贫试点示范项目	1.5
11	贵州省铜仁市农村交通项目	1.5
12	乌鲁木齐市城市交通改善项目二期	1.4
13	天津市城市交通改善项目	1
14	合计	12.785

注：由于项目目前正在进行，实际投资额随项目的进行而有所变动，故表中所用金额为承诺投资金额。

资料来源：世界银行官网，http：//www.shihang.org/zh/country/china/projects/all？qterm=&lang_exact=Chinese&os=0。

除了世界银行外，亚洲开发银行在中国的减贫进程中也发挥了显著作用。自1986年中华人民共和国加入亚洲开发银行以来，中国已累计获得亚洲开发银行的297.6亿美元贷款，是其第二大借款国。仅2013年度，亚洲开发银行对华贷款援助总计15.4亿美元，包括12个贷款项目，涉及四个优先发展领域：农业和自然资源、能源、交通运输以及城市和社会部门。

第二节 "三位一体"大扶贫格局

习近平总书记指出："扶贫开发是全党全社会的共同责任，要动员和凝聚全社会力量广泛参与。要坚持专项扶贫、行业扶贫、社会扶贫等多方力量、多种举措有机结合和互为支撑的'三位一体'大扶贫格局，强化举措，扩大成果。"[①] 落实和完善开发式扶贫战略，需要加强政府、市场与社会的有效合作，在强调政府作用的同时，调动市场与社会的积极性，充分运用市场资源与社会资源。坚持专项扶贫、行业扶贫、社会扶贫等多方力量参与扶贫，创新扶贫工作体制机制，借助互联网和移动网络技术，建立统一的扶贫开发工作信息共享与交流平台，促进各方人才、资源统筹整合，真正做到"劲往一处使"，合力推动脱贫攻坚。

一、专项扶贫

所谓专项扶贫，主要是指在"中央统筹、省负总责、市县抓落实"的工作机制下，国家财政部门安排专项扶贫资金、相关行业部门设立专门扶贫项目，并在省级政府机构的总体领导下，将工作任务和指标层层下放到各级政府，各级地方政府机构和有关机构组织负责实施专项项目，以达到促进区域减贫和贫困户脱贫目的一种扶贫方式。专项扶贫涵盖的范围很广，主要包括易地扶贫搬迁、整村推进、以工代赈、产业扶

---

① 中共中央文献研究室. 十八大以来重要文献选编（下）[M]. 北京：中央文献出版社，2018.

贫、就业促进、扶贫试点和革命老区建设等。

（一）易地扶贫搬迁

易地扶贫搬迁是国家相关部委利用财政资金，解决居住在"一方水土养不起一方人"地方的贫困人口生存问题的专项项目。我国贫困地区大多处于比较偏僻、环境恶劣的山区，这些区域资源环境承载能力不足，水、电、路等基础设施和教育、医疗、文化等公共服务设施落后，群众出行、用电、吃水、上学、看病难的现象普遍存在。常年生活在这些区域的贫困人口陷入贫困的恶性循环，可持续生计面临相当大的威胁，利用当地的资源禀赋或者其他条件根本无法实现脱贫。易地扶贫搬迁项目因此而生，"十三五"时期，易地扶贫搬迁坚持群众自愿、积极稳妥的方针，坚持与新型城镇化相结合，对居住在"一方水土养不起一方人"地方的贫困人口实施易地搬迁。该项目在进行时，从确定选址、房屋设计到后期贫困人口产业就业扶持、社区治理、环境保护、基础设施和公共配套服务，都需要综合考虑当地的资源、环境以及人口数量等多种因素，采取和选择科学、合理且行之有效的安置方式和安置地点。安置区选址以方便搬迁群众生产生活和就业为目标，尽量靠近中心村、小城镇、产业园区、旅游景区，避免出现因选址不当而进行二次搬迁。引导搬迁群众在安置区附近就业，根据移民安置点和贫困区域的具体情况，进行合理的退耕还林、乡镇合并、产业调整等，在提高贫困居民生活环境、生活质量水平的同时，实现移民安置区域经济可持续性健康长久的发展。

（二）整村推进

整村推进是以扶贫开发工作重点村为对象，以增加贫困群众收入为核心，以完善基础设施建设、发展社会公益事业、改善群众生产生活条件为重点,以促进经济社会文化全面发展为目标的专项扶贫项目。县、乡、村等各级政府将整村推进工作任务和指标进行逐层细分,制定科学、合理、行之有效的工作规划,并按照规划的时间点分批次、分时间段逐步完成。主要措施包括:一是改善贫困农民的基本生产生活条件,增加农民收入。加强基本农田建设,提高贫困农民粮食自给率;按照自愿、稳步推进的要求,将生存条件特别恶劣的特困人口搬迁至适宜生存发展的地方;通过多渠道增加贫困人口的务农和非农收入,发展特色优势产业,开展农业专业技能培训,发展和健全农民专业合作组织,引导剩余贫困劳动力的有序外出流动,逐步提高整体的社会经济水平以及各贫困区域的农民自身的经济创收能力。二是在各级扶贫开发领导小组的统筹领导下,对各种与农业生产、生活有关的自由资金、社会捐资捐物等各项资源进行整合,并根据贫困区域的实际需求进行资源的有效合理分配,不断健全各项公共配套基础服务设施的工程建设项目,建立整村推进的帮扶工作体系,引进社会资源进村入户,建设中国特色的社会主义新农村、新社区。三是不断健全这些新农村、新社区的创新机制、强化监督、监测和管理机制,帮助贫困户开拓更多的经济创收渠道,使其经济收入水平可以实现长久的、稳定的逐步增长趋势;建立监测制度和网络,强化扶贫统计监测,依靠贫困群众自身力量,监督管理好到村扶贫资金、项目;充分发挥群众参与性,增强管理、检查、验收工作的针对性和有效性。

(三) 以工代赈

以工代赈是指国家以实物存款或者现金形式投入受赈济地区,实施基础设施建设,让受赈济地区的困难群众参加劳动后取得报酬,从而取代直接赈济的一种扶持方式。以工代赈的资金来源于中央财政专项扶贫资金。在扶贫开发工作过程中,通过对贫困区域进行详细的走访调查,根据其不同的情况设立不同的建设项目，并鼓励当地贫困人口积极参与，从而达到不断健全贫困地区基础设施，提升当地贫困人口内生动力、实现可持续发展的目的。如在交通不畅的地方设立道路建设项目，在水土流失严重、水域缺乏科学治理的地区设立水土资源的保护项目等。以工代赈项目不仅提高了当地居民的经济收入水平，还激发了群众自力更生、艰苦奋斗的精神，摆脱"等、靠、要"等消极意识，对当地经济社会的可持续发展发挥了重要作用。

（四）产业扶贫

产业扶贫是指根据各贫困地区的当地文化、经济特色、生态自然环境等优势情况，因地制宜地发展当地的特色经济、特色产业等，促进贫困个体（家庭）与贫困区域协同发展，根植发展基因，激活发展动力，阻断贫困发生的动因。比如，针对生态自然环境优美的贫困地区，大力发展旅游业，通过旅游经济来带动当地的各项经济发展；针对气候条件优越的贫困地区，大力发展特色瓜果业，培育市场高端瓜果产品，提升单位面积的产值，有效提升贫困人口的经营性收入；针对民族文化丰富的地区，大力发展"农业＋文创"产业，提高田园综合体的诗意，通过农旅融合等新业态、新方式，促进当地文创农业发展，开发新的经济增长点；针对传统种植业具有一定基础的贫困地区，实事求是发展农产品加工业，延长产业发展链条，提升产业附加值，增加贫困人口在产业发展中的收益。

（五）就业促进

就业促进是国家为保障公民实现劳动权所采取的创造就业条件、扩大就业机会的各种措施的总称。主要措施包括：一是关注各地用工需求，及时在信息平台发布招工信息，引导有条件的贫困人口外出务工，并给予相应的交通补贴。二是根据贫困劳动力的自身需求，开展相应的技术理论知识、专业技能等各方面的培训，提高贫困劳动力的就业素质，增强就业能力。三是支持有能力的农民工返乡创业。"小康不小康，关键看老乡。"通过能人大户返乡创业的方式，增加贫困地区的就业岗位和工作机会，带动当地贫困人口就业，促进其顺利脱贫。

（六）扶贫试点

扶贫试点是为创新扶贫开发机制和解决特殊深度贫困问题而开展的一系列探索性、试验性扶贫工作或扶贫项目。扶贫试点通过以点到线，再到面的方式，创新了扶贫开发机制，为解决一些特殊贫困疑点、难点问题进行了成功探索，积累了宝贵经验。

（七）革命老区建设

革命老区建设是专项扶贫的重要内容之一。根据《关于加大脱贫攻坚力度支持革命老区开发建设的指导意见》要求，革命老区建设以支持贫困老区、扶持困难群体、集中解决突出问题为重点，以加大基础设施建设、积极有序开发优势资源、着力培育壮大特色产业、切实保护生态环境、全力推进民生改善、大力促进转移就业、深入实施精准扶贫、积极创新体制机制为主要任务，不断增强革命老区振兴发展的动力和活力，从而实现整个革命根据地的改造升级和创新发展。

二、行业扶贫

行业扶贫是指我国公共行政管理部门（简称"行业部门"）按照法定职能分工和国家确定的扶贫任务，所承担和完成的扶贫开发工作。2013年我国颁发了《关于创新机制扎实推进农村扶贫开发工作的意见》，要求针对贫困地区发展的瓶颈，因地制宜，分类指导，突出重点，注重实效，进一步整合力量、明确责任、明确目标，组织实施扶贫开发十项重点工作：村级道路通畅工作、饮水安全工作、电力保障工作、危房改造工作、特色产业增收工作、乡村旅游扶贫工作、教育扶贫工作、卫生和计划生育工作、文化建设工作、贫困村信息化工作。精准扶贫以来，习近平总书记对扶贫开发事业作出了新的指示，针对"怎么扶"的问题创造性地提出了"五个一批"重点工程，赋予了行业扶贫新的内涵。当前，根据"两不愁三保障"脱贫标准和"五个一批"重点工程，行业扶贫可以重新分为十大类：一是推进安全饮水工程；二是推进易地扶贫搬迁工程；三是推进危房改造工程；四是推进教育扶贫工程；五是推进健康扶贫工程；六是推进产业扶贫工程；七是推进就业扶贫工程；八是推进社会保障工程；九是推进科技扶贫工程；十是推进交通先行工程。每个工程均有责任部门负责推进，具体扶贫细节在本书第三章论述。行业扶贫的主要特征是各行业部门运用自身所能配置的公共资源（包括财政资源、自然资源、人才资源、技术资源、文化资源、项目资源、政策资源等），从规划制定、产业布局、项目投资、转移支付、政策优惠等方面落实各项政策措施，助力贫困地区的发展。在行业扶贫组织体系方面，各级政府逐级分工，将责任细分到具体的行业部门和责任人，做到合理分工、权责明确。

三、社会扶贫

在各级政府机构的正确领导下，通过动员、鼓励和号召的方式充分调动广大人民群众、社会组织、社会团体、企事业单位的积极性，主动加入社会的扶贫工作中。通过运用各方力量，共同提高贫困区域经济发展水平，促进贫困居民居住环境和生活质量的不断改善，从而实现建设中国特色社会主义的全面小康社会。根据我国的实际情况，可将社会扶贫工作细分为：定点扶贫、东西部扶贫协作、民营企业和社会各界参与扶贫等。

（一）定点扶贫

党政军机关、企事业单位开展定点扶贫是中国特色扶贫开发事业的重要组成部分，也是中国政治优势和制度优势的重要体现[①]。定点扶贫包含中央和地方两个层面。中央定点扶贫是指，中央和国家机关、民主党派中央和全国工商联、人民团体、参照公务员法管理的事业单位和国有大型骨干企业、国有控股金融机构、国家重点科研院校、军队和武警部队等，根据中央统一部署，与国家扶贫开发工作重点县开展结对帮扶，在资金、物资、技术、人才、项目、信息等方面对结对帮扶县给予倾斜和支持。地方定点扶贫主要有领导挂点、综合帮扶、到村到户、考核激励等几种成功做法。定点扶贫起源于20世纪80年代中期，其历史进程可以划分为起步（1986—1993年）、发展（1994—2000年）、深化（2001—2010年）、完善（2011年以来）四个阶段。

第一阶段是定点扶贫的起步阶段。定点扶贫工作始于1986年，最初是由科技、农业、林业、地质矿产等10个部委分别在全国18个集中连片的贫困地区选定一个区域作为联系点开展定点扶贫。1987年，国务院召开第一次中央、国家机关定点扶贫工作会议，开始在全国推广定点扶贫工作。除国务院所属部委外，中央机关和企事业单位也陆续参与此项工作。这一阶段国家机关联系和帮助贫困地区的任务概括起来主要有五项：一是宣传、贯彻、落实中央关于贫困地区各项方针政策；二是通过调查研究，提出有利于贫困地区群众脱贫的建议；三是牵线搭桥，

---

① 习近平就机关企事业单位做好定点扶贫工作作出重要指示［EB/OL］.（2015-12-11）. http://www.xinhuanet.com/politics/2015-12/11/c_1117436744.htm.

帮助贫困地区培训各类人才;四是检查国家和地方用于贫困地区的资金和物资情况,解决存在的问题;五是有选择地联系几个点,以点带面进行推广。可以看出,在起步阶段,国务院就从有助于贫困地区长期发展角度出发,对定点扶贫进行了相应要求,如牵线搭桥,培训贫困地区各类人才。

第二阶段是定点扶贫的开展阶段。截至1993年年底,全国农村没有解决温饱的贫困人口还有8000万人,贫困率达8.87%,这些贫困人口分布呈现地缘特征,主要向中西部倾斜。针对这一情况,国务院于1994年4月15日颁布了《国家八七扶贫攻坚计划》,明确强调动员和组织一切社会力量参与扶贫攻坚,特别是"中央和地方党政机关及有条件的企事业单位,都应积极与贫困县定点挂钩扶贫,一定几年不变,不脱贫不脱钩"。中央和国家定点扶贫格局基本形成,共有120个中直机关定点帮扶330个国定贫困县。1998年10月17日,国务院扶贫开发领导小组、中直机关工委、中央国家机关工委联合召开中央国家机关定点扶贫工作会议,部署机构改革后的定点扶贫工作。至此,共有138个单位帮扶325个国定贫困县[①]。这一阶段的主要工作包括三个方面:一是抓各项扶贫政策的落实,坚持开发式扶贫、扶贫到村到户;二是利用部门和系统优势,为当地发挥资源优势、疏通商品流通渠道、发展农业产业化经营创造条件;三是采取多种形式,为贫困地区培养各类人才,解放思想,增强依靠自身力量解决温饱、脱贫致富。在这一阶段,中央和国家机关共派出蹲点扶贫干部3498名,到定点扶贫县考察的干部达1.74万人次,向贫困县投入资金54.27亿元[②]。

---

① 温家宝. 中央机关要为扶贫攻坚作出更大贡献——在中央、国家机关定点扶贫工作会议上的讲话 [J]. 中国贫困地区, 1998 (10): 7.
② 夏珺. 为了父老乡亲:中央、国家机关定点扶贫15年记 [EB/OL]. (2002 - 01 - 20). http://text.news.sohu.com/97/52/news147705297.shtml.

第三阶段是定点扶贫的深化阶段。全国农村没有解决温饱的贫困人口从1978年的2.5亿人下降到2000年的3000万人，突出特征是未解决温饱问题的贫困人口大多生活在自然条件恶劣、社会发展程度低和社会服务水平差的地区，投入与产出效益反差较大。针对这一现状，国务院总结先前《国家八七扶贫攻坚计划》的成就和经验，印发了《中国农村扶贫开发纲要（2001—2010年）》，部署后10年的扶贫开发工作，确定了272个中央部委和企事业单位定点帮扶481个国家扶贫开发工作重点县。后来，由于机构改革和央企撤并等原因，定点扶贫单位有所减少。到2010年，共有241个单位帮扶440个国家扶贫开发工作重点县，还有152个重点县没有单位帮扶①。为进一步加强和推进定点扶贫工作，同年中共中央办公厅、国务院办公厅印发了《关于进一步做好定点扶贫工作的通知》，对定点扶贫工作再次作出专门部署，明确了定点扶贫工作的总体任务和工作重点。这一阶段，中央和国家机关等单位向定点扶贫的帮扶县累计投入84.87亿元扶贫资金，派出扶贫挂职干部3077人次，帮助引进资金292.5亿元，开发扶贫项目9432个，引进人才3904名，引进先进技术1712项，资助贫困学生28.8万人次②，定点扶贫工作卓有成效。

第四阶段是定点扶贫的完善阶段。农村居民生存和温饱问题得到基本解决，存在的主要问题是制约地区发展的深层次矛盾，特别是集中连片的特殊困难地区，地区发展差距日益凸显。基于这种情况，国务院颁布了《中国农村扶贫开发纲要（2011—2020年）》，更加强调定点扶贫工作。2012年，国务院扶贫办、中央组织部等八部门联合印发《关于

---

① 我国力争实现对国家扶贫开发工作重点区县全覆盖［EB/OL］.（2010-07-08）. http://www.gov.cn/jrzg/2010-07/08/content_1648985.htm.

② 何平. 定点扶贫覆盖440个贫困县［EB/OL］.（2010-07-09）. http://epaper.gmw.cn/gmrb/html/2010-07/09/nw.D110000gmrb_20100709_3-04.htm.

做好新一轮中央、国家机关和有关单位定点扶贫工作的通知》，确定了新一轮定点扶贫结对关系，由 310 个定点扶贫单位帮扶 592 个国家扶贫开发工作重点县，第一次实现了定点扶贫工作对国家扶贫开发工作重点县的全覆盖。2015 年，中共中央办公厅、国务院办公厅颁布的《关于打赢脱贫攻坚战的决定》强调要健全定点扶贫机制，建立考核评价机制，确保各单位落实扶贫责任，完善牵头联系机制，按照分工督促指导各单位做好定点扶贫工作。党的十八大以来，中央和国家机关等定点扶贫单位选派挂职干部和驻村第一书记 1727 名，投入和引进帮扶资金 713.7 亿元，助力 89 个县脱贫摘帽，1.9 万个村脱贫出列，1300 万贫困人口脱贫，为打赢脱贫攻坚战提供了重大支持[①]。

（二）东西部扶贫协作

东西部扶贫协作是指，改革开放以来，党和国家动员组织东部经济较发达省市对西部欠发达地区或部门提供经济援助和技术人才援助，从而实现东西部优势互补、缩小差距，促进贫困地区发展和贫困人口脱贫致富的一项扶贫政策。习近平总书记指出，"要把东西部产业合作、优势互补作为深化供给侧结构性改革的新课题，大胆探索新路。"[②] 这对于进一步推进东西部扶贫协作和对口支援工作具有重要指导意义。解决西部贫困地区脱贫攻坚中的各种难题，既要更好发挥政府的作用，又要使市场在资源配置中起决定性作用。加强产业合作要坚持市场导向，把握好供需关系，推动东部产业向西部梯度转移，让东部地区在带动西部贫困地区发展的同时，也能拓展自身产业发展空间，努力实现互利双

---

① 江琳."不忘初心、牢记使命——中央和国家机关定点扶贫工作成果展"在京展出[EB/OL].（2019-08-16）. http：//www.xinhuanet.com/2019-08/16/c_1124884858.htm.
② 中共中央党史和文献研究院. 习近平扶贫论述摘编[M]. 北京：中央文献出版社，2018.

赢、共同发展；坚持以东部之长补西部之短，以东部先发优势促西部后发效应，从而激活西部贫困地区发展的内生动力，变"输血式"扶贫为"造血式"扶贫。

东西部扶贫协作的构想最初是在"八七扶贫计划"时期提出的，1994年出台的《国家八七扶贫攻坚计划》中明确要求，北京、天津、上海等大城市以及广东、江苏、浙江、山东、辽宁、福建等沿海较发达的省份要对口帮扶西部的一两个贫困省或区发展经济。1995年，党的十四届五中全会作出了沿海发达地区对口帮扶中西部10个省区市的专项规定。1996年，中央扶贫开发工作会议进一步强调和作出部署，确定沿海发达省市对口支援西部贫困省区市的具体安排。至此，东西部扶贫协作正式启动。在东西部扶贫协作中，要求对口帮扶的任务要落实到县，协作要落实到企业和项目；组织富裕县和贫困县结成对子，进行经济合作，开展干部交流；动员富裕县的企业到西部贫困县去，利用人才、技术、信息、市场、管理、资金等各种优势，在互利互惠的基础上，与贫困县共同开发当地资源；省一级对口帮扶的双方要做好协调组织工作等。

20多年来，东西部扶贫协作成效显著。东西部有关省市党委和政府坚持从两个大局、逐步实现共同富裕的战略高度认识和推动这项工作，开展了多层次、多形式、宽领域、全方位的扶贫协作，逐步形成了以政府援助、企业合作、社会帮扶、人才支持为主要内容的工作体系，涌现出了闽宁协作、沪滇合作、粤桂协作等各具特色的东西部帮扶模式，不断发挥东西部扶贫协作在扶贫战略中的作用。

（三）民营企业和社会各界参与扶贫

其一，民营企业参与扶贫工作始于"八七扶贫计划"时期，民营企业家们将扶贫行动命名为"光彩事业"，因最初参与企业数量有限，未引起政府社会的过多关注。精准扶贫以来，民营企业投入大量财力、人力和物力，形成系统参与解决社会问题的机制和行动。具有代表性的民营企业扶贫案例就是"万企帮万村"。"万企帮万村"行动由全国工商联、国务院扶贫办、中国光彩会正发起，以民营企业为帮扶方，以建档立卡贫困村、贫困户为帮扶对象，以签约共建、村企结对为主要形式，力争用3~5年的时间，动员全国1万家以上民营企业参与，帮助1万个以上贫困村加快脱贫进程。截至2019年12月底，"万企帮万村"已经取得显著的阶段性成效，进入"万企帮万村"精准扶贫行动台账管理的民营企业共计9.99万家，精准帮扶11.66万个村（其中，建档立卡贫困村6.56万个），产业投入819.57亿元，公益投入149.22亿元，安置就业73.66万人，技能培训111.33万人，共带动和惠及1434.42万建档立卡贫困人口。

其二，社会组织是社会主义现代化建设的重要力量，充当着衔接社会资源与贫困地区精准匹配的桥梁纽带作用，是动员社会力量参与脱贫攻坚的重要载体，是构建"政府—市场—社会"大扶贫格局的重要组成部分。多年来，社会组织在帮助政府和贫困人口建立紧密联系，市场机制与社会机制有机衔接，整合政府、市场、社会三方资源方面发挥着独特的作用（见表2-3）。

表2-3 中国民间组织开展的主要扶贫工程

扶贫工程	民间机构组织	主要内容
希望工程	中国青少年基金会	援建希望小学、资助贫困学生
春蕾计划	中国儿童少年基金会	通过开办"春蕾班"，捐建"春蕾学校"等形式救助贫困失学女童
幸福工程	中国人口福利基金会	采用小额资助、直接到人、滚动运作，劳动脱贫的救助方式，为贫困家庭的母亲提供发展的资金支持
	中国计划生育协会	
	中国人口报社	
天使工程	中国扶贫基金会	为西部地区医院提供院长及管理人员培训，配置信息管理系统和医疗救助设备

续表

扶贫工程	民间机构组织	主要内容
宋庆龄女童助学计划	宋庆龄基金会	援助女性失学儿童，提供奖学金，建立女童寄宿培训中心和女子初中
母亲水窖工程	中国妇女发展基金会	从最初只支持以水窖为主的饮水项目延伸到目前以水窖为龙头，包括养殖、庭院种植、沼气、卫生厕所、微型加工在内的综合类农村发展项目
光彩事业	中华全国工商业联合会	农业产业化扶贫、资源优势扶贫、医疗卫生扶贫、智力开发扶贫、移民安居扶贫、招工就业扶贫、建设市场扶贫、公益捐助扶贫和国家援助扶贫
中华健康扶贫工程	中华初级卫生保健基金会	面向中国广大农村地区传播初级卫生保健的基本理念，帮助贫困地区改善医疗条件
扶贫助济	中华慈善总会	救灾、扶贫、安老、助孤、支教、助学、扶残、助医八大体系

资料来源：刘坚等. 中国农村减贫研究［M］. 北京：中国财政经济出版社，2009.

其三，社会公众力量主要通过志愿行动和捐赠活动助力脱贫攻坚。青年学生、专业技术人才、退休人员等社会各界人士以志愿者身份开展包括支医支教、文化下乡、科技推广、帮扶就业、创业引领等扶贫志愿活动，同时结合定点捐赠，帮助和带动贫困村、贫困户脱贫致富。

第三节 政策制定、项目实施和监督考核机制

一、政策制定机制

脱贫攻坚政策制定机制与脱贫攻坚工作机制息息相关。根据《中共

中央　国务院关于打赢脱贫攻坚战》的要求，实行中央统筹、省负总责、市县抓落实的工作机制。在此要求下，脱贫攻坚政策无疑是中央、省、市、县一脉相承，环环相扣。"严格执行脱贫攻坚一把手负责制，省市县乡村五级书记一起抓"的要求也决定了各级党委和政府在政策制定方面扮演着不同角色。总的来说，从中央到地方，脱贫攻坚各级政策逐渐细化，中央出台纲领性的文件，各省市县实事求是制定因地制宜的政策，这种上下一致、协调补充的政策制定机制有效避免了政策"一刀切"的现象发生。此外，"中央统筹、省负总责、市县抓落实"的要求明确了各级党委政府的任务，省级党委和政府根据中央纲领性文件出台指导文件，市县根据具体情况出台具体实施细则，这种机制既能保证政令能上传下达，也确保了中央的精神能落实在帮扶措施上，还能保证帮扶措施落实到位，让老百姓切实受益。在具体制定政策环节，各级政府主要考虑四个原则，分别是短期和长期相结合的原则、资金项目统筹整合的原则、实事求是分类施策的原则、保持政策连续性和协调互动的原则。

（一）长期和短期相结合的原则

截至 2014 年年底，全国农村贫困人口还有 7017 万人。按照当时的减贫速度，实现 2020 年 7000 余万人摆脱贫困的既定目标，时间十分紧迫，任务相当繁重，必须采取超常规的措施解决农村人口的贫困问题。脱贫攻坚就是在这样的背景下提出来的，因此作为一种超常规措施，脱贫攻坚具有短期运动式扶贫的特征。但贫困是一种长期存在的社会现象，即使在短期消除绝对贫困后，相对贫困也会在未来一段时间内长期存在。在这样的现实情况下，脱贫攻坚一系列政策必然是长期政策和短期政策相结合的产物。短期体现在与贫困人口脱贫标准有关的"两不愁三保障"政策上，如饮水安全、易地扶贫搬迁、危房改造、控辍保学、基本医疗有保障等政策，旨在短期内改善贫困人口生存所需要的基本条件。值得注意的是，脱贫攻坚政策还具有构建长效减贫机制的特征，主要体现在与脱贫路径有关的政策上，如产业扶贫、就业扶贫、扶贫小额信贷等，这些政策强调增强贫困人口参与度和内生发展动力。贫困人口是精准扶贫最重要的利益群体，充分满足贫困人口的多样化需求是精准扶贫的重要前提。精准扶贫必须改变贫困人口内生动力不足的现状，必须构建贫困人口参与机制。引导贫困人口参与扶贫目标确定、扶贫需求评估、扶贫项目选择、扶贫项目实施、扶贫项目监测等各个环节，使他们充分表达自己的利益和诉求，并把被动援助变成主动参与，提高贫困人口的自我管理和自我发展能力等，这些都是脱贫攻坚政策制定所考虑的重要问题。

（二）资金项目统筹整合的原则

精准扶贫要求将扶贫资源的分配从注重区域发展转变为注重精准到户帮扶。而在资源分配的决策主体中，县级政府是信息获取最便捷、最有效、最全面的一级政府，理应成为资源整合分配的主要平台和实施主体。为了充分贯彻落实精准扶贫的"精准"要求，脱贫攻坚政策制定必须改变传统的扶贫资金和扶贫项目分配方式，探索建立更加优化的扶贫资源整合机制，将扶贫资金和扶贫项目的管理权限下放给县级政府，这样才能解决资金和项目交叉重叠、效率低下的问题。在实施脱贫攻坚前，在"项目制"管理模式下，各级政府主要通过专项扶贫项目帮助贫困人口解决贫困问题，主要资金来源是财政专项扶贫资金。实际上，财政专项扶贫资金与实际需求有较大的缺口，资金规模小、行业涉农资金各自为政，面上资金多、精准到户资金少的问题严重影响了扶贫的效果和质量。在这样的背景下，党中央国务院作出精密部署，出台了一系列政策，统筹整合脱贫攻坚资金项目。最具代表性的是《国务院办公厅关于支持贫困县开展统筹整合财政涉农资金试点的意见》和《国务院扶贫办印发〈关于完善县级脱贫攻坚项目库建设的指导意见〉的通知》。该《意见》明确提出了资金的整合范围、工作措施、组织保障，界定了资金的使用范围和监管主体。该《通知》要求贫困县普遍编制和建立脱贫攻坚项目库，坚持聚焦精准、坚持群众参与、坚持公开透明、坚持逐步完善。贫困县涉农资金统筹整合政策有效地促进了扶贫项目的实施，改善了涉农资金使用效率低、供需不匹配的状况，破除了资金项目分配信息不对称的困境，为脱贫攻坚提供了有力的制度保障。脱贫攻坚项目库的编制规范了项目运行管理机制，建立了与贫困县涉农资金统筹整合使用和资金项目审批权限下放相适应的项目管理制度。两者共同促进了资金和项目的精准使用。

（三）实事求是分类施策的原则

全国国家扶贫开发重点县和 14 个连片特困地区县共 832 个，主要分布在中西部 22 个省区市。每个县因其地理位置、气候资源、人文环境的不同而呈现出不同的贫困特征，同一个县内不同的贫困人口也有不同的致贫原因。因此，脱贫攻坚政策制定必须坚持实事求是分类施策的原则，这在各类政策上也有所体现。例如，针对贫困劳动力，各省出台相应产业就业扶贫政策，引导贫困劳动力参与产业发展和就业务工，增强其自主脱贫能力。其中，针对有条件外出务工的贫困劳动力，政府为其提供务工交通补贴，鼓励其外出务工；针对无条件外出务工的贫困劳动力，引导企业在当地产业发展基地和扶贫车间开发与贫困劳动力素质相匹配的就业岗位，鼓励其当地就业；针对弱劳力人群，引导村委会开发更多的公益岗位，利用财政资金或者村集体收益作为公益岗位工资，培养其"劳动光荣"的思想观念；针对无劳力人群，利用社会保障政策兜底并保持政策的持续性和稳定性，助其脱贫；针对有产业发展基础且有贷款意愿的贫困人口，政府向其提供扶贫小额信贷并为其贴息，以解决资金短缺的困境。这种政策"组合拳"的推出，充分考虑到贫困人口的致贫原因和贫困地区发展阶段的不同现状。

（四）保持政策连续性和协调互动的原则

中国的扶贫开发事业始于 1978 年。1978—2012 年，我国的扶贫开发政策主要是以区域瞄准为主，相继出台了《国家八七扶贫攻坚计划》《中国农村扶贫开发纲要（2001—2010 年）》《中国农村扶贫开发纲要（2011—2020 年）》等政策文件。政策的稳定性和连续性是我国制度优势的重要体现。2013 年，习近平总书记根据当时的现实情况，提出了精准扶贫、精准脱贫战略，这不仅不与之前区域扶贫开发政策相冲突，而且是区域扶贫开发政策的发展和深化。脱贫攻坚政策的制定也保持了政策连续性的原则，如继续推进 14 个连片特困地区发展，坚持精准脱贫与区域发展相结合，以脱贫攻坚统揽贫困县经济社会发展全局，通过着力改善贫困地区交通条件等措施，既增强了区域发展动力，也改善了贫困人口脱贫致富的外部条件。此外，脱贫攻坚各类政策的协调互动也是政策制定考虑的重要因素。在脱贫攻坚前，虽然已形成了"三合一"大扶贫格局，但总体上，专项扶贫、行业扶贫和社会扶贫各自为政，三者之间尚未形成有效的协同机制，有时甚至出现"互相打架"的情况，很难满足精准扶贫"劲往一处使"的要求。2015 年，《中共中央 国务院关于打赢脱贫攻坚战的决定》发布，要求广泛动员社会力量，合力推进脱贫攻坚。2018 年，《中共中央 国务院关于打赢脱贫攻坚战三年行动的指导意见》发布，要求坚持调动全社会扶贫的积极性，充分发挥政府和社会两方面力量作用，构建专项扶贫、行业扶贫、社会扶贫互为补充的大扶贫格局。在具体政策上，农村最低生活保障制度与开发式扶贫制度（简称"两项制度"）的有效衔接等政策是政策协调性原则的重要体现。

二、项目实施机制

20世纪90年代中期，国家实施了分税制改革，财政收入和资金分配体制发生了一系列重大变化，产生了一种由上而下"条线"分配项目资金的新形式，即财政转移支付采用项目制的方式在行政体制之外灵活处理。这些支付大部分由上级业务部门采用专项支付或者项目资金的方式自上而下地流动，而基层政府可以通过申请的方式自下而上获得支付[1]。扶贫项目属于此类范围，上级政府设立专项扶贫资金，并鼓励基层政府申报扶贫项目，这种专项资金和项目相匹配的机制是确保基层政府将脱贫攻坚落到实处的重要保障。精准扶贫以来，为了改善扶贫项目的实施效果，项目实施机制的审批管理权限下放到县，实行目标、任务、资金和权责"四到县"制度。省、市两级政府主要负责项目监管，县级政府以脱贫攻坚规划和重大扶贫项目为平台，探索和建立贫困户的受益机制，根据贫困户致贫原因，因户因人施策，保证扶贫项目到户到人，同时再辅之以严格的监督评价机制，确保扶贫项目落到实处，使扶贫效果精准、显著。需要强调的是，与国家重大规划项目以及专业领域技术项目不同，扶贫项目作为落实各类脱贫攻坚政策的主要载体，其体现着国家对"贫困"这一问题的整体治理政策与逻辑，这种专项化的"项目治国"模式在精准扶贫领域取得了较好的治理效果。根据各地的扶贫项目管理办法，将扶贫项目管理总结为项目申报、项目审批、项目实施与监督、项目验收四个方面。

---

[1] 折晓叶，陈婴婴. 项目制的分级运作机制和治理逻辑——对"项目进村"案例的社会学分析 [J]. 中国社会科学，2011（4）：126-148, 223.

（一）项目申报

项目申报是扶贫项目运作的源头阶段，也是项目后期运作的参考和项目实施来源。贫困县涉农资金统筹整合政策将项目审批权完全下放到贫困县，既有效调动了县级政府谋划项目、开展工作的积极性，又激发了县域申报主体的能动性，有利于形成脱贫攻坚合力。在项目申报环节，主要由乡镇和贫困村具体负责申报事宜，乡镇扶贫专干、包村干部、驻村工作队干部、村干部在深入走访了解贫困户需求的基础上摸清项目需求底数。

（二）项目审批

乡镇和行政村申报项目后，县脱贫攻坚领导小组根据相关法律法规、县域实际情况等因素，对项目进行审查，确定最终项目。项目确定后，贫困县要在本地门户网站和主要媒体公开统筹整合使用的涉农资金来源、用途和项目建设等情况，并实施扶贫项目行政村公示制度，接受社会监督。

（三）项目实施与监管

根据"谁主管，谁负责"的原则，项目实施明确到责任部门和责任人。项目的实施过程和资金的使用过程分离，项目的监管也与资金的监管分离。这样不仅在一定程度上保证了项目与资金运作的廉洁与高效，有利于防止资金挪用、贪污与滞留，而且也使得项目建设监管与资金监管更加独立。项目监管主要涉及项目审批各流程的监管、项目督查、项目质量监管、安全监管；资金监管主要包括资金拨付监管、廉政监管等。

（四）项目验收

项目验收主要由县扶贫办和业务主管部门一同进行。项目完工后，项目实施单位组织相关人员开展自评验收，然后向扶贫办提请项目验收报告，扶贫办会同相关业务部门根据项目实施方案的明细条款现场点验，最终确定项目验收结果。

三、监督考核机制

监督考核是脱贫攻坚组织体系的特色，也是脱贫攻坚中的重要部分。监督考核机制为打赢脱贫攻坚战提供了监督和激励保障，有效鞭策了地方政府推动政策落实、责任落实、工作落实。此外，脱贫攻坚监督考核也培养锻炼了一大批干部、社会人士以及第三方评估人员，他们是国家治理的宝贵财富。

（一）监督机制

健全的政策体系只有配合相应的监察机制才能落到实处。脱贫攻坚涉及地域宽、范围广、人口多，建立完备的监督体系、形成健全的监督机制，才能有效推进脱贫攻坚工作落实，才能起到"事半功倍"的效果。监督机制主要包括督查巡查、民主监督、社会监督三部分内容。

一是督查巡查。2016年，中共中央办公厅、国务院办公厅颁布《脱贫攻坚督查巡查办法》，指出督查巡查工作应当认真贯彻落实精准扶贫、精准脱贫基本方略要求，坚持围绕目标、聚焦问题、实事求是、突出重点、群众参与、分级负责的原则，督促有关地区和单位落实工作责任和政策措施，严格遵守纪律和规定，查找解决问题，改进工作方法，完成减贫任务，确保打赢脱贫攻坚战。

督查工作坚持目标导向，着力推动工作落实。国务院扶贫开发领导小组负责督查工作的组织领导，向党中央、国务院报告督查情况，并作为省级党委和政府扶贫开发工作成效考核的重要参考，国务院扶贫办负责日常工作。督查组负责督查工作的具体实施，实行组长负责制，组长和工作人员从国务院扶贫开发领导小组成员单位抽调。督查工作包括综合督查和专项督查，对各有关地区和单位脱贫攻坚工作情况进行综合督查，一般每年进行一次，对脱贫攻坚重点工作进行专项督查，根据需要不定期开展。督查的重点内容有：脱贫攻坚责任落实情况，专项规划和重大政策措施落实情况，减贫任务完成情况以及特困群体脱贫情况，精准识别、精准退出情况，行业扶贫、专项扶贫、东西部扶贫协作、定点扶贫、重点扶贫项目实施、财政涉农资金整合等情况。

巡查工作坚持问题导向，着力解决突出问题。国务院扶贫开发领导小组根据掌握的情况报经党中央、国务院批准，组建巡查组，不定期开展巡查工作。国务院扶贫办负责日常工作。巡查组实行组长负责制，组长由省部级领导干部担任。巡查组成员根据需要从有关单位和地方抽调。巡查的重点问题有：干部在落实脱贫攻坚目标任务方面存在失职渎职，不作为、假作为、慢作为，贪占挪用扶贫资金，违规安排扶贫项目，贫困识别、退出严重失实，弄虚作假搞"数字脱贫"，以及违反贫困县党政正职领导稳定纪律要求和贫困县约束机制等。巡查情况和处理建议经国务院扶贫开发领导小组研究后，向党中央、国务院请示报告，涉及违纪违法的，按照有关规定移交纪检监察或者检察机关。

脱贫攻坚督查巡查是党自我监督的一种重要形式，是党内监督和群众监督有机结合的产物。督查巡查可以起到一种督导、检查、促进的作用，是中国共产党在探索实现自我净化、自我完善、自我革新、自我提高的重要举措。

二是民主监督。民主监督是中国特色社会主义的民主政治的重要形式之一，指参加人民政协的各民主党派、无党派爱国人士、各人民团体和社会各界爱国人士就国家和地方的重要事务提建议、意见和批评。

2017年10月，中央统战部、国务院扶贫开发领导小组办公室印发《关于支持各民主党派中央开展脱贫攻坚民主监督工作的实施方案》，指出开展脱贫攻坚民主监督是民主党派协助地方党委和政府打好脱贫攻坚战的重要形式。该《方案》对脱贫攻坚民主监督任务进行了分工，各民主党派中央分别对口8个全国贫困人口多、贫困发生率高的中西部地区，其中民革中央对口贵州、民盟中央对口河南、民建中央对口广西、民进中央对口湖南、农工党中央对口云南、致公党中央对口四川、九三学社中央对口陕西、台盟中央对口甘肃。脱贫攻坚民主监督的主要内容包括：贫困人口精准识别情况；贫困人口精准脱贫情况；贫困县摘帽情况；落实脱贫攻坚责任制情况；重大政策措施执行情况；扶贫资金项目管理使用情况。民主监督的主要形式主要包括：开展考察调研；提出意见建议；参与专项监督评估；加强日常联系；进行政策宣讲等。

脱贫攻坚民主监督有效发挥了各民主党派在经验、智力、人才、渠道方面的优势，推动贫困地区更好地开展脱贫攻坚工作，成为彰显我国多党合作制度优势的新实践。以九三学社为例，九三学社是以科学技术界中高级知识分子为主体的参政党，在健康扶贫、教育扶贫和科技扶贫领域能充分发挥其专家、学者的作用，提出解决重要问题的科学建议，有效帮助贫困地区党委和政府科学推动脱贫攻坚工作。

三是社会监督。社会监督主要是指媒体、个人等社会力量对脱贫攻坚进行监督。首先，各级政府和部门通过推进党务公开和脱贫攻坚重大政策公示公告制度，让人民群众清楚涉及切身利益的重要决策，有效发挥了群众监督的作用。其次，做好信访监督工作，国务院扶贫办设立12317扶贫监督举报电话，畅通人民群众举报和监督渠道，确保人民群众的"声音"向上传递。再次，各级新闻媒体肩负起社会哨兵的使命，加强对脱贫攻坚重大政策落实情况、党规党纪执行情况的监督,加大对扶贫领域"微腐败"等侵害群众利益行为的曝光力度,将落脚点放在解决矛盾、改进工作上,充分发挥了舆论监督的积极作用。

(二) 考核机制

监督机制是在脱贫攻坚工作推进过程中的一种监督和激励机制,考核机制是以目标为导向,考察脱贫攻坚目标是否完成以及完成情况如何的一种考核和激励机制。考核机制包括省级党委和政府扶贫开发工作成效考核、东西部扶贫协作考核、中央单位定点扶贫工作考核、贫困县退出专项评估检查等。

一是省级党委和政府扶贫开发工作成效考核。2016年,中共中央办公厅、国务院办公厅印发《省级党委和政府扶贫开发工作成效考核办法》,从2016年到2020年,每年开展一次,由国务院扶贫开发领导小组组织进行,具体工作由国务院扶贫办、中央组织部牵头,会同国务院扶贫开发领导小组成员单位组织实施。主要涉及减贫成效、精准识别、精准帮扶、扶贫资金管理使用4项内容7个定量指标和2个定性指标。考核方式主要是交叉考核、第三方评估和媒体暗访等。从2017年开始,经党中央、国务院同意,对综合评价好的省份通报表扬,并给予一定奖励;对综合评价一般或发现某些方面问题突出的省份,约谈其分管负责人;对综合评价较差且发现突出问题的省份,约谈其党政主要负责人。

二是东西部扶贫协作考核。2017年8月,国务院扶贫办颁布《东西部扶贫协作考核办法(试行)》。从2017年到2020年,每年开展一次,由国务院扶贫办牵头,会同中央组织部、中央统战部、国家发展改革委、教育部、国家民委、财政部、人力资源社会保障部、国家卫生计生委、全国工商联等国务院扶贫开发领导小组成员单位组成考核工作组。东部地区主要考核组织领导、人才支援、资金支持、产业合作、劳务协作、携手奔小康行动六个方面的内容,考核指标主要包括22项;西部地区主要考核组织领导、人才支援、资金支持、产业合作、劳务协作、携手奔小康行动六个方面的内容,考核指标主要包括14项。考核方式主要是交叉考核。国务院扶贫开发领导小组每年向党中央、国务院报告考核结果,并在一定范围内通报。考核结果作为对中西部省级党委和政府扶贫开发工作成效考核的参考依据。

三是中央单位定点扶贫工作考核。2017年8月,国务院扶贫办颁布《中央单位定点扶贫工作考核办法(试行)》。从2017年到2020年,每年考核一次,由国务院扶贫开发领导小组统一组织考核,国务院扶贫办负责综合协调,中央组织部牵头对中央单位选派挂职扶贫干部、驻村第一书记工作进行督促落实。中直机关工委、中央国家机关工委、中央统战部、教育部、中国人民银行、国务院国资委分别牵头对中央直属机关、中央国家机关、各民主党派中央和全国工商联、高等院校、金融机构、中央企业的定点扶贫工作开展考核。中央军委政治工作部根据实际情况,组织对军队和武警部队定点扶贫工作进行检查督导。考核内容主要涉及帮扶成效、组织领导、选派干部、督促检查、基层满意情况、工作创新6大内容11项指标。考核方式主要采取分类考核的形式,6个定点扶贫牵头部门通过审阅各单位定点扶贫工作总结,开展实地核查等方式,分别对各自联系单位进行分类考核。国务院扶贫开发领导小组每年向党中央、国务院报告考核结果,并向中央各单位通报考核情况。考核结果送中央组织部。

2018年,省级党委和政府扶贫开发工作成效考核、东西部扶贫协作考核、中央单位定点扶贫工作成效考核三项考核归并整合为"脱贫攻坚成效考核",统一安排部署,在省级党委和政府扶贫开发工作成效考核方面,重点考核各地脱贫攻坚责任落实、政策落实、工作落实情况。

考核方式主要是第三方评估、省际交叉检查和媒体暗访等。相比之前的考核，脱贫攻坚成效考核体现出几个方面的改进：一是精简了考核程序，"三合一"的考核方式减轻了基层迎检负担、减轻了基层材料报送压力，抽查县数量的减少也减轻了考核方的压力。二是优化改进了考核方式和内容，脱贫攻坚成效考核是实行分类考核的方式，针对贫困县、非贫困县、已摘帽县非贫困县有不同的考核侧重点，有效避免了类型不同而无法比较的情况发生；优化省际交叉考核内容，不再考核贫困人口识别和退出准确率，有利于集中力量考核"三落实"情况；改进第三方评估，在评估"两率一度"的基础上，着重查找影响到户政策措施落地见效和脱贫稳定可持续的突出问题、薄弱环节，有利于帮助地方政府构建稳定脱贫的长效机制，提高脱贫成色。

四是贫困县退出专项评估检查。2015年11月，《中共中央　国务院关于打赢脱贫攻坚战的决定》提出"抓紧制定严格、规范、透明的国家扶贫开发重点县工作退出标准、程序、核查办法。"2018年6月，《中共中央　国务院关于打赢脱贫攻坚战三年行动的指导意见》颁布，明确提出"严格执行贫困退出标准和程序，规范贫困县、贫困村、贫困人口退出组织实施工作。指导地方修订完善扶贫工作考核评估指标和贫困县验收指标，对超出'两不愁三保障'标准的指标，予以剔除或不作为硬性指标，取消行业部门与扶贫无关的搭车任务。"贫困县退出评估检查主要内容指标包括三个方面：（1）主要指标，即综合贫困发生率；（2）参考指标，包括脱贫人口错退率、贫困人口漏评率、群众认可度；（3）其他内容，包括脱贫攻坚部署、重大政策措施落实、基础设施和公共服务改善、后续帮扶计划及巩固提升工作安排等情况，重点关注精准脱贫的具体路径、脱贫质量与稳定性。从评估形式来看，贫困县退出采取第三方评估的方式进行。根据《中共中央　国务院关于打赢脱贫攻坚战的决定》和《中共中央　国务院关于打赢脱贫攻坚战三年行动的指导意见》文件要求，2015年到2017年退出的贫困县由国务院扶贫办组织实施第三方评估检查，2018年及以后退出的贫困县由各省（自治区、直辖市）统一组织实施第三方评估检查，中央结合脱贫攻坚督查巡查工作，对贫困县退出进行抽查。

可以看出，脱贫攻坚成效考核和贫困县退出专项评估检查都采用了第三方评估的方式，引入第三方机构对政府进行评估是脱贫攻坚工作的重要创新。总的来看，第三方评估发挥了指挥棒的作用、质检仪的作用、推进器的作用、温度计的作用；不是简单地给扶贫工作"挑刺儿"，而是这一种正向的督导机制；更不是外行评内行，而是看实情、听实话、查实据三者有机统一。从这几年的脱贫攻坚成效考核和贫困县退出专项评估检查的实践可知，第三方评估是我国公共治理的重要工具，也是民主监督的重要内容。

参 考 文 献

[1] 刘永富. 中国特色扶贫开发道路的新拓展新成就 [EB/OL]. (2017-09-04) [2020-07-20]. http://www.cpad.gov.cn/art/2017/9/4/art_56_69341.html.

[2] 汪三贵. 中国40年大规模减贫：推动力量与制度基础 [J]. 中国人民大学学报, 2018, 32 (6)：1-11.

[3] 龚福海. 注重扶贫项目安排精准度——中国社会科学网 [EB/OL]. (2016-03-10) [2020-08-04]. http://edu.cssn.cn/zt/zt_xkzt/27923/123456/123/201604/t20160420_2975949.shtml.

[4] 韩小伟, 韩广富. 中央和国家机关定点扶贫的历史进程及经验启示 [J]. 史学集刊, 2020 (4)：56-64.

[5] "不忘初心、牢记使命——中央和国家机关定点扶贫工作成果展"在京展出 [EB/OL]. (2019-08-16) [2020-08-03]. https://baijiahao. baidu. com/s? id = 1642010015031811180&wfr = spider&for = pc.

[6] 赵艳波, 石凤妍. 改革开放40年民营企业思想政治工作发展历程 [J]. 理论月刊, 2018 (7): 168-176.

[7] 陆继霞. 中国扶贫新实践: 民营企业参与精准扶贫的实践、经验与内涵 [J]. 贵州社会科学, 2020 (3): 154-160.

[8] 杨亚西, 刘安丰. 企业精准扶贫研究的文献综述 [J]. 农村经济与科技, 2020, 31 (10): 143-145.

[9] 郭俊华, 边少颖. 西部地区易地移民搬迁精准扶贫的企业扶贫模式探析——基于恒大集团大方县扶贫的经验 [J]. 西北大学学报 (哲学社会科学版), 2018, 48 (6): 43-52.

[10] 冯梦成. 浦东社会组织发展的历程、逻辑与经验 [J]. 江南论坛, 2018 (11): 18-20.

[11] 宋忠伟. 推动社会组织积极参与脱贫攻坚战九条建议 [J]. 中国社会组织, 2019 (7): 9-10.

[12] 胡玉乐. 引导型嵌入: 社会组织参与扶贫的政策文本分析 [J]. 安庆师范大学学报 (社会科学版), 2020, 39 (1): 79-86.

[13] 李艳芳. 企业参与扶贫的新变化: 更加重视效果和可持续发展机制建设——访中国扶贫基金会副理事长兼秘书长刘文奎 [J]. 可持续发展经济导刊, 2020 (5): 18-20.

[14] 杨安华. 连片特困地区区域发展与扶贫攻坚的几个关键问题 [J]. 吉首大学学报 (社会科学版), 2014, 35 (2): 80-87.

[15] 关于《中共中央关于制定国民经济和社会发展第十三个五年规划的建议》的说明 [EB/OL]. (2015-11-15) [2020-08-04]. http://theory. people. com. cn/n1/2015/1231/c83845-28001269. html.

[16] 国务院关于印发中国农村扶贫开发纲要（2001—2010年）的通知［EB/OL］.（2016-09-23）［2020-08-03］. http://www.gov.cn/zhengce/content/2016-09/23/content_5111138.htm.

[17] 习近平. 携手消除贫困 促进共同发展［EB/OL］.（2015-10-16）［2020-08-03］. http://www.beijingreview.com.cn/shishi/201510/t20151016_800040417.html.

[18] 李广文，王志刚. 大扶贫体制下多元主体贫困治理功能探析［J］. 中共南京市委党校学报，2017（6）：64-69.

[19] 创新机制促进市场主体参与扶贫开发［EB/OL］.（2015-10-27）［2020-08-03］. http://www.gov.cn/xinwen/2015-10/27/content_5001438.htm.

[20] 黄承伟，周晶. 共赢——协同发展理念下的民营企业参与贫困治理研究［J］. 内蒙古社会科学（汉文版），2015，36（2）：144-149.

[21] 李梅. 政府、市场、社会：精准扶贫的秩序维度［J］. 学术界，2018（7）：62-71.

[22] 孙文中. 创新中国农村扶贫模式的路径选择——基于新发展主义的视角［J］. 广东社会科学，2013（6）：207-213.

[23] 《法律、立法与自由》，百度百科.

[24] 曾本祥. 中国旅游扶贫研究综述［J］. 旅游学刊，2006（2）：89-94.

[25] 折晓叶，陈婴婴. 项目制的分级运作机制和治理逻辑——对"项目进村"案例的社会学分析［J］. 中国社会科学，2011（4）：126-148，223.

[26] 国务院扶贫开发领导小组关于改革财政专项扶贫资金管理机制的意见［EB/OL］.（2014-08-08）［2020-08-03］. http://www.cpad.gov.cn/art/2014/8/8/art_46_72584.html.

[27] 范小建. 扶贫开发常用词汇释义 [M]. 北京：中国财政经济出版社，2013.

[28] 中共中央办公厅、国务院办公厅印发《关于进一步做好定点扶贫工作的通知》[EB/OL]. (2010 - 07 - 08). http：//www.gov.cn/jrzg/2010 - 07/08/content_1649275.htm.

[29] 张苏安. 完善财政精准投入机制 打赢脱贫攻坚战役 [J]. 中国财政，2017 (9)：24 - 25.

[30] 黄建发. 汇聚攻克深度贫困堡垒的组织伟力——深入学习贯彻习近平总书记关于坚决打赢脱贫攻坚战的重要论述 [J]. 求是，2018 (8)：15 - 16.

[31] 苗国厚. 打赢脱贫攻坚战要破解三个关键问题 [J]. 人民论坛，2018 (11)：62 - 63.

[32] 石泰峰. 立下愚公志 啃下深度贫困硬骨头——深入学习习近平总书记在深度贫困地区脱贫攻坚座谈会上的重要讲话精神 [J]. 求是，2017 (18)：8 - 10.

[33] 杨静，姚景淳. "政府主导、多方合作"的扶贫机制分析及政策启示 [J]. 经济研究参考，2018，2916 (68)：77 - 82.

[34] 斯丽娟，尹苗，杨富强. 以大扶贫格局打破双重扶贫悖论——改革开放40年扶贫政策创新 [J]. 兰州大学学报（社会科学版），2018，46 (5)：117 - 127.

[35] 马源禾. 加强财政扶贫资金管理的思考和建议——基于张家口、衡水、承德等市县扶贫资金的使用分析 [J]. 经济研究参考，2018 (70)：26 - 29.

[36] 黄红星. 金融支持新型农业经营主体发展助力脱贫攻坚的思考与建议 [J]. 武汉金融，2018，227 (11)：65 - 67.

[37] 江泽林. 精准方略下的稳定脱贫 [J]. 中国农村经济，2018，

407（11）：19-33.

［38］麻宝斌，吴则雨. 提升地方政府治理能力，打好精准脱贫攻坚战［J］. 经济研究参考，2018（30）：37-39.

［39］武维华. 发挥民主监督实效，助力打好脱贫攻坚战［J］. 人民论坛，2018，601（20）：6-9.

［40］侯莎莎. 精准视阈下的贫困户脱贫绩效评估［J］. 甘肃社会科学，2017（2）：251-255.

［41］万良杰，薛艳坤."精准脱贫"导向下企业参与民族贫困地区扶贫工作机制创新研究［J］. 贵州民族研究，2018，39（11）：43-49.

［42］彭晓春. 以改革创新精神打赢打好精准脱贫攻坚战［J］. 人民论坛，2018，602（21）：14-15.

［43］王三秀，王昶. 精准脱贫中政府与社会合作的欠缺及提升［J］. 理论探索，2018（5）：74-79.

［44］洪业应，张学立，陈景信. 公共价值视角下精准脱贫绩效评价与脱贫机制建构［J］. 农村经济，2019（2）：54-61.

［45］孙德超，曹志立. 产业精准扶贫中的基层实践：策略选择与双重约束——基于A县的考察［J］. 社会科学，2018，460（12）：5-15.

［46］王佳宁，史志乐. 贫困退出机制的总体框架及其指标体系［J］. 改革，2017（1）：119-131.

［47］李伟. 习近平关于脱贫工作的基本方略及其内在逻辑关系［J］. 学习论坛，2016，32（12）：35-39.

［48］元林君. 我国就业扶贫的实践成效、存在问题及对策探析［J］. 现代管理科学，2018，306（9）：111-113.

［49］中办国办印发《关于完善审计制度若干重大问题的框架意见》及相关配套文件［EB/OL］.（2015-12-08）. http：//www.gov.cn/xinwen/2015-12/08/content_5021377.htm.

[50] 中共中央办公厅 国务院办公厅印发《省级党委和政府扶贫开发工作成效考核办法》[EB/OL]. (2016-02-16). http://politics.people.com.cn/n1/2016/0216/c1001-28128635.html.

[51] 吴晓燕,赵普兵. 农村精准扶贫中的协商:内容与机制——基于四川省南部县 A 村的观察[J]. 社会主义研究,2015(6):102-110.

[52] Park A, Wang S. Community-based development and poverty alleviation: An evaluation of China's poor village investment program [J]. Journal of Public Economics, 2010, 94 (9-10): 790-799.

第三章

脱贫攻坚的政策体系

脱贫攻坚是一项复杂的系统工程，涉及贫困地区经济社会发展和贫困人口生产生活的方方面面，需要政府部门、市场主体、社会组织、公民个人等各方面力量共同参与、形成合力。习近平主席在2015减贫与发展高层论坛上强调，"中国将大幅增加扶贫投入，出台更多惠及贫困地区、贫困人口的政策措施，坚持中国制度的优势，坚持分类施策，广泛动员全社会力量，支持和鼓励全社会采取灵活多样的形式参与扶贫。"①

党的十八大以来，在习近平扶贫理论的指导下，按照精准扶贫、精准脱贫基本方略的要求，党中央、国务院先后出台了《关于进一步动员社会各方面力量参与扶贫开发的意见》《关于打赢脱贫攻坚战的决定》《"十三五"脱贫攻坚规划》《关于打赢脱贫攻坚战三年行动的指导意见》等一系列纲领性扶贫文件，全面打响了脱贫攻坚战。中央和国家机关各部门以及各地密集谋划，制定了一揽子超常规的扶贫政策，形成了广泛的政策合力，通过不断总结完善，共同构筑了脱贫攻坚的政策体系，为打赢脱贫攻坚战提供了有力的政策支撑。

---

① 习近平. 在2015减贫与发展高层论坛上的主旨演讲［EB/OL］.（2015-10-16）. http://www.xinhuanet.com/politics/2015-10/16/c_1116851045.htm.

第一节 财政扶贫政策

俗话说,"兵马未动,粮草先行。"财政资金投入是脱贫攻坚的粮草军需,是确保精准扶贫、精准脱贫基本方略得到有效贯彻落实的有力支撑,是确保打赢脱贫攻坚战的重要保障。改革开放以来,党和政府始终高度重视扶贫开发工作,不断加大财政扶贫资金投入,尤其是党的十八大以来,大幅度增加财政扶贫资金,确保一系列超常规扶贫举措顺利实施。习近平总书记明确提出,"扶贫开发投入力度,要同打赢脱贫攻坚战的要求相匹配""中央财政专项扶贫资金,增长幅度要体现加大脱贫攻坚力度的要求"。[①]《中共中央 国务院关于打赢脱贫攻坚战的决定》明确要求,发挥政府投入在扶贫开发中的主体和主导作用,积极开辟扶贫开发新的资金渠道,确保政府扶贫投入力度与脱贫攻坚任务相适应。

一、财政专项扶贫资金

财政专项扶贫资金是中央财政通过一般公共预算安排用于支持各省(自治区、直辖市)以及新疆生产建设兵团主要用于精准扶贫、精准脱贫的资金。资金支出方向包括:扶贫发展、少数民族发展、以工代赈、国有贫困农场扶贫、国有贫困林场扶贫、"三西"农业建设。坚持资金使用精准,切实使资金惠及贫困人口。

中央财政专项扶贫资金主要按照因素法进行分配,主要包括贫困状况、政策任务和脱贫成效等因素。其中,贫困状况方面主要考虑各省份

[①] 中共中央党史和文献研究院. 习近平扶贫论述摘编 [M]. 北京:中央文献出版社,2018.

贫困人口的规模及比例、贫困深度、农民人均纯收入、地方人均财力等反映贫困的客观指标；政策任务方面主要考虑国家扶贫开发政策、年度脱贫攻坚任务及贫困少数民族发展等工作任务；脱贫成效方面则主要考虑扶贫开发工作成效考核结果、财政专项扶贫资金绩效评价结果、贫困县开展统筹整合使用财政涉农资金试点工作成效等。资金使用主要围绕培育和壮大贫困地区特色产业、改善小型公益性生产生活设施条件、增强贫困人口自我发展能力和抵御风险能力等方面，向脱贫攻坚主战场聚焦①。

自20世纪80年代中国有组织、有计划地大规模扶贫开发行动施行开始，中央财政扶贫资金就开始发挥保障作用，资金支出金额不断加大。1980—1984年，国家设立了支援经济不发达地区发展资金，5年累计安排财政专项扶贫资金29.8亿元，年均增长11.76%；1985—1993年，累计安排财政专项扶贫资金201.27亿元，年均增长11.76%；1994—2000年，"八七扶贫攻坚计划"时期，累计安排财政专项扶贫资金531.81亿元，年均增长9.81%；2001—2010年，第一个为期10年的农村扶贫开发纲要实施阶段，累计安排财政专项扶贫资金1440.34亿元，年均增长9.3%；2011—2015年，"十二五"时期累计安排财政专项扶贫资金1898.22亿元，年均增长14.5%②。

党的十八大以来，中央出台了一系列关于增加财政扶贫投入和加强财政扶贫资金管理的政策文件，用于指导财政专项扶贫资金助力精准扶贫、精准脱贫战略。2014年1月，中共中央办公厅、国务院办公厅印发《关于创新机制扎实推进农村扶贫开发工作的意见》，要求各级政府

---

① 关于印发《中央财政专项扶贫资金管理办法》的通知 [EB/OL]. (2017-03-24). http://www.gov.cn/xinwen/2017-03/24/content_518043.htm.
② 胡静林. 加大财政扶贫投入力度 支持打赢脱贫攻坚战 [J]. 行政管理改革，2016 (8): 12-15.

逐步增加财政专项扶贫资金投入,加大资金管理改革力度,增强资金使用的针对性和实效性,以扶贫攻坚规划和重大扶贫项目为平台,整合扶贫和相关涉农资金,集中解决突出贫困问题①。2015年11月,《中共中央 国务院关于打赢脱贫攻坚战的决定》中指出,要加大财政扶贫投入力度。中央财政继续加大对贫困地区的转移支付力度,中央财政专项扶贫资金规模实现较大幅度增长,一般性转移支付资金、各类涉及民生的专项转移支付资金和中央预算内投资进一步向贫困地区和贫困人口倾斜。同时,要求加大中央集中彩票公益金对扶贫的支持力度。农业综合开发、农村综合改革转移支付等涉农资金要明确一定比例用于贫困村。各部门安排的各项惠民政策、项目和工程,要最大限度地向贫困地区、贫困村、贫困人口倾斜。各省(自治区、直辖市)要根据本地脱贫攻坚需要,积极调整省级财政支出结构,切实加大扶贫资金投入。此外,优化财政资金供给制度,支持国家级贫困县统筹整合使用财政涉农资金;突出财政扶贫工作重点,促进扶贫资金精准使用;实行严格的监督考核,确保财政资金使用安全有效。对扶贫领域虚报冒领、截留私分、贪污挪用、挥霍浪费等违法违规问题,坚决从严惩处。② 2017年3月,财政部等六部委(办)印发《中央财政专项扶贫资金管理办法》,按照精准扶贫、精准脱贫基本方略精神,明确提出,"财政专项扶贫资金项目的审批权限下放到县""贫困县可根据脱贫攻坚需求统筹安排财政专项扶贫资金",同时,加强资金监管,实行绩效评价,推进政务公开,各有关部门配合审计、纪检监察、检察机关做好审计、检查等工作,确保资金使用安全、规范、有效,防止乱用滥用。2017年9月,财政部

---

① 中办国办印发《关于创新机制扎实推进农村扶贫开发工作的意见》[EB/OL]. (2014-02-13). http://www.cpad.gov.cn/art/2014/2/13/art_46_12338.html.

② 中共中央 国务院关于打赢脱贫攻坚战的决定 [EB/OL]. (2015-12-07). http://www.gov.cn/xinwen/2015-12/07/content_5020963.htm.

和国务院扶贫办联合印发《财政专项扶贫资金绩效评价办法》，确定了资金、资金拨付、资金监管、资金使用成效、加（机制创新）减（违规违纪）分等方面的绩效评价指标。资金绩效评价结果纳入省级党委和政府扶贫工作成效考核，并作为财政专项扶贫资金分配的因素之一[①]。

扶贫资金是贫困群众的"救命钱"。财政专项扶贫资金投入的稳定增长，对进一步落实精准扶贫、精准脱贫基本方略，采取更加有针对性的扶贫举措，解决贫困地区、贫困人口面临的突出问题，加快贫困地区发展、改善扶贫对象的基本生产生活条件具有重要作用。

二、涉农整合资金

中央历来高度重视"三农"问题，实行了一系列强有力的支持"三农"的政策措施，也不断加大对"三农"工作的投入力度。但随着资金投入的不断增加，资金使用中存在的条块分割、交叉重复、上下权责不匹配等问题凸显，大大影响了资金使用效率。

脱贫攻坚以来，为了进一步提高财政涉农资金的精准度和使用效益，按期完成脱贫攻坚任务，中央高度重视涉农资金整合使用问题。2016年4月，国务院办公厅颁布了《关于支持贫困县开展统筹整合使用财政涉农资金试点的意见》，明确指出，在连片特困地区县和国家扶贫开发工作重点县范围内开展财政涉农资金整合试点。试点县统筹整合使用的资金范围是各级财政安排用于农业生产发展和农村基础设施建设等方面资金。同时指出，通过多方面为涉农资金整合提供保障：一是增强贫困县财政保障能力。中央和省级财政优化转移支付结构，明显加大对贫困地区的转移支付力度，扩大一般性转移支付规模和比例，提升贫

---

① 关于印发《财政专项扶贫资金绩效评价办法》的通知［EB/OL］.（2017-09-19）. http://www.gov.cn/xinwen/2017-09/19/content_5226116.htm.

困县财政保障能力。二是加大对贫困县的倾斜支持力度。按照政府扶贫投入力度要与脱贫攻坚任务相适应的要求,中央和省、市级财政要在切实增加扶贫投入的基础上,进一步向贫困县倾斜,将脱贫攻坚作为资金分配的重要参考因素。三是发挥贫困县统筹整合使用资金主体作用。要结合各部门政策目标和工作任务,依据本地脱贫攻坚规划,充分发挥贴近脱贫攻坚一线、管理信息充分的优势,区分轻重缓急,确定好重点扶贫项目和建设任务,统筹安排好相关涉农资金,交由县级相关部门具体落实。四是创新财政涉农资金使用机制。要积极探索开展产业扶贫、资产收益扶贫等机制创新,借鉴易地扶贫搬迁筹资模式,通过政府和社会资本合作、政府购买服务、贷款贴息、设立产业发展基金等有效方式,充分发挥财政资金的引导作用和杠杆作用,撬动更多金融资本、社会帮扶资金参与脱贫攻坚。五是构建资金统筹整合使用制度体系。中央和省、市级有关部门要及时修订完善各项制度,取消限制资金统筹整合使用的相关规定。贫困县要制定统筹整合使用财政涉农资金具体办法,明确部门分工、操作程序、资金用途、监管措施。①

2017年2月,财政部、国务院扶贫办联合印发《关于做好2017年贫困县涉农资金整合试点工作的通知》,指出要将整合试点范围推开到全部832个贫困县,各省份要加大对试点县的倾斜支持力度,为整合试点提供资金保障,资金一律采取"切块下达",不得指定具体项目或提出与脱贫攻坚无关的任务要求②。同年12月,国务院印发《关于探索建立涉农资金统筹整合长效机制的意见》,对贫困县涉农资金整合进一步明确:一是推进行业内涉农资金整合。完善涉农资金管理体系,归并

---

① 国务院办公厅关于支持贫困县开展统筹整合使用财政涉农资金试点的意见 [EB/OL]. (2016-04-22). http://www.gov.cn/zhengce/content/2016-04/22/content_5066842.htm.

② 两部门关于做好2017年贫困县涉农资金整合试点工作的通知 [EB/OL]. (2017-02-16). http://www.gov.cn/xinwen/2017-02/16/content_5168451.htm.

设置涉农资金专项；实行"大专项+任务清单"管理模式，合理设定各项涉农资金应当保障的政策内容的任务清单，并同步下达资金保障。二是推进行业间涉农资金统筹。编制滚动财政规划和政府投资规划，发挥规划的引领作用；加强性质相同、用途相近的涉农资金统筹使用；促进功能互补、用途衔接的涉农资金集中投入。三是改革完善涉农资金管理体制机制。进一步下放涉农项目审批权限，赋予地方相机施策和统筹资金的自主权，不断提高项目决策的自主性和灵活度；加强涉农资金监管，防止借统筹整合名义挪用涉农资金；加大信息公开公示力度，提高资金使用的透明度。[①] 2019年3月，财政部、国务院扶贫办联合印发《关于做好2019年贫困县涉农资金整合试点工作的通知》，明确要求杜绝借资金整合之名乱作为，整合资金不得用于"负面清单"事项；彻底放权到位，取消限制统筹整合的各项规定；切实提高实质整合比例，尽可能将整合资金"大类间打通""跨类别使用"。

贫困县涉农资金整合是脱贫攻坚政策体系的重要组成部分，通过改革涉农资金供给机制，进一步优化了财政支出结构，改变了原来财政涉农扶贫资金"撒胡椒面"的做法，有利于聚集足够的财政扶贫资金用于发展产业扶贫项目，是财税体制改革的一项重要内容，对贫困县如期脱贫摘帽具有重要的支撑作用。

第二节 金融扶贫政策

在农村扶贫开发中，金融扶贫与财政支农相辅相成。金融扶贫致力于解决贫困地区和贫困农户融资难题，是推动贫困地区产业发展、帮助

[①] 国务院关于探索建立涉农资金统筹整合长效机制的意见［EB/OL］.（2017-12-21）. http：//www.gov.cn/zhengce/content/2017-12/21/content_5249187.htm.

贫困群众脱贫致富的重要手段，而通过发挥财政资金的杠杆作用，撬动更多金融资本投入脱贫攻坚是增加扶贫资金投入的重要渠道。2015年11月，习近平总书记在中央扶贫开发工作会议上明确提出，"要做好金融扶贫这篇文章，加快农村金融改革创新步伐"①，为新时期金融扶贫工作提出了新要求。

为合理配置金融资源，创新金融产品和服务，完善金融基础设施，优化金融生态环境，积极发展农村普惠金融，支持贫困地区经济社会持续健康发展和贫困人口脱贫致富，2014年3月中国人民银行等七部门联合发布《关于全面做好扶贫开发金融服务工作的指导意见》，指出要全面做好贫困地区的金融服务，到2020年使贫困地区金融服务水平接近全国平均水平，初步建成全方位覆盖贫困地区各阶层和弱势群体的普惠金融体系，充分发挥金融对促进贫困地区人民群众脱贫致富、促进区域经济社会可持续发展的作用②。2015年11月，《中共中央 国务院关于打赢脱贫攻坚战的决定》指出，鼓励和引导商业性、政策性、开发性、合作性等各类金融机构加大对扶贫开发的金融支持，通过设立扶贫再贷款、发行政策性金融债等金融扶贫政策助力脱贫攻坚③。2016年3月，为全面改进和提升扶贫金融服务，增强扶贫金融服务的精准性和有效性，中国人民银行等七部门联合印发《关于金融助推脱贫攻坚的实施意见》，明确了在精准扶贫、精准脱贫的新形势下金融助推脱贫攻坚的总体要求、目标任务和重点工作，提出了22项金融助推脱贫攻坚的具体措施，要求"瞄准脱贫攻坚的重点人群和重点任务，精准对接金融需

---

① 中共中央文献研究室. 十八大以来重要文献选编（下）[M]. 北京：中央文献出版社，2018.

② 关于全面做好扶贫开发金融服务工作的指导意见 [EB/OL]. (2014-04-10). http://www.gov.cn/xinwen/2014-04/10/content_2656095.htm.

③ 中共中央 国务院关于打赢脱贫攻坚战的决定 [EB/OL]. (2015-12-07). http://www.gov.cn/xinwen/2015-12/07/content_5020963.htm.

求,精准完善支持措施,精准强化工作质量和效率,扎实创新完善金融服务体制机制和政策措施,坚持精准支持与整体带动结合,坚持金融政策与扶贫政策协调,坚持创新发展与风险防范统筹,以发展普惠金融为根基,全力推动贫困地区金融服务到村到户到人,努力让每一个符合条件的贫困人口都能按需求便捷获得贷款,让每一个需要金融服务的贫困人口都能便捷享受到现代化金融服务,为实现到2020年打赢脱贫攻坚战、全面建成小康社会目标提供有力有效的金融支撑"[①]。在该实施意见的总体部署下,银监会、证监会、保监会分别印发文件,从信贷扶贫、保险扶贫及资本市场扶贫三个方面,在国家层面出台了相关政策。

一、信贷扶贫政策

由于贫困地区和贫困户风险承受能力弱、标准化的可抵押和质押资产少、质量差,单笔贷款金额少,贷款笔数多,加上贷款手续复杂、手续费高、利率高,传统金融机构不愿意服务贫困人口。在市场经济条件下,信息不对称和农业弱质性导致高风险,地理距离远和借贷规模小导致高成本,资本的逐利本性使得金融资本不会自动瞄准和流向贫困地区,金融机构出于信贷成本和信贷收益的考量,天然的信贷偏好、首选信贷目标都不会是贫困人口。加上地方财政可用贴息、免息和风险补偿资金有限,金融机构对贫困人口的资金投入往往较少,传统金融不愿或难以服务贫困人口等弱势群体。

---

① 关于金融助推脱贫攻坚的实施意见 [EB/OL]. (2016-03-23). http://www.pbc.gov.cn/goutongjiaoliu/113456/113469/3037335/index.html.

(一) 扶贫小额信贷

为了促进金融扶贫工作，发挥其以市场化运作方式为贫困人口提供金融服务，满足其金融资源需求的作用，2014年12月国务院扶贫办、财政部、中国人民银行、银监会、保监会联合印发《关于创新发展扶贫小额信贷的指导意见》，指出要把激发建档立卡贫困户内生动力、实现脱贫致富作为创新发展扶贫小额信贷的根本任务，推动财政扶贫政策与金融良性互动，充分发挥金融机构作用，丰富扶贫小额信贷的产品和形式，创新贫困村金融服务，改善贫困地区金融生态环境[1]。

扶贫小额信贷是为建档立卡贫困户量身定制的金融精准扶贫产品。2017年8月，国务院扶贫办、财政部、中国人民银行、银监会与保监会联合印发《关于促进扶贫小额信贷健康发展的通知》，其六个政策要点包括"5万元以下、3年期以内、免担保免抵押、基准利率放贷、财政贴息、县建风险补偿金"。在贷款对象上，扶贫小额贷款只能发放给"建档立卡贫困户"，要防止非建档立卡户"搭便车"。在使用要求上，扶贫小额信贷要精准用于贫困户发展生产或能有效带动贫困户致富脱贫的特色优势产业，不能用于建房、理财、购置家庭用品等非生产性支出，更不能将扶贫小额信贷打包用于政府融资平台、房地产开发、基础设施建设等。各银行业金融机构在探索将扶贫小额信贷资金用于有效带动贫困户致富脱贫的特色优势产业过程中，必须坚持贫困户自愿和贫困户参与两项基本原则，使贫困户融入产业发展并长期受益，提高贫困户脱贫内生发展动力。[2]

---

[1] 关于创新发展扶贫小额信贷的指导意见 [EB/OL]. (2014-12-15). http://www.cpad.gov.cn/art/2014/12/15/art_46_23778.html.

[2] 银监会等联合印发《关于促进扶贫小额信贷健康发展的通知》[EB/OL]. (2017-08-17). http://www.cbrc.gov.cn/chinese/home/docView/62052ABA472345E2A8C0B973A32945E2.html.

扶贫小额信贷始终精确瞄准建档立卡贫困户。扶贫对象一般是"有需求有能力"的贫困人群，这些人群有金融需求、有生产意愿，但缺乏贷款渠道与途径，资金需求具有"小额、分散"的显著特点，扶贫小额信贷政策恰好能够满足这部分群体的信贷需求。相比传统的贷款政策，扶贫小额贷款在政策设计过程中不设抵押担保门槛，破除了以往建档立卡贫困户无法找到抵押物和担保人的现实难题，从制度上克服了以往贷款政策的"金融排斥"。具体而言，扶贫小额信贷政策具有以下优点：一是资金量大，来源渠道广，属于有偿资金，可持续和循环使用。二是可以培养贫困户"借钱发展生产，脱贫后还钱"的市场经济意识和责任意识，通过激励和信任激发贫困户改变自身状况的积极性。三是扶贫资金要求"有借有还"，并对建档立卡贫困户贷款的金额和时间进行了规定，既满足了大多数贫困户的贷款需求，也降低了金融机构的贷款风险，可以逐步建立贫困地区和贫困户的诚信体系，有助于诚信社会建设。四是将一次性使用的无偿拨付财政扶贫资金变为多次周转使用的信贷扶贫资金，能够确保扶贫资金的安全性和可持续性，从而有效补充财政扶贫的不足。此外，小额信贷扶贫政策同样具有不同程度的政策性和公共性特点，同时坚持可持续性和商业化运作，有利于弥补财政投入缺口，克服财政支农规模有限和效率不高等问题，有助于改善农村金融服务，活跃农村经济。

（二）扶贫产业贷款

扶贫产业贷款是指政府通过利用财政扶贫资金，撬动更多银行资金用于支持扶贫企业发展，带动贫困农户稳定增收，实现政府、银行、企业及贫困户"共赢"的金融扶贫模式。

根据各地的实际情况，扶贫产业贷款可分为"户贷企用、企还户受益"和企业直接为承贷主体两种形式。"户贷企用、企还户受益"是指由符合扶贫小额贷款的农户申请贷款，获得的贷款交由企业、专业合作社或致富带头人使用，贷款由企业等新型主体承担偿还义务，农户在此过程中参与到新型主体生产的产业链中或者获得分红等收益。企业直接为承贷主体类的扶贫产业贷款则是由政府对企业等新型主体进行筛选，对符合条件的能带动贫困户脱贫增收的新型主体安排金融机构进行放贷，企业在获得贷款后需要根据与政府、银行的协议带动贫困户就业、发展产业或者捐赠。这种金融扶贫模式既有效破解了企业的融资难问题，也保证了贫困农户的稳定增收。

与扶贫小额贷款不同的是，虽然扶贫产业贷款的承贷主体不一，但实际使用者均为企业等新型主体。资金投向主要根据新型主体自身实际情况，用于产业的发展。由于新型主体享受了金融扶贫政策红利，因此需要承担带动贫困户脱贫增收的责任，具体形式包括带动贫困户发展产业、吸收贫困户就业、收购贫困户的农产品、定向捐赠及保底分红等。利用扶贫产业贷款模式带动贫困户脱贫致富，符合中国多数地区的实际情况。考虑到一些地区的贫困户无法独立发展产业，扶贫小额贷款针对性较弱，扶贫产业贷款也更受地方政府、金融机构及企业的青睐。这一模式克服了以往贫困户违约风险高、企业融资难等多重难题，通过各地灵活的联结机制设计，解决了部分地区贫困户不适合发展产业的现实难题，也壮大了当地的产业发展基础，能够较好地带动当地贫困户的增收脱贫。要注意的是，扶贫产业贷款需要防范贷款重产业轻扶贫的现象。获得贷款的企业等新型主体不能对贫困户视之不理，简单地给予捐款或者分红无法解决长期问题。对有劳动能力的贫困户，需要重点通过雇佣务工、让贫困户从事产业链某一环节的生产将其纳入产业链等形式增强贫困户的能力建设，既可以获得更高的收入，也增强了持续稳定脱贫的能力。

二、保险扶贫政策

为有效克服贫困户自身的脆弱性,防止贫困户因各种意外致贫返贫,充分发挥保险在风险保障、经济补偿等方面的独特优势,保证其脱贫路上无后顾之忧,2016年5月,中国保监会与国务院扶贫办联合发布了《关于做好保险业助推脱贫攻坚工作的意见》,明确要精准对接建档立卡贫困人口多元化的保险需求,精准创设完善保险扶贫政策,精准完善支持措施,创新保险扶贫体制机制,充分发挥保险机构助推脱贫攻坚主体作用。到2020年,实现基本建立与国家脱贫攻坚战相适应的保险服务体制机制,形成商业性、政策性、合作性等各类机构协调配合、共同参与的保险服务格局。努力实现贫困地区保险服务到村到户到人,对贫困人口"愿保尽保",贫困地区保险深度、保险密度接近全国平均水平,贫困人口生产生活得到现代保险全方位保障[①]。

2017年8月,人力资源社会保障部、财政部、国务院扶贫办联合印发《关于切实做好社会保险扶贫工作的意见》,提出要充分发挥现行社会保险政策作用,完善并落实社会保险扶贫政策,提升社会保险经办服务水平,支持帮助建档立卡贫困人口、低保对象、特困人员等困难群体(简称"贫困人员")及其他社会成员参加社会保险,基本实现法定人员全覆盖,逐步提高社会保险待遇水平,助力参保贫困人员精准脱贫,同时避免其他参保人员因年老、疾病、工伤、失业等原因陷入贫困,为打赢脱贫攻坚战贡献力量[②]。

---

① 中国保监会、国务院扶贫办关于做好保险业助推脱贫攻坚工作的意见 [EB/OL]. (2016-05-26). http://www.cpad.gov.cn/art/2016/5/26/art_1747_669.html.

② 人力资源社会保障部 财政部 国务院扶贫办关于切实做好社会保险扶贫工作的意见 [EB/OL]. (2017-08-08). http://www.mohrss.gov.cn/ncshbxs/NCSHBXSzhengcewenjian/201708/t20170808_275361.html.

2017年12月，中国人民银行等四部门联合印发《关于金融支持深度贫困地区脱贫攻坚的意见》，提出要创新发展保险产品，提高深度贫困地区保险密度和深度。大力发展商业医疗补充保险、疾病保险、扶贫小额保险、农房保险等保险产品，重点服务深度贫困地区因病、因残致贫的突出困难群体。加大对深度贫困地区建档立卡贫困户投保保费补贴力度，积极发展农业保险，适度降低深度贫困地区保险费率。创新发展农产品价格保险和收入保险，提高深度贫困地区农业风险保障水平。到2020年年底，实现深度贫困地区贫困人群医疗补充保险广覆盖，政策性农业保险乡镇全覆盖[①]。

保险业逐渐探索出从救济式扶贫到开发式扶贫，再到精准扶贫的保险扶贫方式，已初步建立起三套功能作用协同配合的保险扶贫体系。一是以农业保险为核心的保险扶贫保障体系，立足贫困地区资源优势和产业特色，因地制宜开展特色优势农产品保险，积极开发推广目标价格保险、天气指数保险、设施农业保险等险种，防止贫困农户因灾返贫致贫；二是以大病保险为核心的人身保障体系，加强基本医保、大病保险、商业健康保险、医疗救助、疾病应急救助和社会慈善等衔接，提高贫困人口医疗费用实际报销比例，防止因病致贫、因病返贫等情况的发生；三是以小额贷款保证保险为核心的保险扶贫增信体系，为贫困户融资提供增信支持，增强贫困人口获取信贷资金发展生产的能力，推动信贷资源向贫困地区投放，助力产业扶贫。

随着产业扶贫的推进以及贫困地区"造血"能力的增强，保险机制在脱贫攻坚中的作用越来越受到重视。特别是，很多地区在脱贫后需要运用市场机制巩固脱贫成果，保险这一市场化机制发挥作用的市场空间越来越大。不论是贫困地区农业产业发展，还是农户自身对人身险、

---

① 人民银行等四部门联合印发《关于金融支持深度贫困地区脱贫攻坚的意见》[EB/OL]. (2018-01-15). http://www.cpad.gov.cn/art/2018/1/15/art_22_76781.html.

财产险需求增强,都需要保险业进一步创新产品和服务,助力脱贫攻坚走向深入[①]。

三、资本市场扶贫政策

为有效推动贫困地区各类企业的融资进度,加快贫困地区的发展进程,2016年9月中国证监会公开发布了《中国证监会关于发挥资本市场作用服务国家脱贫攻坚战略的意见》,指出发挥资本市场行业优势,以贫困地区实体经济需求为导向,以资本市场服务产业扶贫为重点,支持贫困地区企业利用多层次资本市场融资、支持和鼓励上市公司履行社会责任服务国家脱贫攻坚战略、支持和鼓励证券基金经营机构履行社会责任服务、支持和鼓励期货经营机构履行社会责任服务国家脱贫攻坚战略、切实加强贫困地区投资者保护工作等形式,优先支持贫困地区企业利用资本市场资源,拓宽直接融资渠道,提高融资效率,降低融资成本,不断增强贫困地区自我发展能力[②]。

资本市场扶贫政策的出台,充分结合了资本市场的自身实际,助力于贫困地区企业的上市和贫困县的金融发展。鉴于贫困地区金融服务相对落后,服务资本市场的人才匮乏,在同等条件下,往往在流程的准备上严重滞后于发达城市的企业。因此,对贫困地区的项目给予审核流程上的优先安排,是在政策上弥补贫困地区金融技术上的不足,弥补贫困地区的资本市场人才匮乏带来的不足,在一定程度上是实现市场公平的重要举措。在"标准不降、条件不减,即报即审、审过即发"的资本

---

① 王笑. 保险扶贫:撑起"三农"发展的金融后盾[EB/OL]. (2019-08-21). https://insurance.hexun.com/2019-08-21/198276335.html.

② 中国证监会关于发挥资本市场作用服务国家脱贫攻坚战略的意见[EB/OL]. (2017-01-11). http://www.csrc.gov.cn/pub/newsite/flb/flfg/bmgf/zh/qt/201701/t20170111_309303.html.

市场扶贫政策下，部分贫困地区企业在满足相应条件后即可通过绿色通道快速上市，加快自身的发展，也有助于增强贫困地区的产业发展。

第三节　行业部门扶贫政策

习近平总书记指出："扶贫开发是全党全社会的共同责任，要动员和凝聚全社会力量广泛参与。坚持专项扶贫、行业扶贫、社会扶贫等多方力量、多种举措有机结合和互为支撑的'三位一体'大扶贫格局。"[①]行业扶贫作为"三位一体"大扶贫格局的重要举措之一，主要是指各行业部门履行行业管理职能，支持贫困地区和贫困人口发展的政策和项目，承担着改善贫困地区发展环境、提高贫困人口发展能力的任务。行业扶贫是政府主导扶贫开发工作的重要抓手，在脱贫攻坚过程中，各行业部门履行行业管理职能，围绕"两不愁三保障"重点问题，时刻保持头脑清醒，树立问题意识，在工作实践中找问题，关注问题，解决问题。以强烈的责任担当意识和紧迫感，切实履行本行业职能范围内的业务指导等职责，科学制定行业扶贫专项政策规划，真正发挥行业部门在脱贫攻坚中的政策引导作用。

一、推进安全饮水工程——水利部

"民以食为天，食以水为先。"获得安全的饮用水是人类生存的基本需求，直接关系到人民群众的身体健康和生命安全。党中央、国务院高度重视安全饮水工作，把"切实保护好饮用水源，让群众喝上放心

---

① 中共中央党史和文献研究院. 习近平扶贫论述摘编［M］. 北京：中央文献出版社，2018.

水"作为首要任务推进。解决建档立卡贫困户饮水安全是实现脱贫攻坚"两不愁三保障"总体目标中"不愁吃"的重点工作,是中央对省级党委政府扶贫开发成效考核的重要内容。脱贫攻坚以来,各地农村饮水安全脱贫攻坚总体进展顺利,但部分地区也存在一些亟待解决的突出问题,进入啃硬骨头的关键时期,必须全力攻克贫困地区特别是深度贫困地区饮水安全问题堡垒。

为确保打赢农村饮水安全脱贫攻坚战,2018年8月水利部、国务院扶贫办、国家卫生健康委员会出台《关于坚决打赢农村饮水安全脱贫攻坚战的通知》,指出脱贫攻坚农村饮水安全保障实行"中央统筹、省负总责、市县抓落实"的管理体制,各地要把农村饮水安全精准脱贫当作重要的政治任务来抓,将农村饮水安全保障纳入脱贫攻坚考核范围,落实好主体责任,一级抓一级,层层抓落实,将贫困地区农村饮水安全保障落实到市县。按照各省级政府批复的"十三五"农村饮水安全巩固提升工程规划以及分年度分市县目标任务,合理制定方案,加强前期工作,落实保障措施,聚焦重点难点,攻坚克难,确保到2020年全面解决贫困村和贫困人口的饮水安全问题。各地可直接使用中国水利学会发布的《农村饮水安全评价准则》,也可根据这一评价准则,结合本省份实际情况,因地制宜制定适合本省份实际的农村饮水安全评价准则或细则,作为本省份脱贫攻坚农村饮水安全精准识别、制定解决方案和达标验收的依据。在水源条件差、工程建设难度大、成本高、人口居住偏远分散的地区,每人每天供水量不得低于20升,人力取水往返时间不超过20分钟(牧区可适当放宽)[①]。

切实做好安全饮水工作是维护最广大人民群众的根本利益,体现了

---

① 水利部 国务院扶贫办 国家卫生健康委关于坚决打赢农村饮水安全脱贫攻坚战的通知[EB/OL].(2018-08-02). http://www.mwr.gov.cn/zw/tzgg/tzgs/201808/t20180802_1044428.html.

"以人为本"的基本思想,是打赢脱贫攻坚战、全面建成小康社会的重要内容。

二、推进易地扶贫搬迁工程——国家发展和改革委员会

随着我国经济发展进入新常态,站在全面建成小康社会的决胜关口,贫困问题依然是最突出的"短板","一方水土养不起一方人"的贫困问题则是"短板"中的"短板",必须付出更大气力、采取超常规举措补齐这块"短板",持续增进贫困地区民生福祉,使贫困人口共享发展成果。习近平总书记指出,"易地搬迁脱贫一批,是一个不得不为的措施,也是一项复杂的系统工程,政策性强、难度大。要拓宽资金来源渠道,解决好扶贫搬迁所需资金问题。要做好规划,合理确定搬迁规模,区分轻重缓急,明确搬迁目标任务和建设时序,按规划、分年度、有计划组织实施。"[1]

为坚决打赢脱贫攻坚战,确保到2020年所有贫困地区和贫困人口与全国人民一道迈入全面小康社会,党中央、国务院决定,按照精准扶贫、精准脱贫要求,加快实施易地扶贫搬迁工程。2016年9月,国家发展改革委印发《全国"十三五"易地扶贫搬迁规划的通知》,明确要求,到2020年实现约1000万建档立卡贫困人口的搬迁安置,搬迁对象住房安全得到有效保障,安全饮水、出行、用电、通信等基本生活需求得到基本满足,享有便利可及的教育、医疗等基本公共服务,迁出区生态环境明显改善,安置区特色产业加快发展,搬迁对象有稳定的收入渠道,生活水平明显改善,全部实现稳定脱贫[2]。该《规划》对迁出区域

---

[1] 中共中央党史和文献研究院. 习近平扶贫论述摘编[M]. 北京:中央文献出版社,2018.

[2] 国家发展改革委关于印发全国"十三五"易地扶贫搬迁规划的通知[EB/OL]. (2017-04-28). http://www.cpad.gov.cn/art/2017/4/28/art_50_62482.html.

与搬迁对象、搬迁方式与安置方式、主要建设任务、资金测算与筹措、资金运作模式、搬迁进度及投资安排、建档立卡脱贫人口脱贫发展以及保障措施等方面均做了详细要求，确保从根本上解决居住在"一方水土养不起一方人"地区贫困人口的脱贫发展问题。

新时期易地扶贫搬迁工作全面启动实施以来，中央有关部门和地方各级政府采取超常规举措，以前所未有的力度推进实施，广大搬迁群众住房条件得到明显改善，生产生活方式发生巨大变化，正在逐步走向脱贫致富道路。然而，不同渠道反映及各级督查发现，部分易地扶贫搬迁项目存在建设程序不规范、"四制"履行不齐全、监督管理不到位、工程质量特别是住房质量不过关等问题，已经成为影响"住房安全有保障"的重大隐患，甚至直接威胁到群众生命财产安全，必须引起高度重视，采取切实有效措施加以解决。

2018年10月，国家发展改革委、国务院扶贫办联合印发《关于进一步加强易地扶贫搬迁工程质量安全管理的通知》，要求各地要进一步提高政治站位，坚持以人民为中心的发展思想，牢固树立责任意识和风险意识，始终把质量安全作为易地扶贫搬迁工程建设的"生命线"，加强组织领导，明确责任主体，完善监督机制，严格执行工程建设有关法律法规和强制性技术标准，强化工程质量安全检查排查和执纪问责，扎实做好易地扶贫搬迁工程建设质量安全管理工作，让搬迁群众住上"安全房""放心房"。

三、推进危房改造工程——住房和城乡建设部

住房安全是"两不愁三保障"的重要内容，要确保贫困人口安全住房有保障。农村危房改造政策是实现住房安全有保障的重点工作。精准扶贫工作开展以来，各地推进农村危房改造工作取得明显进展，但实

施过程中也存在危房改造对象认定不准确、深度贫困户无力建房、补助资金拨付和使用不规范等问题。

为进一步加强和完善建档立卡贫困户等重点对象农村危房改造工作，2017年8月住房城乡建设部、财政部、国务院扶贫办联合印发《关于加强和完善建档立卡贫困户等重点对象农村危房改造若干问题的通知》，对危房改造对象认定标准和程序、贫困户"住房安全有保障"的认定标准和程序等作出了明确规定。农村危房改造对象应为建档立卡贫困户、低保户、农村分散供养特困人员和贫困残疾人家庭四类重点对象。通过加大资金投入力度，推广低成本改造方式，帮助协调组织主要建材的采购与运输等方式，切实加大对深度贫困户的倾斜支持，减轻贫困户负担，提高农户满意度[①]。

2018年11月，为了全力推进建档立卡贫困户等重点对象农村危房改造，聚焦深度贫困地区和特殊贫困群体，确保到2020年如期实现贫困户住房安全有保障目标，切实提高贫困人口的获得感和幸福感，住房城乡建设部、财政部联合制定了《农村危房改造脱贫攻坚三年行动方案》，要求把建档立卡贫困户放在突出位置，全力推进建档立卡贫困户、低保户、农村分散供养特困人员和贫困残疾人家庭四类重点对象危房改造，确保2020年前完成现有200万户建档立卡贫困户存量危房改造任务，基本解决贫困户住房不安全问题。倾斜支持"三区三州"等深度贫困地区，加快实施农村危房改造。探索支持农村贫困群体危房改造长效机制，逐步建立农村贫困群体住房保障制度。[②]

---

① 住房城乡建设部　财政部　国务院扶贫办关于加强和完善建档立卡贫困户等重点对象农村危房改造若干问题的通知[EB/OL].（2017-09-06）. http：//www.mohurd.gov.cn/wjfb/201709/t20170906_233201.html.

② 住房城乡建设部　财政部关于印发农村危房改造脱贫攻坚三年行动方案的通知[EB/OL].（2019-04-10）. http：//www.mohurd.gov.cn/wjfb/201904/t20190410_240136.html.

四、推进教育扶贫工程——教育部

习近平总书记多次强调,"治贫先治愚,扶贫先扶智,教育是阻断贫困代际传递的治本之策,国家教育经费要继续向贫困地区倾斜、向基础教育倾斜、向职业教育倾斜,帮助贫困地区改善办学条件,对农村贫困家庭幼儿特别是留守儿童给予特殊关爱。"[①] 李克强总理指出,跳出贫困陷阱,根本要靠教育、靠提高贫困人口素质,要加强教育扶贫,对贫困家庭的高中学生,要全部免除学杂费,扩大重点高校面向贫困地区定向招生计划,使贫困家庭学生有更多的机会接受高质量的教育,为贫困地区培养更多人才。

教育部将打赢教育脱贫攻坚战列入"写好教育奋进之笔行动",会同有关部门、地方政府和教育系统聚焦贫困地区和贫困人口,扎实推进教育脱贫攻坚工作。以教育扶贫工程为引领,实施了学前教育三年行动计划、农村义务教育学生营养改善计划、全面改善农村义务教育薄弱学校基本办学条件计划、面向贫困地区定向招生专项计划、乡村教师生活补助政策等一系列教育扶贫政策,并先后制定出台了《关于实施教育扶贫工程的意见》《教育脱贫攻坚"十三五"规划》《深度贫困地区教育脱贫攻坚实施方案(2018—2020年)》等政策性文件,明确了打赢教育脱贫攻坚战路线图和时间表。

2013年7月,教育部等六部门联合印发《关于实施教育扶贫工程的意见》,提出以"提高基础教育的普及程度和办学质量、提高职业教育促进脱贫致富的能力、提高高等教育服务区域经济社会发展能力、提高继续教育服务劳动者就业创业能力"为目标,以"全面加强基础教

---

① 中共中央党史和文献研究院. 习近平扶贫论述摘编[M]. 北京:中央文献出版社,2018.

育、加快发展现代职业教育、提高高等教育服务能力、提高学生资助水平、提高教育信息化水平"为主要任务,要求中国教育扶贫事业涵盖学前教育、基础教育、职业教育、特殊教育、民族教育等各种类型,改善贫困地区教育软硬件条件和环境,提高办学水平,充分发挥教育在扶贫开发中的作用,促进贫困地区从根本上摆脱贫困①。

2016年12月,教育部等六部门联合印发《教育脱贫攻坚"十三五"规划》,要求通过发展学前教育,巩固提高九年义务教育水平,加强乡村教师队伍建设,加大特殊群体支持力度,加快发展中等职业教育,广泛开展公益性职业技能培训,积极发展普通高中教育,继续实施高校招生倾斜政策,完善就学就业资助服务体系,加强决策咨询服务等措施,确保到2020年贫困地区教育发展水平显著提升,贫困人口教育基本公共服务全覆盖,贫困家庭孩子都有学可上,没有一个学生因家庭困难而失学。每个人都有机会通过职业教育、高等教育或职业培训实现家庭脱贫,教育服务区域经济社会发展的能力显著增强②。

2018年1月,为了进一步聚焦深度贫困地区教育扶贫,用三年时间集中攻坚,确保深度贫困地区如期完成"发展教育脱贫一批"任务,教育部、国务院扶贫办联合印发《深度贫困地区教育脱贫攻坚实施方案(2018—2020年)》,要求精准建立"三区三州"教育扶贫台账,稳步提升"三区三州"教育基本公共服务水平,面向"三区三州"实施推普脱贫攻坚行动以及多渠道加大"三区三州"教育扶贫投入,推动教育新增资金、新增项目、新增举措进一步向"三区三州"倾斜,切实

---

① 国务院办公厅转发教育部等部门关于实施教育扶贫工程的意见[EB/OL].(2013-09-12). http://www.cpad.gov.cn/art/2013/9/12/art_50_23748.html.
② 教育部等六部门关于印发《教育脱贫攻坚"十三五"规划》的通知[EB/OL].(2016-12-29). http://www.moe.gov.cn/srcsite/A03/moe_1892/moe_630/201612/t20161229_293351.html.

打好深度贫困地区教育脱贫攻坚战①。

五、推进健康扶贫工程——卫生健康委员会

长期以来，因病致贫返贫一直制约着我国贫困地区的脱贫攻坚工作。实施健康扶贫工程，对于保障农村贫困人口享有基本医疗卫生服务，推进健康中国建设，防止因病致贫、因病返贫，实现到2020年让农村贫困人口摆脱贫困目标具有重要意义。国家卫生健康委员会与深化医药卫生体制改革紧密结合，针对农村贫困人口因病致贫、因病返贫问题，突出重点地区、重点人群、重点病种，进一步加强统筹协调和资源整合，采取有效措施提升农村贫困人口医疗保障水平和贫困地区医疗卫生服务能力，全面提高农村贫困人口健康水平，为农村贫困人口与全国人民一道迈入全面小康社会提供健康保障。

2016年6月，国家卫生计生委等15个中央部门联合印发《关于实施健康扶贫工程的指导意见》，指出通过提高医疗保障水平，对患大病和慢性病的农村贫困人口进行分类救治，县域内农村贫困人口住院先诊疗后付费，加强贫困地区医疗卫生服务体系建设，实施全国三级医院与贫困县县级医院一对一帮扶，加大贫困地区慢性病、传染病、地方病防控力度，加强贫困地区妇幼健康工作、深入开展贫困地区爱国卫生运动等措施，到2020年实现贫困地区人人享有基本医疗卫生服务，农村贫困人口大病得到及时有效救治保障，个人就医费用负担大幅减轻；贫困地区重大传染病和地方病得到有效控制，基本公共卫生指标接近全国平均水平，人均预期寿命进一步提高，孕产妇死亡率、婴儿死亡率、传染病发病率显著下降；贫困县至少有一所医院达到二级医疗机构服务水

---

① 两部门关于印发《深度贫困地区教育脱贫攻坚实施方案（2018—2020年）》的通知[EB/OL]. (2018-02-27). http://www.gov.cn/xinwen/2018-02/27/content_5269090.htm.

平，服务条件明显改善，服务能力和可及性显著提升；区域间医疗卫生资源配置和人民健康水平差距进一步缩小，因病致贫、因病返贫问题得到有效解决①。

2017年4月，国家卫生计生委、民政部、财政部、人力资源社会保障部、保监会和国务院扶贫办联合印发了《健康扶贫工程"三个一批"行动计划》，提出按照"大病集中救治一批、慢病签约服务管理一批、重病兜底保障一批"的要求，组织对患有大病和长期慢性病的贫困人口实行分类分批救治，将健康扶贫落实到人、精准到病，推动健康扶贫工程深入实施②。

六、推进产业扶贫工程——农业农村部

"授人以鱼，不如授人以渔。"发展特色产业是提高贫困地区自我发展能力和贫困人口脱贫致富的根本举措。产业扶贫作为"五个一批"的首要脱贫路径，目标是实现3000万以上贫困人口脱贫，涉及对象的范围最广、涵盖面最大，易地搬迁脱贫、生态补偿脱贫、发展教育脱贫都需要通过发展产业实现长期稳定就业增收。贫困地区拥有丰富的自然资源、文化资源和劳动力资源，但特色产业发展总体水平不高，资源优势尚未有效转化为产业优势、经济优势，是农村贫困人口增收脱贫的瓶颈。产业扶贫对于贯彻落实中央扶贫开发工作的重大部署、全面建成小康社会具有重大意义。

---

① 关于实施健康扶贫工程的指导意见［EB/OL］．(2016－06－20)．http：//www.cpad.gov.cn/art/2016/6/20/art_1747_682.html.
② 关于印发健康扶贫工程"三个一批"行动计划的通知［EB/OL］．(2017－08－16)．http：//www.cpad.gov.cn/art/2017/8/16/art_1747_847.html.

2016年5月，农业部等九部门联合印发《贫困地区发展特色产业促进精准脱贫指导意见》，明确提出从八个方面推进产业扶贫：一是科学确定特色产业。通过科学分析资源禀赋、产业现状、市场空间、环境容量、新型主体带动能力和产业覆盖面等因素，选准适合贫困县自身发展的特色产业。二是促进第一、第二、第三产业融合发展。通过积极发展特色产品加工，拓展产业多种功能，大力发展休闲农业、乡村旅游和森林旅游休闲康养，拓宽贫困户就业增收渠道。三是发挥新型经营主体带动作用。通过支持新型经营主体在贫困地区发展特色产业，与贫困户建立稳定带动关系，向贫困户提供全产业链服务，提高产业增值能力和吸纳贫困劳动力就业能力。四是完善利益联结机制。鼓励开展股份合作，通过农村承包土地经营权、农民住房财产权等折价入股，集体经济组织成员享受集体收益分配权；有关财政资金在不改变用途的情况下，投入设施农业、养殖、光伏、水电、乡村旅游等项目形成的资产，具备条件的可折股量化给贫困村和贫困户。五是增强产业支撑保障能力。通过大力发展电子商务，积极培育特色产品品牌。加快有关科研成果转化应用，推进信息进村入户。加强贫困地区新型职业农民培育和农村实用人才带头人培养。六是加大产业扶贫投入力度。加大各级各类涉农专项资金向贫困地区特色产业倾斜，对使用财政专项扶贫资金发展种养业的加强指导。七是创新金融扶持机制。鼓励金融机构创新符合贫困地区特色产业发展特点的金融产品和服务方式，鼓励地方积极创新金融扶贫模式。八是加大保险支持力度。积极发展特色产品保险，探索开展价格保险试点，鼓励保险机构和贫困地区开展特色产品保险和扶贫小额贷款保证保险。通过以上举措，力争到2020年，贫困县扶持建设一批贫困人口参与度高的特色产业基地，建成一批对贫困户脱贫带动能力强的特色产品加工、服务基地，初步形成特色产业体系；贫困乡镇、贫困村特色产业突出，特色产业增加值显著提升；贫困户掌握1～2项实用技术，自我发展能力明显增强。①

2016年9月,农业部印发《关于加大贫困地区项目资金倾斜支持力度 促进特色产业精准扶贫的意见》,明确在农业生产基础设施建设、农业科技推广服务、现代农业产业体系、新型经营主体发展、农业防灾减灾能力、资源环境保护等项目资金安排上向贫困地区加大倾斜力度,支持特色产业精准扶贫②。

七、推进就业扶贫工程——人力资源和社会保障部

"一人就业,全家脱贫。"为有劳动能力且有劳动意愿的贫困人口提供就业机会、促进贫困人口转移就业是减贫的重要途径之一。通过职业技能培训,提升就业能力,引导贫困人口走出农村,就业增收,不仅能够巩固脱贫成果,也有利于激发贫困人口内生动力。做好就业扶贫工作,促进农村贫困劳动力就业,是脱贫攻坚的重大措施。

2016年12月,人力资源社会保障部、财政部、国务院扶贫办联合印发《关于切实做好就业扶贫工作的指导意见》,围绕实现精准对接、促进稳定就业的目标,通过开发岗位、劳务协作、技能培训、就业服务、权益维护等措施,帮助一批未就业贫困劳动力转移就业,帮助一批已就业贫困劳动力稳定就业,帮助一批贫困家庭未升学初、高中毕业生就读技工院校,并在毕业后实现技能就业,带动促进1000万贫困人口脱贫。尤其是为了解决留守妇女儿童、空巢老人就业问题,该《意见》提出各地要积极开发就业岗位,拓宽贫困劳动力就地就近就业渠道,通

---

① 农业部等九部门联合印发《贫困地区发展特色产业促进精准脱贫指导意见》[EB/OL]. (2016-05-27). http://www.gov.cn/xinwen/2016-05/27/content_5077245.htm.
② 农业部关于加大贫困地区项目资金倾斜支持力度 促进特色产业精准扶贫的意见[EB/OL]. (2017-11-28). http://www.moa.gov.cn/nybgb/2016/dijiuqi/201711/t20171128_5921938.htm.

过鼓励企业在乡镇（村）创建扶贫车间、加工点，积极组织贫困劳动力从事居家就业和灵活就业①。

职业技能培训是促进建档立卡贫困劳动力转移就业脱贫的根本举措。为推进深度贫困地区贫困劳动力职业技能培训工作，实现以培训促就业、以就业助脱贫，2018年10月人力资源社会保障部、国务院扶贫办联合印发《关于开展深度贫困地区技能扶贫行动的通知》，明确要求聚焦深度贫困地区，坚持精准扶贫和就业导向，加大帮扶力度，做到"应培尽培、能培尽培"，努力实现每个有培训需求的贫困劳动力都有机会接受职业技能培训，每个有就读技工院校意愿的建档立卡贫困家庭应往届初高中毕业未能继续升学的学生都有机会接受技工教育。建立完善职业指导、分类培训、技能评价、就业服务协同联动的公共服务体系，提升职业技能培训，促进转移就业脱贫效果。②

八、推进社会保障兜底工程——民政部

在脱贫攻坚事业中，以老年人、重病患者和残疾人为代表的特殊贫困群体因身体原因无法通过劳动脱贫，是贫中之贫、困中之困。针对这些特殊困难群体，中国政府通过实施"兜底保障"，保障完全丧失劳动能力和部分丧失劳动能力且无法依靠产业就业帮扶脱贫的未脱贫建档立卡贫困人口的基本生活，成为这部分群体的"最后一道防线"。

为切实做好工作，确保到2020年现行扶贫标准下农村贫困人口实现脱贫，2016年9月民政部等六部门联合印发《关于做好农村最低生

---

① 人力资源社会保障部 财政部 国务院扶贫办关于切实做好就业扶贫工作的指导意见[EB/OL]．（2016 - 12 - 08）．http：//www.mohrss.gov.cn/SYrlzyhshbzb/jiuye/zcwj/201612/t20161208_261480.html.

② 两部门关于开展深度贫困地区技能扶贫行动的通知[EB/OL]．（2018 - 10 - 10）．http：//www.gov.cn/xinwen/2018 - 10/10/content_5329307.htm.

活保障制度与扶贫开发政策有效衔接的指导意见》，指出要坚持精准扶贫、精准脱贫基本方略，坚持应扶尽扶、应保尽保、动态管理、资源统筹等原则，通过农村低保制度与扶贫开发政策的有效衔接，形成制度合力，对符合低保标准的农村贫困人口实行政策性保障兜底，确保到2020年现行扶贫标准下农村贫困人口全部脱贫。该《意见》进一步明确了农村低保制度与扶贫开发政策衔接的重点任务：一是加强政策衔接。对符合农村低保条件的建档立卡贫困户，按规定程序纳入低保范围；对符合扶贫条件的农村低保家庭，按规定程序纳入建档立卡范围；对不在建档立卡范围内的农村低保家庭、特困人员，各地统筹使用相关扶贫开发政策。二是加强对象衔接。完善农村低保家庭贫困状况评估指标体系，以家庭收入、财产作为主要指标，根据地方实际情况适当考虑家庭成员因残疾、患重病等增加的刚性支出因素，综合评估家庭贫困程度。三是加强标准衔接。农村低保标准低于国家扶贫标准的地方，按照国家扶贫标准综合确定农村低保的最低指导标准；农村低保标准已经达到国家扶贫标准的地方，按照动态调整机制科学调整。四是加强管理衔接。县级民政部门将农村低保对象、特困人员名单提供给同级扶贫部门；县级扶贫部门将建档立卡贫困人口名单和脱贫农村低保对象名单、脱贫家庭人均收入等情况及时提供给同级民政部门，加强信息共享。[1]

九、推进科技扶贫工程——科学技术部

科技助推"造血式"产业扶贫是决战决胜脱贫攻坚的有力支撑，是创新社会化科技服务的重要举措，是密切党群干群关系的有力抓手，

---

[1] 国务院办公厅转发民政部等部门关于做好农村最低生活保障制度与扶贫开发政策有效衔接的指导意见的通知［EB/OL］.（2016-09-27）. http://www.gov.cn/zhengce/content/2016-09/27/content_5112631.htm.

因此将科技创新发展的理念植入贫困地区发展之中，努力成为群众发展致富的"顾问"和"贴心人"。

2016年4月，科技部制定了《关于科技扶贫精准脱贫的实施意见》，提出通过推进贫困地区科技人才队伍建设、强化贫困地区新型职业农民培训、加强贫困地区科普工作、选派科技干部和科技人员到贫困地区挂职锻炼、培育贫困地区创业主体、打造贫困地区创业载体、壮大贫困地区特色支柱产业、鼓励与贫困地区对接帮扶等措施，充分调动全社会科技资源投身服务于脱贫攻坚战，形成科技扶贫大格局，以科技创新驱动精准扶贫、精准脱贫，在坚决打赢脱贫攻坚战的实践中充分发挥科技创新的支撑引领作用。

2016年10月，科技部等七部门联合印发《科技扶贫行动方案》，明确要求瞄准贫困地区和贫困人口的具体需求，通过开展技术攻关、成果转化、平台建设、要素对接、创业扶贫、教学培训、科普惠农等行动，到2020年基本形成贫困地区创新驱动发展新模式。贫困地区基层科技服务能力得到明显增强，区域扶贫产业得到较快发展，人员科技文化素质得到较大提高，创新创业热情不断增强，内生发展动力大幅提升，创新驱动精准扶贫、精准脱贫成效显著[①]。

2017年7月，为动员全社会科技资源投身服务于脱贫攻坚，科技部办公厅印发《关于实施科技扶贫"百千万"工程的通知》，提出在科技系统实施科技扶贫"百千万"工程，"百"即在贫困地区建设"一百个"科技园区、星创天地等平台载体；"千"即动员组织高校、院所、园区、企业等与贫困地区建立"一千个"科技扶贫帮扶结对；"万"即实现"一万个"贫困村科技特派员全覆盖。

---

① 科技部　教育部　中国科学院　中国工程院　自然科学基金会　国防科工局　国务院扶贫办关于印发《科技扶贫行动方案》的通知［EB/OL］. (2016-10-13). http://www.cpad.gov.cn/art/2016/10/13/art_1744_76.html.

十、推进交通先行工程——交通运输部

"要致富，先修路。"交通运输是贫困地区脱贫攻坚的基础性和先导性条件，加快基础设施建设仍是交通扶贫的首要任务。习近平总书记指出，"交通基础设施建设具有很强的先导作用，特别是在一些贫困地区，改一条溜索、修一段公路就能给群众打开一扇脱贫致富的大门""要通过创新体制、完善政策，进一步把农村公路建好、管好、护好、运营好，逐步消除制约农村发展的交通瓶颈，为广大农民致富奔小康提供更好的保障"。

2016年7月，交通运输部印发《"十三五"交通扶贫规划》，结合贫困地区交通运输发展的实际需要，明确了"十三五"期间交通扶贫脱贫攻坚八大任务，即骨干通道外通内联、农村公路通村畅乡、安全能力显著提升、"交通+特色产业"扶贫、运输场站改造完善、水运基础条件改善、公路营养效能提高和运输服务保障提升，全面提升交通运输基本公共服务水平，力争到2020年，贫困地区全面建成"外通内联、通村畅乡、班车到村、安全便捷"的交通运输网络，总体实现"进得来、出得去、行得通、走得畅"①。

2017年11月，交通运输部办公厅印发《关于支持深度贫困地区交通扶贫脱贫攻坚的实施方案》，明确提出要进一步加大对深度贫困地区支持力度，争取到2020年如期完成建制村通硬化路、通客车等交通扶贫兜底性目标。通过加强深度贫困地区交通运输基础设施建设，大力提升运输服务能力和水平，强化安全保障能力和管理养护效能，全力以赴当好深度贫困地区脱贫攻坚先行官，确保打赢交通运输扶贫脱贫攻坚

---

① 交通运输部关于印发"十三五"交通扶贫规划的通知 [EB/OL]. (2019-03-29). http://xxgk.mot.gov.cn/jigou/zhghs/201903/t20190329_3182337.html.

战，为实现深度贫困地区与同步建成全面小康社会提供有力支撑①。

2018年7月，交通运输部办公厅印发《交通运输脱贫攻坚三年行动计划（2018—2020年）》，明确到2020年，贫困地区具备条件的乡镇和建制村通硬化路，具备条件的县城通二级及以上公路，具备条件的建制村通客车，基本完成乡道及以上行政等级公路安全隐患治理，建立健全农村公路建设管理养护和运行体制机制②。

第四节　鼓励市场参与的政策

党的十八届三中全会明确提出要处理好政府和市场的关系，使市场在资源配置中起决定性的作用和更好地发挥政府作用。中国特色社会主义制度优势决定了公有制主体地位和国有经济主导作用，赋予政府强大的集中决策、组织动员和统筹协调能力，进而最大限度整合社会资源、集中力量办大事。市场在资源配置中的决定作用则让市场活力得以充分释放，政府的有为与市场的有效为脱贫攻坚取得巨大成就奠定了良好基础。面对脱贫工作中最难啃的硬骨头，必须进一步处理好政府与市场的关系，坚持市场化和政策扶持相结合，以市场化为导向，以政策扶持为支撑，充分发挥市场配置资源的决定性作用。

在国家构建的专项扶贫、行业扶贫、社会扶贫三位一体和政府、市场、社会协同推进的大扶贫开发格局中，市场参与扶贫是关键一环。

---

① 交通运输部办公厅关于印发《关于支持深度贫困地区交通扶贫脱贫攻坚的实施方案》的通知［EB/OL］.（2019-03-29）. http：//xxgk.mot.gov.cn/jigou/zhghs/201903/t20190329_3182339.html.

② 交通运输部办公厅关于印发交通运输脱贫攻坚三年行动计划（2018—2020年）的通知［EB/OL］.（2019-03-29）. http：//xxgk.mot.gov.cn/jigou/zhghs/201903/t20190329_3182332.html.

2014年12月,国务院办公厅印发《关于进一步动员社会各方面力量参与扶贫开发的意见》,提出要大力倡导民营企业扶贫。鼓励民营企业积极承担社会责任,充分激发市场活力,发挥资金、技术、市场、管理等优势,通过资源开发、产业培育、市场开拓、村企共建等多种形式到贫困地区投资兴业、培训技能、吸纳就业、捐资助贫,参与扶贫开发,发挥辐射和带动作用[①]。该《意见》还对企业参与扶贫的内容、方式、保障措施等作出了具体规定。

2015年10月,全国工商联、国务院扶贫办和中国光彩会联合开展实施"万企帮万村"精准扶贫行动,河北、湖南、广东、广西、贵州六省区的26家民营企业和贫困村签订帮扶协议,为"万企帮万村"行动的全面推广提供了示范[②]。2016年1月,全国工商联、国务院扶贫办、中国光彩会联合印发了《关于推进"万企帮万村"精准扶贫行动的实施意见》,"万企帮万村"精准扶贫行动以民营企业为帮扶方,以建档立卡的贫困村为帮扶对象,以签约结对、村企共建为主要形式,以产业扶贫、就业扶贫、公益捐赠、智力扶贫、其他扶贫等帮扶途径,力争用3~5年时间,动员全国1万家以上民营企业参与,帮助1万个以上贫困村加快脱贫进程,为促进非公有制经济健康发展和非公有制经济人士健康成长、打好脱贫攻坚战、全面建成小康社会贡献力量。[③]

2016年12月发布的《"十三五"脱贫攻坚规划》对市场参与扶

---

① 国务院办公厅关于进一步动员社会各方面力量参与扶贫开发的意见[EB/OL].(2014-12-04). http://www.gov.cn/zhengce/content/2014-12/04/content_9289.htm.
② 中共中央 国务院关于打赢脱贫攻坚战的决定[EB/OL].(2015-12-07). http://www.gov.cn/xinwen/2015-12/07/content_5020963.htm.
③ 全国工商联 国务院扶贫办 中国光彩会关于推进"万企帮万村"精准扶贫行动的实施意见[EB/OL].(2016-01-18). http://www.cpad.gov.cn/art/2016/1/18/art_1747_656.html.

贫政策做了进一步要求,要强化国有企业帮扶责任,深入推进中央企业定点帮扶贫困革命老区"百县万村"活动。引导中央企业设立贫困地区产业投资基金,采取市场化运作,吸引企业到贫困地区从事资源开发、产业园区建设、新型城镇化发展等。引导民营企业参与扶贫开发,充分发挥工商联的桥梁纽带作用,以点带面,鼓励引导民营企业和其他所有制企业参与扶贫开发。组织开展"万企帮万村"精准扶贫行动,引导东部地区的民营企业在东西部扶贫协作框架下结对帮扶西部地区贫困村。完善对龙头企业参与扶贫开发的支持政策,吸纳贫困人口就业的企业,按规定享受职业培训补贴等就业支持政策,落实相关税收优惠。[①]

政府与市场的协同是改革脱贫、发展脱贫的关键抓手。政府的行政手段有利于解决大范围、集中性贫困问题,但较难在专业性和精准性上凸显优势,而市场机制是一种分散决策机制,市场主体较政府更具有专业性、精准性。因此,在党的领导下,引入市场机制和市场力量参与扶贫,是提高扶贫精准性和效率的有效途径,也是开拓中国特色社会主义扶贫道路的有效方式,既有利于促进企业发展,也有利于带动贫困地区改善落后的产业结构,实现经济发展。但在市场经济条件下,必须考虑"资源投入和瞄准效率"。一方面,政府通过严格的论证,适当将扶贫资源交给市场来运作,给予市场扶贫主体合理的自主权和独立权,打破对扶贫资源的垄断;另一方面,政府通过加强监管,建立扶贫绩效考评和退出机制,健全公平的宏观政策,引导带动社会资本加大对脱贫攻坚的投入,为贫困经济社会发展提供资金等扶贫资源保障。

---

① 国务院关于印发《"十三五"脱贫攻坚规划》的通知 [EB/OL]. (2016-12-02). http://www.gov.cn/zhengce/content/2016-12/02/content_5142197.htm.

第五节 东西协作扶贫政策

习近平总书记指出,"组织东部地区支援西部地区20年来,党中央不断加大工作力度,形成了多层次、多形式、全方位的扶贫协作和对口支援格局,使区域发展差距扩大的趋势得到逐步扭转,西部贫困地区、革命老区扶贫开发取得重大进展。在西部地区城乡居民收入大幅提高、基础设施显著改善、综合实力明显增强的同时,国家区域发展总体战略得到有效实施,区域发展协调性增强,开创了优势互补、长期合作、聚焦扶贫、实现共赢的良好局面。东西部扶贫协作和对口支援必须长期坚持下去。"[①] 党的十八大以来,多个政策文件出台,对东西部协作扶贫提出新要求,使得新时期东西部扶贫协作工作呈现出了新的特点,工作主题更加鲜明,任务更加明确,重点更加突出,保障更加有力。

2014年12月,国务院办公厅印发《关于进一步动员社会各方面力量参与扶贫开发的意见》,指出要强化东西部扶贫协作。协作双方要强化协调联系机制,继续坚持开展市县结对、部门对口帮扶。注重发挥市场机制作用,按照优势互补、互利共赢、长期合作、共同发展的原则,通过政府引导、企业协作、社会帮扶、人才交流、职业培训等多种形式深化全方位扶贫协作,推动产业转型升级,促进贫困地区加快发展,带动贫困群众脱贫致富。协作双方建立定期联系机制,加大协作支持力度。加强东西部地区党政干部、专业技术人才双向挂职交流,引导人才向西部艰苦边远地区流动。[②] 该《意见》为新时期东西部协作扶贫和对

---

① 中共中央党史和文献研究院. 习近平扶贫论述摘编[M]. 北京:中央文献出版社, 2018.

② 国务院办公厅关于进一步动员社会各方面力量参与扶贫开发的意见[EB/OL]. (2014-12-04). http://www.gov.cn/zhengce/content/2014-12/04/content_9289.htm.

口支援工作指明了方向。

2016年12月，国务院印发的《"十三五"脱贫攻坚规划》进一步明确了东西部协作扶贫的主要内容：一是开展多层次扶贫协作。以闽宁协作模式为样板，建立东西部扶贫协作与建档立卡贫困村、贫困户的精准对接机制，做好与西部地区脱贫攻坚规划的衔接，确保产业合作、劳务协作、人才支援、资金支持精确瞄准建档立卡贫困人口。二是拓展扶贫协作有效途径。注重发挥市场机制作用，推动东部人才、资金、技术向贫困地区流动。鼓励东部地区利用帮扶资金设立贷款担保基金、风险保障基金、贷款贴息资金和中小企业发展基金等，引导优势企业到西部地区创业兴业。鼓励企业通过量化股份、提供就业等形式，带动当地贫困人口脱贫增收。鼓励东部地区通过共建职业培训基地、开展合作办学、实施定向特招等形式，对西部地区贫困家庭劳动力进行职业技能培训，并提供就业咨询服务。帮扶双方要建立和完善省市协调、县乡组织、职校培训、定向安排、跟踪服务的劳务协作对接机制，提高劳务输出脱贫的组织化程度。以县级为重点，加强协作双方党政干部挂职交流。采取双向挂职、两地培训等方式，加大对西部地区特别是基层干部、贫困村创业致富带头人的培训力度。①

2016年12月，中共中央办公厅、国务院办公厅印发《关于进一步加强东西部扶贫协作工作的指导意见》，调整了新阶段东西部扶贫协作的结对关系，在完善省际结对关系的同时，突出对民族地区、深度贫困地区的支持，将京津冀纳入扶贫协作体系，实现对民族自治州和西部贫困程度深的市州全覆盖。该《意见》还进一步明确了新阶段的东西部扶贫协作任务，以"开展产业合作、组织劳务协作、加强人才支持、加大资金支持、动员社会参与"为主要任务，切实提高对贫困地区、贫困

---

① 国务院关于印发"十三五"脱贫攻坚规划的通知［EB/OL］.（2016-12-02）. http://www.gov.cn/zhengce/content/2016-12/02/content_5142197.htm.

人口的帮扶力度。此外，该《意见》还指出了新阶段东西部扶贫协作的保障措施，通过帮扶双方党委或政府主要负责同志每年开展定期互访、加大中央和国家机关各部门对东西部扶贫协作和对口支援工作的指导和支持、把东西部扶贫协作工作纳入国家脱贫攻坚考核范围等措施，推进东西部扶贫协作和对口支援工作机制不断健全，合作领域不断拓展，综合效益得到充分发挥。[1] 在该《意见》的指导下，2017 年 8 月国务院扶贫开发领导小组制定了《东西部扶贫协作考核办法（试行）》，以东部参加帮扶的省份和西部被帮扶的省份为考核对象，按照"省市总结、交叉考核、综合评议"的考核步骤进行考核[2]。各相关部门出台了支持协作的配套政策措施，有扶贫协作任务的地方因地制宜出台了实施意见。

东西部扶贫协作和对口支援是中国特色社会主义政治优势和制度优势以及国家区域发展战略在脱贫攻坚上的集中体现。东西部扶贫协作政策是推动区域协调发展、协同发展、共同发展的大战略，对加强区域合作、优化产业布局、拓展对内对外开放新空间，实现先富帮后富、最终实现共同富裕目标具有重要意义。

第六节　定点扶贫政策

党政军机关、企事业单位开展定点扶贫，是中国特色扶贫开发事业的重要组成部分，也是中国政治优势和制度优势的重要体现。定点扶贫

---

[1] 中办　国办印发《关于进一步加强东西部扶贫协作工作的指导意见》[EB/OL]．(2016 - 12 - 07)．http：//www.gov.cn/zhengce/2016 - 12/07/content_5144678.htm.
[2] 《东西部扶贫协作考核办法（试行）》[EB/OL]．(2017 - 08 - 08)．http：//www.cpad.gov.cn/art/2017/8/8/art_1747_861.html.

包含中央和地方两个层面。中央定点扶贫是指，中央和国家机关、民主党派中央和全国工商联、人民团体、参照公务员法管理的事业单位和国有大型骨干企业、国有控股金融机构、国家重点科研院校、军队和武警部队等，根据中央统一部署，与国家扶贫开发工作重点县开展结对帮扶，在资金、物资、技术、人才、项目、信息等方面对结对帮扶县给予倾斜和支持。地方定点扶贫主要有领导挂点、综合帮扶、到村到户、考核激励等几种成功做法。党的十八大以来，中国扶贫开发工作进入啃硬骨头、攻坚拔寨的冲刺期，新形势、新任务对定点扶贫工作提出了新要求，一系列政策文件的出台对新时期定点扶贫工作作出了新的部署。

2014年12月，国务院办公厅印发的《关于进一步动员社会各方面力量参与扶贫开发的意见》指出，要深化定点扶贫工作。承担定点扶贫任务的单位要发挥各自优势，多渠道筹措帮扶资源，创新帮扶形式，帮助协调解决定点扶贫地区经济社会发展中的突出问题，做到帮扶重心下移，措施到位有效，直接帮扶到县到村。定期选派优秀中青年干部挂职扶贫、驻村帮扶[①]。该《意见》为新时期的定点扶贫工作指明了方向。

2015年9月，为充分发挥中央、国家机关和有关单位在脱贫攻坚中的作用，进一步深化细化强化定点扶贫工作，国务院扶贫办、中央组织部等九部门联合印发《关于进一步完善定点扶贫工作的通知》，局部调整了定点扶贫结对关系，新增了一批没有帮扶任务的单位，参与定点扶贫的单位达到320个，对全国592个国家扶贫开发工作重点县全覆盖。该《通知》对定点扶贫的各方面工作提出了更明确、更高的要求。一是建立定点扶贫工作机制，明确具体工作机构和责任人。二是选派干部到定点帮扶县挂职、担任贫困村第一书记，协助当地扶贫工作。三是

---

① 国务院办公厅关于进一步动员社会各方面力量参与扶贫开发的意见[EB/OL].（2014-12-04）. http://www.gov.cn/zhengce/content/2014-12/04/content_9289.htm.

发挥帮扶单位自身特点和优势，充分利用当地资源，采取技能培训、转移就业等多种形式，增强脱贫致富能力。四是对已经脱贫摘帽的贫困县，坚持帮扶不松懈。五是健全牵头联系机制，由国务院扶贫办负责综合协调工作，中央直属机关工委、中央国家机关工委、中央统战部、教育部、中国人民银行、国务院国资委、原解放军总政治部分别牵头联系中直机关、中央国家机关、民主党派中央和全国工商联、高校、金融机构、中央企业、解放军和武警部队的定点扶贫工作。中央组织部牵头联系各单位选派挂职扶贫干部和第一书记工作。①

2017年3月，中共中央办公厅、国务院办公厅印发《关于进一步加强中央单位定点扶贫工作的指导意见》，对进一步做好新形势下中央单位定点扶贫工作作出制度性安排。明确各单位不再是简单送钱送物办好事，要重点选派干部，开展精准帮扶；深入调研，共谋脱贫之策；宣传动员，激发内生动力；督促检查，落实主体责任；夯实基础，培育基层队伍；总结经验，宣传推广典型六项主要内容②。

为了激励先进，鞭策后进，进一步压实中央单位的帮扶责任，2017年8月国务院扶贫开发领导小组印发《中央单位定点扶贫工作考核办法（试行）》，明确了定点扶贫单位考核的具体内容。以承担定点帮扶任务的中央单位为考核对象，以"帮扶成效、组织领导、选派干部、督促检查、基层满意情况和工作创新"六个方面为考核内容，按照"单位总结、分类考核、综合评议"的考核程序对定点扶贫帮扶单位的帮扶工作进行考核，以切实提高定点单位扶贫成效③。

定点扶贫工作是中国特色扶贫开发工作的重要组成部分，是中国特

---

① 关于进一步完善定点扶贫工作的通知[EB/OL].（2015-09-08）. http://www.cpad.gov.cn/art/2015/9/8/art_50_22397.html.
②③ 国务院扶贫开发领导小组关于印发《中央单位定点扶贫工作考核办法（试行）》的通知[EB/OL].（2017-08-08）. http://www.cpad.gov.cn/art/2017/8/8/art_1747_862.html.

色减贫道路中政治优势和制度优势的重要体现，是加大对革命老区、民族地区、边疆地区、贫困地区发展扶持力度的重要举措，也是定点扶贫单位贴近基层、了解民情、培养干部、转变作风、密切党群干群关系的重要途径。切实做好这项工作，对于确保完成脱贫攻坚任务，顺利实现全面建设小康社会奋斗目标，具有十分重要的意义。

第七节 社会扶贫政策

贫困问题往往由多种复杂因素造成，是具有多样形态的社会问题。缓解贫困问题仅靠一种力量、一种机制难以奏效，只有充分发挥多种社会力量、多重机制并行才能更好地发挥作用。扶危济困是中华民族的传统美德，共同富裕是中国共产党领导社会主义事业的本质要求。中国特色社会主义减贫道路的基本经验之一是坚持不断巩固和完善"大扶贫"工作格局。其中，社会组织是中国社会主义现代化建设的重要力量，是联系爱心企业、爱心人士等社会帮扶资源与农村贫困人口的重要纽带，是动员组织社会力量参与脱贫攻坚的重要载体，是构建专项扶贫、行业扶贫、社会扶贫"三位一体"大扶贫格局的重要组成部分。

社会组织参与扶贫开发工作由来已久。从1994年国务院《国家八七扶贫攻坚计划》提出要"充分发挥中国扶贫基金会和其他各类民间扶贫团体的作用"开始，中国历次农村扶贫开发纲要都强调要发挥社会组织在扶贫开发中的积极作用，并在扶贫工作总体部署中对社会组织参与扶贫开发作出了工作安排。社会组织不断通过多种方式积极参与扶贫开发，如中国扶贫基金会、中国青少年发展基金会、中国妇女发展基金会、中国残疾人福利基金会等开展了"光彩事业""希望工程""母亲水窖""贫困地区儿童营养改善""扶贫志愿者行动计划"等一批具有广泛影响力的扶贫公益品牌。党的十八大以来，社会组织不断优化工作机制和模式，日益显示出巨大扶贫潜力。为打好新时期扶贫攻坚战，进一步动员社会各方面力量参与扶贫开发，全面推进社会扶贫体制机制创新，国家不断推出相关政策引领社会组织参与扶贫。

2014年12月，国务院办公厅印发《关于进一步动员社会各方面力量参与扶贫开发的意见》，充分肯定了社会组织参与扶贫的作用和巨大发展潜力，明确了社会组织是扶贫开发的重要主体之一，并对社会组织参与扶贫开发提出许多具体要求，制定了相应的支持保障措施。该《意见》指出，要支持社会团体、基金会、民办非企业单位等各类组织积极从事扶贫开发事业。地方各级政府和有关部门要对社会组织开展扶贫活动提供信息服务、业务指导，鼓励其参与社会扶贫资源动员、配置和使用等环节，建设充满活力的社会组织参与扶贫机制。① 该《意见》为新时期广泛动员社会力量参与扶贫开发指明了方向。

2017年11月，国务院扶贫开发领导小组印发了《关于广泛引导和动员社会组织参与脱贫攻坚的通知》，进一步明确了社会组织参与脱贫攻坚的重点领域，倡导支持社会组织积极参与产业扶贫、教育扶贫、健康扶贫、易地扶贫搬迁、志愿扶贫等重点领域脱贫攻坚以及其他扶贫行动等。其中，全国性和省级社会组织要发挥示范带头作用，积极引导各级各类社会组织发挥自身专长和优势，从帮助贫困人口解决最直接、最现实、最紧迫的问题入手，促进社会帮扶资源进一步向贫困地区、贫困人口汇聚，在承担公共服务、提供智力支持、实施帮扶项目、协助科学决策等方面主动作为，在打赢脱贫攻坚战中发挥重要作用。②

---

① 国务院办公厅关于进一步动员社会各方面力量参与扶贫开发的意见 [EB/OL]．(2014 – 12 – 04)．http：//www. gov. cn/zhengce/content/2014 – 12/04/content_9289. htm.
② 国务院扶贫开发领导小组关于广泛引导和动员社会组织参与脱贫攻坚的通知 [EB/OL]．(2017 – 12 – 05)．http：//www. cpad. gov. cn/art/2017/12/5/art_50_74541. html.

社会组织在脱贫攻坚中已经并正在发挥着重要作用。参与脱贫攻坚既是社会组织的重要责任，又是社会组织服务国家、服务社会、服务群众、服务行业的重要体现，更是社会组织发展壮大的重要舞台和现实途径。通过动员社会资源，帮助补充解决政府在扶贫中顾及不到的地方，通过探索创新扶贫模式，为政府扶贫提供经验借鉴。新时代扶贫开发要充分发挥中国特色社会主义的优越性，动员社会全体力量广泛参与脱贫攻坚。创新多元社会扶贫体制，将社会扶贫纳入新时代大扶贫体系，是中国特色扶贫开发道路的重要特征，也是"大格局"扶贫理论的重要组成部分，更是打赢脱贫攻坚战役，全面实现小康社会的切实需求和必要选择。

随着中央对社会组织参与扶贫开发作用的认识逐步深入，2017年6月民政部、财政部和国务院扶贫办联合印发《关于支持社会工作专业力量参与脱贫攻坚的指导意见》，明确了社会工作参与脱贫攻坚的主要内容，界定了社会工作参与脱贫攻坚的实施主体，提供了社会工作参与脱贫攻坚的具体方式，并引导社会工作专业力量以开展参与贫困群众救助帮扶、参与贫困群众脱贫能力建设、促进易地搬迁贫困群众融合适应、参与贫困地区留守儿童关爱保护以及针对老年人、妇女儿童等特殊困难人群开展关爱服务等为重点开展扶贫服务。社会工作专业人才是为贫困群众提供心理疏导、精神关爱、关系调适、能力提升等社会服务的新兴力量，在帮助贫困群众转变思想观念、树立自我脱贫信心、拓宽致富路径、提升自我脱贫能力等方面可以发挥积极作用。①

---

① 三部门关于支持社会工作专业力量参与脱贫攻坚的指导意见 [EB/OL]．(2017 - 08 - 19)．http：//www.gov.cn/xinwen/2017 - 08/19/content_5218659.htm.

参 考 文 献

[1] 范小建. 扶贫开发常用词汇释义 [M]. 北京：中国财政经济出版社，2013.

[2] 国家统计局住户调查办公室. 中国农村贫困监测报告 2019 [M]. 北京：中国统计出版社，2019.

[3] 国务院扶贫开发领导小组关于印发《中央单位定点扶贫工作考核办法（试行）》的通知 [EB/OL]. (2017-08-08). http://www.cpad.gov.cn/art/2017/8/8/art_1747_862.html.

[4] 东西部扶贫协作考核办法（试行）[EB/OL]. (2017-08-08). http://www.cpad.gov.cn/art/2017/8/8/art_1747_861.html.

[5] 关于创新发展扶贫小额信贷的指导意见 [EB/OL]. (2014-12-15). http://www.cpad.gov.cn/art/2014/12/15/art_46_23778.html.

[6] 关于进一步完善定点扶贫工作的通知 [EB/OL]. (2015-09-08). http://www.cpad.gov.cn/art/2015/9/8/art_50_22397.html.

[7] 关于实施健康扶贫工程的指导意见 [EB/OL]. (2016-06-20). http://www.cpad.gov.cn/art/2016/6/20/art_1747_682.html.

[8] 关于实施教育扶贫工程的意见 [EB/OL]. (2013-09-12). http://www.cpad.gov.cn/art/2013/9/12/art_50_23748.html.

[9] 关于印发健康扶贫工程"三个一批"行动计划的通知 [EB/OL]. (2017-08-16). http://www.cpad.gov.cn/art/2017/8/16/art_1747_847.html.

[10] 国家发改委关于印发全国"十三五"易地扶贫搬迁规划的通知 [EB/OL]. (2017-04-28). http://www.cpad.gov.cn/art/2017/4/28/art_50_62482.html.

[11] 国务院扶贫办、中组部等八部门联合印发《关于做好新一轮中央、国家机关和有关单位定点扶贫工作的通知》[EB/OL]. (2012-11-13). http://www.cpad.gov.cn/art/2012/11/13/art_50_23725.html.

[12] 国务院扶贫开发领导小组关于广泛引导和动员社会组织参与脱贫攻坚的通知 [EB/OL]. (2017-12-05). http://www.cpad.gov.cn/art/2017/12/5/art_50_74541.html.

[13] 全国工商联 国务院扶贫办 中国光彩会关于推进"万企帮万村"精准扶贫行动的实施意见 [EB/OL]. (2016-01-18). http://www.cpad.gov.cn/art/2016/1/18/art_1747_656.html.

[14] 人民银行等四部门联合印发《关于金融支持深度贫困地区脱贫攻坚的意见》[EB/OL]. (2018-01-15). http://www.cpad.gov.cn/art/2018/1/15/art_22_76781.html.

[15] 中办 国办印发《关于创新机制扎实推进农村扶贫开发工作的意见》[EB/OL]. (2014-02-13). http://www.cpad.gov.cn/art/2014/2/13/art_46_12338.html.

[16] 中国保监会、国务院扶贫办关于做好保险业助推脱贫攻坚工作的意见 [EB/OL]. (2016-05-26). http://www.cpad.gov.cn/art/2016/5/26/art_1747_669.html.

[17] 胡富国. 读懂中国脱贫攻坚 [M]. 北京：外文出版社，2018.

[18] 胡静林. 加大财政扶贫投入力度 支持打赢脱贫攻坚战 [J]. 行政管理改革，2016（8）：12-15.

[19] 李霞. 进一步完善东西部扶贫协作机制的思考——以闽宁对口协作为例 [J]. 中共银川市委党校学报，2015，17（5）：48-52.

[20] 陆益龙. 打好"三大攻坚战"/"精准脱贫机制创新"系列笔谈之三 精准有效社会扶贫机制的构建路径 [J]. 改革，2017（10）：58-61.

［21］全国扶贫宣传教育中心. 脱贫攻坚理论实践创新研究［M］. 北京：中国农业出版社，2018.

［22］全国扶贫宣传教育中心. 脱贫攻坚战略与政策体系［M］. 北京：中国农业出版社，2018.

［23］王笑. 保险扶贫：撑起"三农"发展的金融后盾［EB/OL］.（2019-08-21）. https：//insurance.hexun.com/2019-08-21/198276335.html.

［24］习近平. 在2015减贫与发展高层论坛上的主旨演讲［EB/OL］.（2015-10-16）. http：//www.xinhuanet.com//politics/2015-10/16/c_1116851045.htm.

［25］中共中央 国务院关于打赢脱贫攻坚战的决定［EB/OL］.（2015-12-07）. http：//www.gov.cn/zhengce/2015-12/07/content_5020963.htm.

［26］中办 国办印发关于进一步做好定点扶贫工作的通知［EB/OL］.（2010-07-08）. http：//www.gov.cn/jrzg/2010-07/08/content_1649275.htm.

［27］中共中央党史和文献研究院. 习近平扶贫论述摘编［M］. 北京：中央文献出版社，2018.

［28］中共中央文献研究室. 十八大以来重要文献选编（下）［M］. 北京：中央文献出版社，2018.

［29］中国人民银行 发展改革委 财政部 银监会 证监会 保监会 扶贫办关于金融助推脱贫攻坚的实施意见［EB/OL］.（2016-03-23）. http：//www.pbc.gov.cn/goutongjiaoliu/113456/113469/3037335/index.html.

［30］银监会等联合印发《关于促进扶贫小额信贷健康发展的通知》［EB/OL］.（2017-08-17）. http：//www.cbrc.gov.cn/chinese/

home/docView/62052ABA472345E2A8C0B973A32945E2.html.

[31] 中国证监会关于发挥资本市场作用服务国家脱贫攻坚战略的意见［EB/OL］.（2017-01-11）. http：//www.csrc.gov.cn/pub/newsite/flb/flfg/bmgf/zh/qt/201701/t20170111_309303.html.

[32] 关于印发《中央财政专项扶贫资金管理办法》的通知［EB/OL］.（2018-04-25）. http：//www.mof.gov.cn/mofhome/ningxia/lanmudaohang/ysjg/zcfg/201804/t20180425_2878793.html.

[33] 交通运输部办公厅关于印发《关于支持深度贫困地区交通扶贫脱贫攻坚的实施方案》的通知［EB/OL］.（2019-03-29）. http：//xxgk.mot.gov.cn/jigou/zhghs/201903/t20190329_3182339.html.

[34] 交通运输部办公厅关于印发交通运输脱贫攻坚三年行动计划（2018—2020年）的通知［EB/OL］.（2019-03-29）. http：//xxgk.mot.gov.cn/jigou/zhghs/201903/t20190329_3182332.html.

[35] 交通运输部关于印发"十三五"交通扶贫规划的通知［EB/OL］.（2019-03-29）. http：//xxgk.mot.gov.cn/jigou/zhghs/201903/t20190329_3182337.html.

[36] 教育部等六部门关于印发《教育脱贫攻坚"十三五"规划》的通知［EB/OL］.（2016-12-29）. http：//www.moe.gov.cn/srcsite/A03/moe_1892/moe_630/201612/t20161229_293351.html.

[37] 科技部 教育部 中国科学院 中国工程院 自然科学基金会 国防科工局 国务院扶贫办关于印发《科技扶贫行动方案》的通知［EB/OL］.（2016-10-13）. http：//www.cpad.gov.cn/art/2016/10/13/art_1744_76.html.

[38] 农业部关于加大贫困地区项目资金倾斜支持力度 促进特色产业精准扶贫的意见［EB/OL］.（2017-11-28）. http：//www.moa.gov.cn/nybgb/2016/dijiuqi/201711/t20171128_5921938.htm.

[39] 人力资源社会保障部 财政部 国务院扶贫办关于切实做好就业扶贫工作的指导意见 [EB/OL]. (2016-12-08). http://www.mohrss.gov.cn/SYrlzyhshbzb/jiuye/zcwj/201612/t20161208_261480.html.

[40] 人力资源社会保障部 财政部 国务院扶贫办关于切实做好社会保险扶贫工作的意见 [EB/OL]. (2018-08-08). http://www.mohrss.gov.cn/ncshbxs/NCSHBXSzhengcewenjian/201708/t20170808_275361.html.

[41] 水利部 国务院扶贫办 国家卫生健康委关于坚决打赢农村饮水安全脱贫攻坚战的通知 [EB/OL]. (2018-08-02). http://www.mwr.gov.cn/zw/tzgg/tzgs/201808/t20180802_1044428.html.

[42] 国务院办公厅关于支持贫困县开展统筹整合使用财政涉农资金试点的意见 [EB/OL]. (2016-04-22). http://www.gov.cn/zhengce/content/2016-04/22/content_5066842.htm.

[43] 关于印发《财政专项扶贫资金绩效评价办法》的通知 [EB/OL]. (2017-09-19). http://www.gov.cn/xinwen/2017-09/19/content_5226116.htm.

[44] 关于做好2019年贫困县涉农资金整合试点工作的通知 [EB/OL]. (2019-03-14). http://www.gov.cn/xinwen/2019-03/14/content_5373713.htm.

[45] 国务院办公厅转发民政部等部门关于做好农村最低生活保障制度与扶贫开发政策有效衔接指导意见的通知 [EB/OL]. (2016-09-27). http://www.gov.cn/zhengce/content/2016-09/27/content_5112631.htm.

[46] 国务院关于探索建立涉农资金统筹整合长效机制的意见 [EB/OL]. (2017-12-21). http://www.gov.cn/zhengce/content/2017-12/21/content_5249187.htm.

[47] 国务院关于印发"十三五"脱贫攻坚规划的通知 [EB/OL]. (2016-12-02). http://www.gov.cn/zhengce/content/2016-12/02/content_5142197.htm.

[48] 两部门关于开展深度贫困地区技能扶贫行动的通知 [EB/OL]. (2018-10-10). http://www.gov.cn/xinwen/2018-10/10/content_5329307.htm.

[49] 两部门关于印发《深度贫困地区教育脱贫攻坚实施方案(2018—2020年)》的通知 [EB/OL]. (2018-02-27). http://www.gov.cn/xinwen/2018-02/27/content_5269090.htm.

[50] 两部门关于做好2017年贫困县涉农资金整合试点工作的通知 [EB/OL]. (2017-02-16). http://www.gov.cn/xinwen/2017-02/16/content_5168451.htm.

[51] 三部门关于支持社会工作专业力量参与脱贫攻坚的指导意见 [EB/OL]. (2017-08-19). http://www.gov.cn/xinwen/2017-08/19/content_5218659.htm.

[52] 我国力争实现对国家扶贫开发工作重点区县全覆盖 [EB/OL]. (2010-07-08). http://www.gov.cn/jrzg/2010-07/08/content_1648985.htm.

[53] 中办 国办印发《关于进一步加强东西部扶贫协作工作的指导意见》 [EB/OL]. (2016-12-07). http://www.gov.cn/zhengce/2016-12/07/content_5144678.htm.

[54] 中办 国办印发关于进一步做好定点扶贫工作的通知 [EB/OL]. (2010-07-08). http://www.gov.cn/jrzg/2010-07/08/content_1649275.htm.

[55] 住房城乡建设部 财政部 国务院扶贫办关于加强和完善建档立卡贫困户等重点对象农村危房改造若干问题的通知 [EB/OL].

(2017-09-06). http：//www. mohurd. gov. cn/wjfb/201709/t20170906_233201. html.

［56］住房城乡建设部 财政部关于印发农村危房改造脱贫攻坚三年行动方案的通知［EB/OL］. (2019-04-10). http：//www. mohurd. gov. cn/wjfb/201904/t20190410_240136. html.

［57］农业部等九部门联合印发《贫困地区发展特色产业促进精准脱贫指导意见》［EB/OL］. (2016-05-27). http：//www. gov. cn/xinwen/2016-05/27/content_5077245. htm.

［58］关于全面做好扶贫开发金融服务工作的指导意见［EB/OL］. (2014-04-10). http：//www. gov. cn/xinwen/2014-04/10/content_2656095. htm.

［59］国务院办公厅关于进一步动员社会各方面力量参与扶贫开发的意见［EB/OL］. (2014-12-04). http：//www. gov. cn/zhengce/content/2014-12/04/content_9289. htm.

第四章

精准扶贫：脱贫攻坚的实施模式和路径

"人民对美好生活的向往，就是我们的奋斗目标。"党的十八大以来，以习近平同志为核心的党中央把脱贫攻坚摆到治国理政的重要位置，动员全党全社会力量，打响了反贫困斗争的攻坚战。2013年11月，习近平总书记在湖南省花垣县十八洞村首次提出精准扶贫，之后多次对精准扶贫作出重要论述，精准扶贫思想不断丰富和完善，精准扶贫成为我国脱贫攻坚的基本方略。2015年6月，习近平总书记在贵州召开部分省区市党委主要负责同志座谈会，深刻论述了精准扶贫、精准脱贫总体思路和基本要求。在中央扶贫开发工作会议上，习近平总书记全面阐述精准扶贫基本方略，强调要做到"六个精准"：扶持对象精准、项目安排精准、资金使用精准、措施到户精准、因村派人精准、脱贫成效精准[①]；实施"五个一批"：发展生产脱贫一批、易地搬迁脱贫一批、生态补偿脱贫一批、发展教育脱贫一批、社会保障兜底一批，还要实施健康扶贫、资产收益扶贫等；并不断强调紧紧抓住识别、帮扶、退出精准和资金使用等重点环节，着力解决扶持谁、谁来扶、怎么扶、如何退

---

① 中共中央关于制定国民经济和社会发展第十三个五年规划的建议［N］．人民日报，2015－11－04．

的问题①。为确保实现脱贫攻坚目标,中央出台了一系列含金量高的政策和举措,打出组合拳,全面推进重点工作,确保脱贫工作务实、脱贫过程扎实、脱贫结果真实。

第一节 贫困人口的识别与瞄准

实现精准扶贫、精准脱贫的重要基础是精准识别。精准扶贫是要"扶真贫,真扶贫",而"识真贫"就是"扶真贫,真扶贫"的基本前提。精准识别首先要通过一定方式找出贫困人口,探明致贫原因,并在此基础上为贫困人口建档立卡,构建数据库详细记录贫困户家庭生产生活情况,为推出针对性政策解决贫困户的贫困问题提供依据。通过全面推动精准识贫、精准扶贫、精准脱贫工作,做到精准到户、到项目、到资金、到产业、到举措、到效果,真正扶到老百姓的心坎上。

2013年年底,中共中央办公厅、国务院办公厅印发《关于创新机制扎实推进农村扶贫开发工作的意见》,建议国家在农村发展中确定识别方法,按照县级单位、规模控制、层次责任、准确识别和动态管理的原则,统一开展贫困人口识别,建档立卡和建立国家扶贫信息网络系统。2014年5月,国务院扶贫办等中央部门在联合印发的建档立卡、建立精准扶贫工作机制等文件中重点部署了贫困户和贫困村建档立卡的目标、方法和步骤及工作要求。2014年,国家将2013年农民人均纯收入低于国家扶贫标准2736元(相当于2010年2300元不变价,下同)的贫困家庭和人口确定为建档立卡贫困户和贫困人口。但农户收入的精确统计困难较大,通常由专业机构(如统计部门)通过抽样的方式进

---

① 中共中央 国务院印发《乡村振兴战略规划(2018—2022年)》[N]. 人民日报, 2018-09-27.

行，成本很高，基层政府没有能力可靠地进行所有农户的收入统计。在没有准确家庭收入信息的情况下，对贫困家庭和人口的识别和建档立卡工作通常只能在名额的控制下依靠基层民主评议的方法来进行。基层在民主评议中通常使用综合标准，既考虑农户的收入水平和消费状况，也考虑家庭成员的健康、教育、能力、家庭负担、财产状况，还会受人际关系的影响。基层识别的贫困是一种多维贫困，而不仅仅是收入和消费的贫困。统计部门和基层扶贫部门在估计和识别贫困人口时采用的指标和方法的不一致必然导致精准识别出现偏差。从典型调查的情况和国务院扶贫办随机抽查的情况看，按民主评议的建档立卡贫困人口和按消费及收入估计的贫困人口的重合度仅为50%左右，这意味着有相当一部分收入低于贫困线的农户没有被确定为建档立卡贫困户，而一部分收入高于贫困线的农户被确定为建档立卡贫困户（汪三贵等，2016）。

精准识别摸清了贫困人口底数，找到了贫困人口致贫原因，解决了"扶持谁"的问题。但贫困现象是个动态变化的过程，精准识别要进一步做实做细，确保把真正的贫困人口纳入建档立卡系统之中，还需要及时进行贫困人口的动态识别调整工作，通过"回头看"对数据进行多次清洗。建档立卡识别标准是"户年人均纯收入低于国家扶贫标准且未实现'两不愁三保障'（指不愁吃、不愁穿；义务教育、基本医疗、住房安全有保障）"。只有不断提高识别质量，才能真正做到扶真贫、真扶贫。

一、扶贫目标的制定

习近平总书记在党的十九大报告中明确指出当前的扶贫目标，要让贫困人口和贫困地区同全国一道进入全面小康社会，确保到2020年我国现行标准下农村人口实现脱贫，贫困县全部摘帽，解决区域性整体贫困，做到脱真贫、真脱贫；到 2020 年，稳定实现农村贫困人口不愁吃、不愁穿，农村贫困人口义务教育、基本医疗、住房安全有保障；同时实现贫困地区农民人均可支配收入增长幅度高于全国平均水平、基本公共服务主要领域指标接近全国平均水平①。

中国共产党坚持在全面建成小康社会、实现共同富裕的道路上不落一人，让全体人民共享发展成果。习近平指出，"全面建成小康社会，最艰巨最繁重的任务在农村，特别是在贫困地区。没有农村的小康，特别是没有贫困地区的小康，就没有全面建成小康社会。"② 新时期的扶贫开发目标体现了中国共产党人不忘初心、践行以人民为中心的发展思想的根本立场，体现了实现好、维护好、发展好最广大人民根本利益的坚定决心和不懈追求，彰显了人民至上的价值取向。习近平扶贫理论从实现全面小康的宏伟目标出发，切实维护最广大人民的根本利益，让全体人民共享发展成果，是中国共产党坚持全心全意为人民服务根本宗旨的重要体现。

二、扶贫对象的识别

推进精准扶贫、精准脱贫基本方略的现实前提和重要基础是运用科学的方法，构建精准识别机制，实现对贫困对象的精准识别。精准识别是通过一定的方式，将低于贫困线的家庭和人口识别出来，同时找准导致这些家庭或人口贫困的关键性因素，它是精准扶贫的基础③。换言之，精准识别是指扶贫对象的明细化、准确化和分类化。习近平总书记曾指出，干部要看真贫、扶真贫、真扶贫，使贫困地区群众不断得

---

① 习近平. 习近平谈治国理政：第二卷［M］. 北京：外文出版社，2017.
② 习近平. 做焦裕禄式的县委书记［M］. 北京：中央文献出版社，2015：24.
③ 汪三贵，郭子豪. 论中国的精准扶贫［J］. 党政视野，2016（7）：44.

到实惠①。而"看真贫、扶真贫、真扶贫"的基本前提就是必须精准识别"真贫",逐步建立起"贫困区域—贫困县—贫困村—贫困户"由上而下的贫困识别体系。

只有做到了精准识别,才能做到精准扶贫和精准脱贫。运用科学方式找出真正的贫困人口,找到导致贫困的原因,围绕贫困家庭、贫困人口建档立卡,详细记录贫困户家庭人口信息、致贫原因、贫困程度等情况,然后才能对症下药。精准识别标准是全国统一规定的建档立卡识别标准,即"户年人均纯收入低于国际扶贫标准且未实现'两不愁三保障'(指不愁吃、不愁穿;义务教育、基本医疗、住房安全有保障)",并要求各地既不能提高标准也不能降低标准。精准识别解决了"扶持谁"的问题。通过建档立卡摸清了贫困人口底数,找到了贫困人口致贫原因。根据建档立卡结果,我们才能统筹协调,多方发力,精准识别,弄清楚贫困人口的真实状况,做到"不漏评,不错退"。

影响贫困人口识别的精准性的原因主要包括以下几个方面:其一,规模排斥。精准扶贫具有程序规范、多部门共同参与以及公示制度强化等特点,有助于提高贫困识别的准确性,但"逐级分配指标"方式依然决定了县、村贫困人口数量的上限,可能会导致贫困指标排挤的问题。其二,识别排斥。以民主评议为基础的福利测量旨在解决贫困识别信息不对称问题,由于测量方法和农户参与方法在收入和支出认知上存在差异,出现了不同贫困地区、不同县和不同村贫困标准不一致的问题,产生对部分贫困群体的过失排斥。其三,基层工作人员在识别中优亲厚友,人为控制贫困指标的分配,于是产生了对贫困群体的恶意排斥。②

---

① 中共中央党史和文献研究院. 习近平扶贫论述摘编 [M]. 北京:中央文献出版社,2018.
② 汪三贵,殷浩栋,王瑜. 中国扶贫开发的实践、挑战与政策展望 [J]. 华南师范大学学报(社会科学版),2017 (4):18 – 25,189.

构建精准识别机制需要从以下三个方面着手：一是创新扶贫对象评价体系。从不同贫困群体的致贫原因和贫困程度的差异性角度出发，不局限于以贫困群体的物质生活条件来评价农民是否彻底摆脱贫困，应因地制宜、因时制宜，结合不同区域的实际情况，合理确定收入标准，着力推进构建多元化、多层次、自主性的贫困评价体系。二是建立扶贫对象档案体系。选派干部队伍入村入户开展摸底调查工作，确保切实掌握第一手扶贫资料，并根据扶贫资料，结合各地区扶贫对象评价体系，对各村贫困户建档立案。根据贫困状况，逐户、逐村、逐县、逐区域的登记入册，实现"户有卡、村有册、乡镇有簿、县有档、省市有信息平台"的多维立体档案体系，做到扶贫瞄准有据可查、有根可寻、有档可依。三是建立扶贫对象公示制度。根据公平、公正原则，构建公开公示制度，充分发挥基层民主，将识别权通过公开公示的方式交给基层农民群众，让老百姓根据自身"标准"，识别确定的扶贫对象是否符合扶贫标准，以发挥普通民众的督查作用。①

三、扶贫手段的创新

"脱贫攻坚"不仅要立足于基础，更要勇于创新。我国扶贫事业的发展历程是扶贫力度不断加大、贫困瞄准不断聚焦、扶贫手段不断创新的过程。帮助贫困人口摆脱贫困，为广大人民群众谋幸福是我们党和国家推动发展的根本目的。要想真正打赢"脱贫攻坚"这场战役，各级各部门必须多措并举、创新思维。脱贫攻坚工作越到最后的阶段，剩下的都是"硬骨头"，难度大、时间紧、任务重，必须要以持久的韧劲攻

---

① 王琦，王平达. 科学把握精准扶贫的三个阶段——学习习近平总书记关于"精准扶贫"的论述 [EB/OL]. (2016-06-15). http://theory.people.com.cn/n1/2016/0615/c49154-28445645.html.

克最后的困难，要不断地总结前期的方法、收获好的经验，从而学以促行。各级各部门在学习借鉴各地已取得的先进经验并制定和实施"脱贫攻坚"战略时，要立足本地实际情况，不墨守成规，创新扶贫方式和扶贫机制，多措并举，多项并施。建立奖惩激励机制，发挥带头引领的示范作用。通过各种举措，做好党和政府惠农政策的宣传与实施，确保脱贫攻坚再上台阶。

实现精准扶贫、精准脱贫必须依赖创新性的扶贫手段，将扶贫手段的创新作为带领贫困人口持续稳定脱贫的强大动力和重要途径。党的十八大以来，在习近平扶贫论述的指引下，脱贫攻坚不断创新模式和路径，以实现精准扶贫、精准脱贫。导致不同类型的贫困户贫困的原因不尽相同，有教育致贫、医疗致贫、建房致贫、缺乏劳动力、资金致贫等多种致贫类型，因此，扶贫就不能没有针对性。只有从实际出发，尊重群众意愿，才能避免"花架子"，通过对症下药、靶向治疗、精准施策，找到脱贫的"金点子"，有针对性地安排扶贫项目和资金，才能充分发挥脱贫产业的"造血"功能，斩断贫困地区的"穷根"、开掘贫困群众致富增收之路。精准扶贫对扶贫手段创新的需要表明，扶贫手段仅靠提供扶贫项目和资金是远远不够的，也难以做到持续稳定脱贫。要实现贫困户的持续稳定增收，实现稳定脱贫，就要不断创新扶贫手段，坚持分类指导，根据贫困户、贫困地区的致贫原因和贫困类型来确定帮扶措施，做到精准到户，精准发力。

创新扶贫手段主要从以下三个方面着手：一是新村建设，发展农村。新村建设的主要目的是使农村贫困人口摆脱条件恶劣、基础设施差的原有聚集区，将科学规划的新型村落作为脱贫解困、发展提升的重要载体。以新农村建设为载体，促进农村的基础设施建设和农业生产方式的转变，提高农村现代化水平。在实施过程中，不仅要注重农村面貌整治、人居环境改善、传统村落保护、农村危房改造以及补好基础设施、公共服务等短板，同时应充分利用新村建设后的美丽乡村环境，为发展休闲农业与乡村旅游打下基础。二是产业建设。扶贫产业建设是解决贫困人口"最后一公里"问题的关键所在，是带领贫困户走出困境的根本，没有产业发展的扶贫是无源之水、无本之木。要提高扶贫绩效、摆脱扶贫困境，需要正确评估适宜产业，根据掌握的市场信息和拥有的资源优势，并利用当地特色和区域优势，发展特色产业和龙头产业。通过产业建设吸纳周边困难群众就业，尽快产生收益，并逐步扩大扶贫产业规模。产业规模小，抵抗市场风险能力就弱。要摒弃"小作坊"的生产模式，对于运行良好的产业，要适当扩大建设，以特色产业为核心，打造配套产业，逐步打造扶贫产业园，完善扶贫产业链。三是教育建设。要改造贫困、铲除贫困，除了推进新村建设和产业建设，营造良好的外在扶贫条件以外，更为重要的是通过教育提高受助者的自主脱贫能力。诺贝尔经济学奖获得者阿马蒂亚·森说，教育的缺失是"能力剥夺的贫困"，是比收入贫困更深层的贫困，它会引发"贫困的代际传递"。由此，教育建设被赋予了"阻断贫困代际传递"的使命，其实现路径被描述为"让贫困家庭子女都能接受公平有质量的教育"。这就需要增加财政资金投入，大力扶持贫困地区教育事业，聚焦"全面小康"时间节点与扶贫目标，从贫困群众对接受教育最迫切、最关键、最突出的困难与问题出发，推动国家教育经费向贫困地区、基础教育倾斜；促进政府教育体制改革，推动教育扶贫与产业扶贫相结合，提升教育的反贫困绩效，实现教育和产业的一体化对接。通过产教融合、合作育人，为贫困生提供岗位、设立奖励机制、支持返乡创业，鼓励贫困生通过自己所学的专业来获得报酬。通过教育机构与产业企业各自发挥特长优势，形成"产业+教育"的"造血"扶贫模式，提高贫困地区的"造血"能力，直面产业扶贫中的人才匮乏问题和教育扶贫中的技能短缺问题，为贫困地区输送技术与智慧。

第二节　产业扶贫模式

习近平总书记在十九届中央政治局第八次集体学习时指出："产业兴旺，是解决农村一切问题的前提，从'生产发展'到'产业兴旺'，反映了农业农村经济适应市场需求变化、加快优化升级、促进产业融合的新要求。"① 我们要打赢脱贫攻坚战，要攻克深度贫困难题，要实现稳定脱贫，必须要高度重视产业扶贫。所谓产业扶贫，主要是指在贫困地区或贫困群体中培育可持续发展的产业，通过产业发展让贫困者获得可持续性发展机会的一种扶贫模式。在中国的扶贫实践中，产业扶贫已经成为最具活力的扶贫模式之一。党的十八大以来，产业扶贫方式也越来越受到重视。在中央布局的脱贫攻坚战"五个一批"工程中，产业扶贫是处于第一位置的工程。发展产业是实现脱贫的根本之策。因为要激活脱贫致富内生动力，关键和基础举措是要发展好产业，没有产业，没有经济上的稳定后续来源，就没有真正意义上的脱贫。《"十三五"脱贫攻坚规划》指出，立足贫困地区资源禀赋，充分发挥农民合作组织、龙头企业等市场主体的作用，建立健全产业到户到人的精准扶持机制，每个贫困县建成一批脱贫带动能力强的特色产业，每个贫困乡、村形成特色拳头产品，使贫困人口劳动技能得到提升，贫困户经营性、财产性收入稳定增加。

产业扶贫作为最主要的脱贫措施，主要帮扶形式是通过创新性手段，发挥贫困地区资源禀赋优势，引进项目、投入资本、发展生产，形成产业，吸纳有劳动能力的贫困人口就业，实现扶贫资本要素和贫困人

---

① 宋圭武. 脱贫攻坚要以产业扶贫为抓手 [N]. 光明日报，2019-09-03.

口劳动力要素在市场中的充分流动，从而使贫困人口同其他市场主体形成利益联结机制，并在收益的分配环节实施倾斜分配机制，精准到村到户到人，促进贫困地区经济发展，从而实现贫困地区经济稳定健康发展，贫困人口通过可持续收入（工资性收入、经营性收入、资产收益性收入等）稳定脱贫。这是扶贫开发具有"造血"功能的核心措施。产业扶贫需要综合推进。要选准产业，立足长远发展，而不能只是追求短平快。要牢固树立品牌意识，更多地靠质量取胜。还要发挥好优势，把文化和产业发展有机融合起来，大力提升产业的文化含量。从产业扶贫类型来看，主要包括农林产业扶贫、旅游扶贫、电商扶贫、资产收益扶贫、科技扶贫和金融扶贫等。

一、农林产业扶贫

农林产业扶贫是打赢脱贫攻坚战的核心内容，也是实现乡村振兴的关键所在。贫困人口依托特色产业发展实现稳定就业和持续增收，才能从根本上保证有效脱贫。农林产业是贫困地区脱贫增收的主要产业，也是农业农村地区贫困人口收入的主要来源。通过完善农林产业和延伸农林产业链条、提升农业产业发展水平，探索创新农业产业化扶贫模式，组建产业联合体，建立统一科学的品牌化质量管理体系，建立利益联结机制。农业产业为助力脱贫攻坚取得预期成效提供不竭动力。农林产业扶贫主要有如下举措：

第一，发展特色主导产业。引导和扶持发展特色产业，由"输血"救济到"造血"自救，是脱贫的依托，是乡村振兴的物质基础。结合完善落实"一户一策"精准脱贫方案，选择与本地资源相配套、具有市场前景和开发潜力的特色产业。特色产业的选择要以贫困人口可实施、能融入、有增收为前提，以建档立卡贫困户稳定、长期受益为产业帮扶的出发点和落脚点。基于生态地理气候和产业基础，发展特色产业，做实基地、做强产业，把现代农业发展与产业精准扶贫进行通盘考虑，创造条件让贫困户通过各种形式参与到地方特色产业发展中来，并共享产业发展带来的收益。实施"一村一个致富产业"行动，推动深度贫困村建成持续稳定增收的主导产业基地，提高产业带贫能力。把提高产业整体效益作为促进农民增收的主要举措。其一，应优化发展种植业。粮食主产县应大规模建设集中连片、旱涝保收、稳产高产、生态友好的高标准农田，巩固提升粮食生产能力。非粮食主产县应大力调整种植结构，重点发展适合当地气候特点、经济效益好、市场潜力大的品种，建设一批贫困人口参与度高、受益率高的种植基地。适度发展高附加值的特色种植业。其二，应积极发展养殖业。因地制宜地在贫困地区发展适度规模标准化养殖，加强动物疫病防控工作，建立健全畜禽水产良种繁育体系，加强地方品种保护与利用，发展地方特色畜牧业。有序发展健康水产养殖业，打造区域特色水产生态养殖品牌。其三，大力发展林产业。结合国家生态建设工程，培育一批兼具生态和经济效益的特色林产业，打造一批特色示范基地，带动贫困人口脱贫致富。促进产业融合发展。深度挖掘农业多种功能，培育壮大新产业、新业态，推进农业与旅游、文化、健康养老等产业深度融合，加快形成农村第一、第二、第三产业融合发展的现代产业体系。加快实施农业品牌战略，积极培育品牌特色农产品，促进供需结构升级。

第二，培育壮大新型经营主体。鼓励新型经营主体与贫困户建立稳定带动关系，向贫困户提供全产业链服务，提高吸纳贫困劳动力就业能力，让贫困户更多地分享农业产业链和价值链增值收益。制定出台优惠政策，强化招商引资，培育发展贫困地区农民专业合作社、龙头企业、种养大户、家庭农（林）场、股份制农（林）场等新型经营主体。鼓励依托企业为龙头，采取订单种植、保护价收购、统一技术服务的方式发展产供直销，对贫困户开展定向帮扶，提供全产业链服务，努力破解贫困群众种养技术水平不高、销售不畅、抵御市场风险能力不强的制约瓶颈。支持龙头企业、合作社发展新产业、新业态、新模式，扩大就业容量，吸纳更多贫困户就业。提升产业合作社建设质量，推进贫困地区农民专业合作社示范社创建，确保每个贫困村都有一个养殖专业合作社和一个种植专业合作社，带动贫困群众脱贫致富。鼓励组建联合社。

第三，建立利益联结机制。支持通过土地托管、土地流转、订单农业、牲畜托养、土地经营权股份合作等方式，提高农业产业集约化、组织化、规模化程度，形成市场主体、村集体、贫困户共同受益的产业发展格局，与贫困村、贫困户建立稳定的利益联结机制。鼓励贫困地区各类企业开展农业对外合作，提升经营管理水平，扩大农产品出口。一是政府奖补入股分红。政府把奖补资金作为村集体股份，对带动贫困村、贫困户发展产业基地的市场主体实行"以奖代补"入股，建立产业发展基金，对贫困户发展产业所需种苗、设施等实行奖补，推动实现"企业盈利、村集体增收、贫困户脱贫"的多赢局面。二是资源资产入股分红。组建村集体经济股份合作社，全面清理贫困村资金、资产、资源，入股村级产业合作社；贫困群众以土地经营权、劳动力等入股村级产业合作社；企业以种苗、肥料、技术等入股村级产业合作社；由专业合作社建立产业基地，形成利益联结，农民、企业、专业合作社、村集体按照固定比例进行利益分红。三是土地流转入股分红。农民将土地经营权流转给村集体，村集体再将土地经营权流转给市场主体，流转资金作为股份入股，通过土地二次流转，建立利益联结机制，形成利益比例分红，带动贫困户实现增收。推广"保底收益+按股分红"模式，完善"订单种养""保底分红"等利益联结机制，让贫困户成为产业发展的参与者、受益者。

第四，加大农林技术推广和培训力度。提升精准扶贫户能力素质，强化农村科技扶贫效力,夯实智力帮扶基础力量,强化贫困地区基层农业技术推广体系建设。应瞄准贫困村和建档立卡贫困人口的科技需求,因村因户因人施策。鼓励采取"农民点单、财政买单"的方式,由农民自主选学参训专业,变"大水漫灌"向精准滴灌、靶向治疗转变,让贫困群众真正实现产业脱贫。对有劳动力的贫困户,开展定点、定向、菜单式技术指导,以带着看、教着干、帮着赚。农技人员和贫困户建立对口帮扶关系,上门开展点对点、面对面、手把手技术服务。帮助贫困村制订技术帮扶计划,建立帮扶档案,做到一户一本台账、一户一套帮扶措施,实行精准施策。结合典型带动,发挥能人效益,结对帮扶贫困户,使农户心里产生劳动的热情。充分发挥持证职业农民优势,带动贫困户进园、进社、进场,教技术,传经验,开展职业农民与贫困户结对帮带扶活动,提高贫困户发展产业的技能。强化扶贫攻坚技术支援队伍建设,构建县级专家团、技术服务小分队、驻村帮扶干部的三级技术帮扶网络,采取小组驻点、团队包片的方式,全域提供技术保障。组织驻村农技员、农业专家服务团、技术小分队对贫困村、贫困户开展巡回指导、技术培训和技术咨询。培训内容主要包括以下几个方面:其一,应开展主导产业培训。结合当地主导产业发展布局,尊重贫困户意愿,强化粮、果、菜、畜四大主导产业操作技能培训。其二,应开展小众产业培训。按照有特色、有基地、有主体、有效益、有市场的"五有要求",开展食用菌、小杂粮、苗木花卉、养蜂、水产、中药材等生产管理技术培训。其三,应开展农产品市场营销培训。规范标准化生产技术,开展市场营销、品牌策划、农产品后整理和农村电商培训,实现农产品价值最大化,让贫困户在每一个产业链条上都有收益。

第五,树立绿色发展理念。农村的生产、生活与生态是一个天然的有机体,必须尊重规律、保护环境。贫困村大多生态条件脆弱、资源承载力弱、土地产出率低、农业综合生产能力普遍不高。农业产业发展必须立足资源环境承载力,综合考虑农业基础、市场需求、技术支撑等因素,优化布局,切实把生态优势转化为经济优势。一是大力发展生态农业休闲旅游。依托特色种养殖产业,推动片区连片发展,挖掘文化资源,引导贫困村发展生态农业旅游等新业态。二是建立绿色农产品上行通道。利用大数据平台,运用云计算和大数据技术,建立产品信息化追溯平台和产业全程质量监管体系,鼓励电商企业与农户签订种植合同,建立县乡村三级电子商务平台,推动贫困地区绿色农产品上行,提升农户收入。三是发展生态循环农业。注重种养结合发展生态循环农业,从源头上减少污染,实现无害化、低排放、可持续发展。实施秸秆机械化还田,增加土壤肥力,培育秸秆饲料加工企业,促进畜牧业生产,减少使用化肥,实现绿色生产与生态环保的良性互动。

二、旅游扶贫

发展旅游业作为扶贫的重要方式,已经成为扶贫开发的主渠道,也是农村物质和精神"双脱贫"的助推器。旅游扶贫就是充分发挥旅游资源整合优势,积极释放乡村旅游在精准扶贫、精准脱贫中的重要作用。旅游产业是贫困地区亟待开发的产业资源,可为贫困地区三产融合注入新的活力,同样也是美丽乡村建设的重要衔接途径。面对脱贫攻坚任务重的情况,应积极结合特色历史文化和丰富旅游资源,大力发展旅游业,带动贫困群众脱贫致富。

第一,因地制宜发展乡村旅游。开展贫困村旅游资源普查和旅游扶贫摸底调查,建立乡村旅游扶贫工程重点村名录。以具备发展乡村旅游条件的建档立卡贫困村为乡村旅游扶贫重点,推进旅游基础设施建设,实施乡村旅游后备厢工程、旅游基础设施提升工程等一批旅游扶贫重点工程,打造精品旅游线路,推动游客资源共享,安排贫困人口旅游服务能力培训和就业。第二，大力发展休闲农业。依托贫困地区特色农产品、农事景观及人文景观等资源，积极发展带动贫困人口增收的休闲农业和森林休闲健康养生产业。实施休闲农业和乡村旅游提升工程，加强休闲农业聚集村、休闲农业园等配套服务设施建设，培育扶持休闲农业新型经营主体，促进农业与旅游观光、健康养老等产业深度融合，引导和支持社会资本开发农民参与度高、受益面广的休闲农业项目。第三，积极发展特色文化旅游。打造一批辐射带动贫困人口就业增收的风景名胜区、特色小镇，实施特色民族村镇和传统村落、历史文化名镇名村保护与发展工程。依托当地民族特色文化、红色文化、乡土文化和非物质文化遗产，大力发展贫困人口参与并受益的传统文化展示表演与体验活动等乡村文化旅游。支持农村贫困家庭妇女发展家庭手工旅游产品，坚持创意开发，推出具有地方特点的旅游商品和纪念品。①

三、电商扶贫

互联网时代，电商正在成为中国经济发展的新动力，也成为脱贫攻坚的新引擎。习近平总书记在陕西省柞水县小岭镇金米村考察时指出，电商作为新兴业态，既可以推销农副产品、帮助群众脱贫致富，又可以推动乡村振兴，是大有可为的，柞水县的"小木耳，大产业"就是电商助力脱贫攻坚的一个典型案例。产业扶贫将农村电子商务作为精准扶贫的重要载体，把电子商务纳入扶贫开发工作体系，以建档立卡贫困村为工作重点，提升贫困户运用电子商务创业增收的能力。

电商扶贫搭起了农村致富桥，也为脱贫攻坚按下了"加速键"。推动电商扶贫，要优先解决网络问题。电商扶贫是运用互联网手段，实现

---

① 参见《"十三五"脱贫攻坚规划》。

农副产业与市场的精准对接。这不仅需要互联网信息技术的支持，还需要畅通物流网络，增加农村电商网点，搭建起农产品从田间地头快速抵达老百姓餐桌的桥梁。发展电商扶贫，一要重视培育电子商务市场主体。将农村电子商务作为精准扶贫的重要载体，把电子商务纳入扶贫开发工作体系，以建档立卡贫困村为工作重点，提升贫困户运用电子商务创业增收的能力。依托农村现有组织资源，积极培育农村电子商务市场主体。发挥大型电商企业孵化带动作用，支持有意愿的贫困户和带动贫困户的农民专业合作社开办网上商店，鼓励引导电商和电商平台企业开辟特色农产品网上销售平台，与合作社、种养大户建立直采直供关系。加快物流配送体系建设，鼓励邮政、供销合作等系统在贫困乡村建立和改造服务网点，引导电商平台企业拓展农村业务，加强农产品网上销售平台建设。实施电商扶贫工程，逐步形成农产品进城、工业品下乡的双向流通服务网络。二要改善农村电子商务发展环境。互联网解决了农产品信息与市场的对接问题，让"养在深山人未识"的产品可以直达客户，拓展了销售渠道，增加了销量。但要看到，如果农产品品质不佳，或者没有针对市场进行精准推广，无法形成品牌，就很难实现可持续发展。因此，电商扶贫需要整合政府、企业、平台、媒体等各方资源，形成更加强大的合力，这样才能实现"造血式"扶贫，形成可持续增收，巩固脱贫成果。加强交通、商贸流通、供销合作、邮政等部门及大型电商、快递企业信息网络共享衔接，鼓励多站合一、服务同网。加快推进适应电子商务的农产品质量标准体系和可追溯体系建设以及分等分级、包装运输标准制定和应用。对贫困户通过电商平台创业就业的，鼓励地方政府和电商企业免费提供网店设计、推介服务和经营管理培训，给予网络资费补助和小额信贷支持。三要注重人才支撑。要有计划地对农户进行电商培训，帮助他们提升互联网技能；还要考虑加大引才力度，通过选调生、挂职、志愿服务等方式吸引更多年轻人到贫困地区锻炼成长，为贫困地区电商产业发展提供更多人才支撑。

四、资产收益扶贫

资产收益扶贫是利用财政专项扶贫资金和其他涉农资金投入设施农业、养殖、光伏、水电、乡村旅游等项目产生收益，折股量化给贫困村和贫困户，特别是丧失劳动能力的贫困户。国务院在《"十三五"脱贫攻坚规划》中指出，组织开展资产收益扶贫工作，要鼓励和引导贫困户将已确权登记的土地承包经营权入股企业、合作社、家庭农（林）场与新型经营主体形成利益共同体，分享经营收益。积极推进农村集体资产、集体所有的土地等资产资源使用权作价入股，形成集体股权并按比例量化到农村集体经济组织。财政扶贫资金、相关涉农资金和社会帮扶资金投入设施农业、养殖、光伏、水电、乡村旅游等项目形成的资产，可折股量化到农村集体经济组织，优先保障丧失劳动能力的贫困户。建立健全收益分配机制，强化监督管理，确保持股贫困户和农村集体经济组织分享资产收益。创新水电、矿产资源开发占用农村集体土地的补偿补助方式，在贫困地区选择一批项目开展资源开发资产收益扶贫改革试点。通过试点，形成可复制、可推广的模式和制度，并在贫困地区推广，让贫困人口分享资源开发收益。

资产收益模式的收益机制主要是通过"资源变资产、资金变股金、农民变股东"等方式，整合自然资源和政府扶贫资金，依托于有扶贫意愿、带动能力强、增收效果好的企业、农民专业合作社、种养大户等经营主体的经营运作，通过增加财产性收入带动贫困户脱贫。例如，石门文旅采用土地资源收益模式增加贫困户财产性收入。公司投资建设龙王洞景区，通过鼓励农户流转闲置土地的方式增加贫困户收入，以30元/亩·年的价格向贫困户支付土地租金，目前已流转500亩林地，显著增加了贫困户收入。海南天地人公司通过资源收益模式和资金收益模式共同增加贫困户财产性收入。首先,天地人公司建立了"企业+村集体+农户"土地集约化入股模式,由村委会组织村民集体将整片土地入股天地人公司,用作公司生产基地,贫困户享有入股土地种植产值8%的分红,保底500元/亩·年。其次,村委会获得贫困户的投资授权,与公司签订投资合作协议,贫困户将个人资金入股企业,每户贫困户入股资金为3万~5万元,入股期限为15年。入股期满,公司返还全部等额入股资金,企业承担全部运营风险,平均每年按12%的比例给贫困户固定回报。

龙头企业的资产收益扶贫具有针对性强、帮扶弱势贫困户效果显著的优势。第一,针对性强。信贷资产收益扶贫的帮扶对象是建档立卡贫困户,普通户往往较难参与。贫困户能够将获得的扶贫小额贷款投入企业,由企业负责偿还。贫困户每年获取一定比例的分红。笔者调研了解到,在龙头企业财务状况良好的情况下,每户每年能及时获得3000~4000元不等的分红,增收效果明显。第二,帮扶弱势贫困户效果显著。贫困户中有部分农户年龄偏大、健康状况差、缺乏劳动能力,难以通过从事农业、非农生产来增加家庭收入,实现脱贫。资产收益扶贫可以通过赋予贫困户产权或股权,有利于失能和弱能的贫困人口积累资产并利用这些资产持续受益,拓宽了其收入来源。

五、科技扶贫

科学技术是第一生产力,对于提高区域经济发展水平、优化经济发展结构具有重要意义,因而科技扶贫是产业扶贫中的一条重要脱贫路径。科技扶贫主要包括以下几点举措:第一,促进科技成果向贫困地区转移转化。组织高等学校、科研院所、企业等开展技术攻关,解决贫困地区产业发展和生态建设关键技术问题。围绕全产业链技术需求，加大贫困地区新品种、新技术、新成果的开发、引进、集成、试验、示范力度，鼓励贫困县建设科技成果转化示范基地，围绕支柱产业转化推广先进适用技术成果。第二，提高贫困人口创新创业能力。深入推行科技特派员制度，基本实现特派员对贫困村科技服务和创业带动全覆盖。鼓励和支持高等院校、科研院所发挥科技优势，为贫困地区培养科技致富带头人。大力实施边远贫困地区、边疆民族地区和革命老区人才支持计划、科技人员专项计划，引导支持科技人员与贫困户结成利益共同体，创办、领办、协办企业和农民专业合作社，带动贫困人口脱贫。加强乡村科普工作，为贫困群众提供线上线下、点对点、面对面的培训。第三，加强贫困地区创新平台载体建设。支持贫困地区建设一批"星创天地"、科技园区等科技创新载体。充分发挥各类科技园区在扶贫开发中的技术集中、要素聚集、应用示范、辐射带动作用，通过"科技园区＋贫困村＋贫困户"的方式带动贫困人口脱贫。推动高等院校新农村发展研究院在贫困地区建设一批农村科技服务基地。实施科技助力精准扶贫工程，在贫困地区支持建设农技协联合会（联合体）和农村专业技术协会。[①]

六、金融扶贫

金融扶贫是贫困地区扶贫开发事业顺利完成的重要支撑和贫困人口发展生产实现脱贫增收的重要工具。金融"输血式"扶贫要转化为"造血式"扶贫，关键是要实现贫困地区贫困人口的持续性收入流，实现稳定就业。从长期来看，保持经济的持续健康增长，实现经济的高质量发展，是打赢脱贫攻坚战的根本。从资金来源的角度看，相对于财政

---

① 参见《"十三五"脱贫攻坚规划》。

扶贫而言，金融扶贫是指通过构建完善的金融服务体系、发展扶贫小额信贷、构建贫困地区风险保障网络，重点满足贫困地区贫困人口的生产型金融需求，推动"造血式"扶贫模式的发展，以缓解长期困扰农户的资金投入问题，为贫困人口创造更多的谋生机会，提升贫困人群的自我发展能力，从根本上改变贫困地区的面貌。

第三节　就业扶贫模式

促进贫困人口就业增收是打赢脱贫攻坚战的重要内容，通过就业扶贫可实现一人就业、全家脱贫。增加就业是最有效、最直接的脱贫方式，长期坚持还可以有效解决贫困代际传递问题。人力资源社会保障部门将做好就业扶贫作为践行"两个维护"的具体举措，作为重大政治任务，凝心聚力，尽锐出击，全力以赴帮助贫困劳动力就业创业，助力打赢脱贫攻坚战。围绕"稳定存量、扩大增量"，扎实开展稳岗服务，深入实施智力帮扶，促进农村贫困劳动力就业，大力推动就业扶贫，是脱贫攻坚的一项重大措施。在产业扶持和易地扶贫搬迁工作中，通过转移就业扶贫，促进农村贫困人口就业，帮助贫困人口通过就业获得收入，既是脱贫重要途径之一，也是打赢脱贫攻坚战的重要任务（邱小平，2016）。

做好贫困人口转移就业工作要以习近平新时代中国特色社会主义思想为指导，全面贯彻党的十九大精神，牢固树立"四个意识"，充分认识到工作的重要性和紧迫性，坚持精准扶贫、精准脱贫基本方略，采取多种措施促进贫困劳动力实现就业、增加收入，发挥就业在精准扶贫中的重要作用，为打赢脱贫攻坚战、全面建成小康社会作出贡献。以促进有劳动能力的贫困人口都能实现就业为目标，以完善落实就业扶贫政策措施为抓手，以深度贫困地区为重点，进一步加大力度、精准施策，努力扩大贫困人口就业规模,提高就业稳定性,确保零就业贫困户至少一人实现就业。

一、多渠道开发就地就近就业岗位

就地就近就业带动模式是指,企业吸纳贫困家庭劳动力就业,并根据劳动任务完成情况按时发放工资,促进农户工资性收入增加的扶贫模式。鼓励财政资金支持的企业或园区优先安排贫困人口就业,将资金与安置贫困人口就业任务相挂钩。支持贫困户自主创业,鼓励发展居家就业等新业态,促进就地就近就业。加强就业扶贫载体建设,加快资金拨付,部分地方对工程项目实行绿色通道政策,鼓励地方根据疫情防控形势和任务的变化,实施动态调整扶贫项目,对促进就业、增加贫困农户收入的项目优先调整、优先安排,动员组织贫困劳动力参与这些项目建设等针对性帮扶措施。地方应因地制宜推广就业扶贫车间、社区工厂、卫星工厂等就业扶贫模式,进一步规范建设标准,探索运行机制,加大政策扶持力度,促进可持续发展,引导就业扶贫载体吸纳更多建档立卡贫困人口就业。鼓励贫困户参与各类涉农项目,带动一批劳动力就业创业,促进创业带动就业,引导农民工、大学生、退伍军人等人员到贫困县乡村创业,支持符合条件的企事业单位人员回流贫困村领办创办项目,培育贫困村创业致富带头人。支持农村电商发展,支持贫困县建设创业园区,加大创业政策、创业培训、创业服务力度,通过创业带动贫困劳动力就业。挖掘农业就业潜力,鼓励家庭农场、农业合作社、龙头企业等农业经营主体更多地吸纳贫困劳动力就业。鼓励居家灵活就业,结合当地传统文化、自然生态、产业基础等情况,引导贫困劳动力居家从事传统手工艺制作、农产品加工、来料加工。统筹开发公益性岗位,鼓励引导贫困县乡积极开发养路、护林、护草、生态管护等用于扶贫的就业岗位，对符合条件的就业困难贫困劳动力予以托底安置，解决就业增收问题。

二、深入开展劳务协作

将劳务协作作为政治任务摆在重要位置，加强合作，加大力度，务求实效。通过劳务协议，并根据协作进展情况及时调整补充协议内容，完善协作措施，提高协作有效性。应加强劳务对接，广泛搜集适合贫困劳动力的岗位信息，建立跨区域、常态化的岗位信息共享和发布机制，组织开展形式多样的招聘活动，为贫困劳动力和用人单位搭建对接平台。输出地政府与输入地政府要加强劳务信息共享和劳务协作对接工作，全面落实转移就业相关政策措施。输出地政府要摸清摸准贫困家庭劳动力状况和外出务工意愿，输入地政府要协调提供就业信息和岗位，采取多种方式协助做好就业安置工作。加强能力建设，可通过帮助贫困县建设人力资源市场、职业培训机构，提供职业指导师、培训师资等多种方式，支持贫困地区提升公共就业服务能力和职业培训能力。加强工作推动，引导更多贫困劳动力参与劳务协作，实现转移就业。加强对转移就业贫困人口的公共服务。输入地政府对已稳定就业的贫困人口予以政策支持，将符合条件的转移人口纳入当地住房保障范围，完善随迁子女在当地接受义务教育和参加中高考，支持输入地政府吸纳贫困人口转移就业和落户，为外出务工的贫困人口提供法律援助等举措，保障其本人及随迁家属平等享受城镇基本公共服务。

三、大力加强就业服务

要适应贫困劳动力特点，注重与扶志扶智相结合，提供全方位、精准化、精细化就业服务。积极开展职业指导，引导贫困劳动力树立正确的就业观念，提升就业意愿，激发劳动致富内生动力，调动贫困劳动力的就业积极性，提高贫困劳动力的劳动参与率。加强职业介绍，摸清每个贫困劳动力的基本情况和就业意愿，确定专人"一对一"帮扶，制定有针对性的个性化求职就业方案，引导贫困劳动力与用人单位精准对接；广泛动员劳务经纪人、人力资源市场机构参与就业扶贫，面向贫困劳动力开展有组织劳务输出。结合当地特色产业和人力资源优势，打造和推广一批劳务品牌，以劳务品牌带动转移就业。

四、开展技能扶贫行动

完善劳动者终身职业技能培训制度。针对贫困家庭中有转移就业愿望的劳动力、已转移就业的劳动力、新成长的劳动力的特点和就业需求，开展差异化技能培训。整合各部门各行业培训资源，创新培训方式，以政府购买服务的形式，通过农林技术培训、订单培训、定岗培训、定向培训、"互联网＋培训"等方式开展就业技能培训、岗位技能提升培训和创业培训。提高贫困家庭农民工职业技能培训精准度。深入推进农民工职业技能提升计划，加强对已外出务工贫困人口的岗位培训。继续开展贫困家庭子女、未升学初高中毕业生（俗称"两后生"）、农民工免费职业培训等专项行动，提高培训的针对性和有效性。针对贫困劳动的实际情况和就业意愿，开展大规模职业技能培训和技工教育，确保有培训意愿的贫困劳动力都能得到职业技能培训机会，有就读技工院校意愿的符合条件的劳动力都能入学就读。广泛发动各级各类职业院校、职业培训机构和企业面向贫困劳动力开展职业技能培训，落实培训补贴政策，推行项目制培训，向政府认定的培训机构整建制购买就业技能培训项目。积极推荐接受技工教育和职业培训的贫困学生（学员）

就业，实现"教育培训一人，就业创业一人，脱贫致富一户"的目标。建立定向培训就业机制，积极开展校企合作和订单培训。将贫困人口转移就业与产业聚集园区建设、城镇化建设相结合，鼓励引导企业向贫困人口提供就业岗位。

五、切实做好深度贫困地区就业扶贫工作

要切实负责，把深度贫困地区就业扶贫作为重中之重，制定专门的就业扶贫工作方案，明确目标任务，确定每年促进贫困劳动力就业人数和渠道，建立工作责任制。着力拓宽就业空间，依托东西部扶贫协作机制、对口支援机制，结合产业援助、项目援助和其他脱贫攻坚措施，开发适合当地贫困劳动力的岗位，创造更多的就业机会。更加注重精准施策，针对深度贫困地区交通不便、贫困劳动力语言不通、就业意愿不强等问题，综合运用各种政策服务手段，提高服务培训的精准度，对零就业贫困户实施"一户一策"，确保至少一人实现就业。有条件的省份可组织贫困劳动力、贫困地区基层公共就业服务人员到经济发达地区实地观摩、短期培训、实习锻炼，帮助他们开阔视野、转变观念、提升能力。加大支持力度，积极协调发改、财政等部门在资金分配、项目安排上向深度贫困地区倾斜，帮助解决实际问题。

六、加强就业扶贫作风建设

按照扶贫领域作风问题专项治理要求，切实落实责任，坚持目标导向、问题导向，健全制度、完善措施，把就业扶贫工作做实、做细、做出成效。进一步摸清底数，准确掌握贫困劳动力的就业失业情况，依托农村贫困劳动力就业信息平台实行动态管理。进一步落实政策，完善操

作办法，降低政策门槛，增强可操作性，确保符合条件的贫困劳动力、用人单位都能享受到政策扶持。进一步规范资金使用管理，杜绝发生就业补助资金、扶贫资金在就业扶贫工作中被贪污浪费、挤占挪用等问题。大兴调查研究之风，深入实地特别是深度贫困地区走访调查，指导解决工作中存在的突出问题。

七、营造良好社会氛围

加强就业扶贫工作宣传，大力宣传就业扶贫的政策措施、工作中好的经验做法，以及通过就业创业脱贫致富的先进人物和典型事例，营造支持贫困劳动力就业创业、劳动致富光荣的良好社会氛围。进一步动员社会力量支持就业扶贫，征集一批在就业扶贫工作中作出突出贡献的企业案例，打造就业扶贫爱心企业典型，引导更多企业积极吸纳贫困劳动力就业。在各地工作的基础上，人力资源社会保障部、国务院扶贫办将适时推出一批就业扶贫示范区、就业扶贫爱心企业，充分发挥示范带动作用，营造良好的社会氛围。

第四节 易地扶贫搬迁的实施模式

易地扶贫搬迁是实现贫困缓解和生态环境保护双赢的重要战略，也是解决"一方水土养不好一方人"、实现贫困群众跨越式发展的根本途径。在生存条件恶劣、自然灾害频发的地区，通水、通路、通电等成本很高，贫困人口很难实现就地脱贫，需要实施易地搬迁。这是一个不得不为的措施，也是一项复杂的系统工程，政策性强、难度大，需要把工作做深做细。当前，我国正处于全面建成小康社会的决胜时期，"一方水土养不起一方人"的贫困问题是一块突出的"短板",需要采取超常规的措施来补缺。易地扶贫搬迁不仅要改善人居条件,更要实现可持续发展。

易地扶贫搬迁工程是一项相当复杂的社会建构问题,内嵌于一定的政治、经济、社会的制度框架,因此需要设置科学合理的扶贫搬迁政策,如针对贫困移民建立社会救助体系,建立和谐的移民社区,结合移民政策进一步继承和保护民族文化,提高易地扶贫搬迁居民在安置地区的社会融合度等。对此,应积极开展公益性岗位就业工作,对就业困难、年龄偏大、家庭贫困的移民优先安排环卫、园林等公益岗位,实现稳定就业;建立移民非农就业服务机构,切实加大和落实对移民的培训工作,增加移民非农就业机会,多样化和稳定移民的收入来源。解决"一方水土养不了一方人"的区域性问题,不仅涉及当地人脱贫致富,实现可持续发展,同时需要兼顾生态环境的保护。易地扶贫搬迁不仅仅是简单地将过度依赖自然资源和生态环境的农牧民转移出来,而且在转移的同时,要对迁出地的生态环境进行修复和保护,以免造成生态环境的进一步恶化。迁入区要按照创建优美宜居环境的要求,结合发展经果林、庭院经济、生态循环农牧业、小流域治理、新村绿化和农田防护林带建设,因地制宜打造各具特色的生态园林安置区。将退耕还林还草区、休牧禁牧区、严重风蚀沙化区、严重水土流失区、天然林保护区内需要搬迁的人口首先纳入移民搬迁计划,并严格执行国家生态环境保护政策,将移民安置工作与生态建设工程有机结合起来。

一、瞄准建档立卡贫困人口,"搬哪些人"更精准

合理确定搬迁范围和对象。易地搬迁脱贫的主要对象是很难实现就地脱贫的特殊贫困地区的贫困人员。这类地区一般不具备条件通过现有扶贫方式脱贫,或者现有脱贫方式脱贫的成本大大高于易地搬迁脱贫的

成本。首先，组织实施好易地扶贫搬迁工程，实现建档立卡搬迁人口搬得出、稳得住、能脱贫，就要以扶贫开发建档立卡信息系统识别认定结果为依据，以生活在自然条件严酷、生存环境恶劣、发展条件严重欠缺等地区的农村建档立卡贫困人口为对象，以省级政府批准的年度搬迁进度安排为主要参考，确定易地扶贫搬迁人口总规模和年度搬迁任务。其次，要确保建档立卡贫困人口应搬尽搬。在充分尊重群众意愿的基础上，加强宣传引导和组织动员，保障搬迁资金，确保符合条件的建档立卡贫困人口应搬尽搬，统筹规划同步搬迁人口。最后，从迁出区域看，主要包括四类地区：一是深山石山、边远高寒、荒漠化和水土流失严重，且水土、光热条件难以满足日常生活生产需要，不具备基本发展条件的地区；二是国家统一划定的禁止开发区或限制开发区；三是交通、水利、电力、通信等基础设施，以及教育、医疗卫生等基本公共服务设施十分薄弱，工程措施解决难度大、建设和运行成本高的地区；四是地方病严重、地质灾害频发的地区。此外，考虑到迁出区的自然环境和发展条件具有同质性，还有部分生活在同一迁出地的非建档立卡人口需要实施同步搬迁，各地结合自身实际计划安排实施同步搬迁人口的数量将更多。

二、围绕脱贫目标选择安置点，"搬到哪里去"更合理

稳妥实施搬迁安置。首先，应因地制宜选择搬迁安置方式，合理确定住房建设标准。按照群众自愿、应搬尽搬的原则，在前期进村入户调查研究的基础上，结合推进新型城镇化，对于集中安置规模较大的安置点，应对选址进行水土资源平衡分析和资源环境承载能力评价。其次，应按照集中安置与分散安置相结合、以集中安置为主的原则选择安置方式和安置点。采取集中安置的，可依托移民新村、小城镇、产业园区、旅游景区、乡村旅游区等适宜区域进行安置，并做好配套建设。采取分

散安置的,可选择"插花"、进城务工、投亲靠友等方式进行安置,也可在确保有房可住、有业可就的前提下,采取货币化方式进行安置。最后,安置点配套基础设施和公共服务设施可一并统筹规划、统一建设,并配套建设基础设施和公共服务设施。按照"规模适度、功能合理、经济安全、环境整洁、宜居宜业"的原则,配套建设安置点水、电、路、邮政、基础电信网络以及污水、垃圾处理等基础设施,完善安置点商业网点、便民超市、集贸市场等生活服务设施以及必要的教育、卫生、文化体育等公共服务设施。

三、保基本防负债,"建什么房子"更明确

按照"保障基本、安全适用"的原则规划建设安置住房,合理制定建房补助标准和相关扶持政策。建档立卡搬迁户住房建设面积严格执行标准,确保建档立卡搬迁对象不因建房而举债。新建住房结构设计应执行相关建筑规范和技术标准,保证住房质量和安全。集中安置区住房建设应统一规划,工程实施可采取统建、自建、代建等方式进行。依托小城镇或工业园区安置的,地方政府可酌情采取回购符合面积控制标准的城镇商品住房的方式,但不应回购公租房、廉租房等国家已补助投资建设的住房。依托乡村旅游区安置的,安置规划及住房、基础设施、公共服务设施和商业配套等建设要符合乡村旅游特色,充分考虑旅游发展实际需求,促进安置区与景区和谐统一。此外,还应配套基础设施、公共服务设施等。

四、创新投融资模式,"钱从哪里来"有保障

要拓展资金筹措渠道。加大中央预算内投资支持力度,创新投融资

机制，安排专项建设基金和地方政府债券资金作为易地扶贫搬迁项目资本金，发行专项金融债券筹集贷款资金以支持易地扶贫搬迁工作。建立或明确易地扶贫搬迁省级投融资主体和市县项目实施主体，负责资金承接运作和工程组织实施。地方政府要统筹可支配财力，用好用活城乡建设用地增减挂钩政策，支持省级投融资主体还贷。易地扶贫搬迁资金如有节余，可用于支持搬迁贫困人口后续产业发展。

五、因人施策促增收，"搬后怎么脱贫"更清晰

易地搬迁是扶贫的手段，逐步脱贫致富是搬迁的目的，易地扶贫搬迁的工作要求不仅包括"如何搬""怎么搬"，也包括"搬后怎么办"。在搬迁的后续扶持工作中，移民扶贫搬迁的工作重心要从"搬得出"向"稳得住、能致富"转变，而易地产业扶贫、易地就业扶贫就是确保搬迁群众"稳得住、能致富"的关键及主要途径。易地扶贫搬迁应根据搬迁对象的实际情况，提出通过统筹整合财政专项扶贫资金和相关涉农资金，支持发展特色农牧业、劳务经济、现代服务业等，探索资产收益扶贫等方式，确保贫困人口有业可就、实现稳定脱贫。结合促进搬迁人口脱贫的五条路径，促进搬迁后农户生产生活的可持续性。一是发展特色农林业脱贫一批，通过采取补贴补助、技术服务、信息发布、示范带动等扶持政策措施，鼓励引导搬迁农户面向市场需求，通过发展特色种植、高效养殖、林下经济、设施农业、休闲农业等实现产业脱贫。二是发展劳务经济脱贫一批，将发展劳务经济作为持续增加收入的主要途径，加强搬迁人口就业技能培训，努力拓宽就业创业渠道，加强就业指导和劳务输出工作，促进搬迁就业脱贫。三是发展现代服务业脱贫一批，扶持搬迁贫困人口从事农副产品营销、餐饮、家政、仓储、配送等服务业，多渠道增加收入促进脱贫。四是资产收益扶贫脱贫一批，探索

"易地扶贫搬迁配套设施资产变股权、搬迁对象变股民"的方式，通过将资产量化到贫困人口，增加其财产性收入，带动脱贫。五是社会保障兜底脱贫一批，将符合相关条件的搬迁对象纳入社会保障兜底脱贫范围，通过政策兜底脱贫。

第五节　生态扶贫的实施模式

中国的贫困地区与国家重点生态功能区高度吻合，深度贫困地区通常也是边境偏远地区、少数民族聚集地区，如宁夏西海固过去苦寒甲天下，如今生态依然脆弱；云贵川山区生物多样性丰富，人均收入却在全国处于较低水平等。生态敏感区往往与贫困如影随形，这成为我国现阶段基本国情中很重要的一部分。深度贫困地区普遍存在生态保护与农民脱贫致富之间的突出矛盾，农民的生态保护行为缺乏有效的激励，生态产品的价值难以有效实现，区域的生态优势无法转化为经济优势。如何实现生态保护与缓减贫困相融共赢，对于促进民族团结、边疆稳固、生态保护、脱贫攻坚以及乡村振兴都有十分重要的意义。

党的十八大以来，习近平总书记高度重视生态文明建设，多次强调处理好生态保护与扶贫开发的关系，要加强贫困地区生态环境保护与治理修复，提升贫困地区可持续发展能力。在全国生态环境保护大会上，习近平总书记明确提出六项重要原则：坚持人与自然和谐共生；绿水青山就是金山银山；良好生态环境是最普惠的民生福祉；山水林田湖草是生命共同体；用最严格制度、最严密法治保护生态环境；共谋全球生态文明建设[①]。习近平关于生态保护的这些观点充分显示了习近平扶贫理

---

① 习近平. 推动我国生态文明建设迈向新台阶[J]. 奋斗，2019（3）：1-16.

论的生态性，充分强调了精准扶贫、精准脱贫过程中对于生态环境应持有的敬畏和爱护的态度，在使当代贫困人口脱离贫困的同时，为子孙后代留下绿水青山。生态保护与扶贫开发二者并不矛盾，扶贫开发过程中可以通过实施重大生态工程建设、加大生态补偿力度、积极发展生态产业、创新消费扶贫等方式，使扶贫开发与生态保护有机地协调统一起来，相互促进增益。

一、生态扶贫的内涵

生态扶贫是将生态保护与扶贫开发相结合的一种扶贫工作模式。牢固树立和践行绿水青山就是金山银山的理念，把精准扶贫、精准脱贫作为基本方略，坚持扶贫开发与生态保护并重，采取超常规举措，通过实施重大生态工程建设、加大生态补偿力度、大力发展生态产业、创新生态扶贫方式等，加大对贫困地区、贫困人口的支持力度，以达到推动贫困地区扶贫开发与生态保护相协调、脱贫致富与可持续发展相促进的扶贫模式，最终实现脱贫攻坚与生态文明建设"双赢"。

二、生态扶贫主要原则与目标

贯彻落实《中共中央 国务院关于打赢脱贫攻坚战的决定》《"十三五"脱贫攻坚规划》精神，充分发挥生态保护在精准扶贫、精准脱贫中的作用，切实做好生态扶贫工作，按照国务院扶贫开发领导小组统一部署，国家发展改革委、国家林业局、财政部、水利部、农业部、国务院扶贫办共同制定了《生态扶贫工作方案》，其中明确了生态扶贫的主要原则和目标[①]。

---

① 参见《生态扶贫工作方案》。

（一）生态扶贫主要原则

一是实行中央统筹、省负总责、市县抓落实的工作机制。中央有关部门负责制定政策，明确工作部署，强化考核监督。省级政府有关部门负责完善政策措施，加强协调配合。市县级政府有关部门负责做好本行政区域内的生态扶贫各项工作，确保政策措施落到实处。

二是创新体制机制，广泛动员各方面力量共同参与生态扶贫工作，拓宽社会力量扶贫渠道，形成社会合力。充分调动贫困地区广大群众保护修复家乡生态环境的积极性、主动性、创造性，发扬自强自立、艰苦奋斗精神，依靠自身努力改变贫困落后面貌。

三是坚持因地制宜、科学发展，不断协调好扶贫开发与生态保护的关系，把尊重自然、顺应自然、保护自然融入生态扶贫工作全过程。进一步处理好短期扶贫与长期发展的关系，着眼长远，立足当前，综合考虑自然资源禀赋、承载能力、地方特色、区域经济社会发展水平等因素，合理确定生态扶贫工作思路，统筹推进脱贫攻坚与绿色发展。

四是要精确瞄准14个集中连片特困地区的片区县、片区外国家扶贫开发工作重点县和建档立卡贫困户，突出深度贫困地区，坚持问题导向和目标导向，聚焦贫困人口脱贫，加强脱贫政策衔接，有针对性地制定和实施生态扶贫政策措施，确保生态扶贫工作取得实效。

（二）生态扶贫工作目标

1. 贫困人口增收目标。到2020年，贫困人口通过参与生态保护、生态修复工程建设和发展生态产业，收入水平明显提升，生产生活条件明显改善。

2. 生态环境改善目标。到2020年，贫困地区生态环境有效改善，生态产品供给能力增强，生态保护补偿水平与经济社会发展状况相适应，可持续发展能力进一步提升。

3. 具体目标。到 2020 年，力争组建 1.2 万个生态建设扶贫专业合作社，其中造林合作社（队）1 万个、草牧业合作社 2000 个，吸纳 10 万贫困人口参与生态工程建设；新增生态管护员岗位 40 万个，其中生态护林员 30 万个、草原管护员 10 万个；通过大力发展生态产业，带动约 1500 万贫困人口增收。

三、生态扶贫主要路径

脱贫攻坚行动需要与相关生态问题的处理相结合，探索生态资源向扶贫价值的可持续变现，以期破除经济与生态双重贫困的恶性循环。生态扶贫并非是若干政策的机械组合，而是多种政策举措、多方社会力量、多个措施对象形成的复杂系统，其内部各环节之间的互动构成了生态扶贫的内在循环机制[①]。我国在生态扶贫实践中探索形成了劳务务工、生态搬迁、就业安置、产业发展、生态补偿等形式多样的生态扶贫方式，但工作还不够深入，覆盖面还不够广，效果也不够理想，需要继续探索推进[②]。

（一）通过参与工程建设获取劳务报酬

政府投资实施的重大生态工程必须吸纳一定比例的具有劳动能力的贫困人口参与工程建设，支付贫困人口合理的劳务报酬，增加贫困人口收入。贫困人口参加工程建设可以获得劳务报酬，即"以工代赈"。在生态扶贫领域，积极推广扶贫攻坚造林专业合作社、村民自建等模式，

---

① 雷明，姚昕言，袁旋宇. 地方生态扶贫内在循环机制的优化——基于贵州省扶贫实践的研究 [J]. 南京农业大学学报（社会科学版），2020，20（4）：152-162.
② 欧阳祎兰. 探索生态扶贫的实现路径 [J]. 人民论坛，2019（21）：70-71.

采取以工代赈等方式，组织贫困人口参与生态工程建设，提高贫困人口参与度。对政府投资的生态工程，明确吸纳一定比例的建档立卡贫困户；对以企业为主体的生态工程，建立完善劳务工对接机制，出台财政补贴等优惠政策。对于生态扶贫搬迁，生活在高寒边远、地理条件复杂、资源相对贫瘠的生态环境恶劣或者生态修复保护等区域的贫困人口，在政府引导、群众自愿等原则下，因地因户施策，进行有序搬迁，以点带面，做到住房搬迁、就业搬迁、产业搬迁、文化搬迁等整体搬迁，不留隐患。

（二）通过生态公益性岗位得到稳定的工资性收入

深入推进生态就业扶贫，支持在贫困县设立生态管护员工作岗位，以森林、草原、湿地、沙化土地管护为重点，让能胜任岗位要求的贫困人口参加生态管护工作，实现家门口脱贫。依托退耕还林、退耕还牧、生态保护区、国家公园、湿地等自然资源优势，让能胜任岗位要求的贫困人口参加生态管护工作，在加强贫困地区生态保护的同时，精准带动贫困人口稳定增收脱贫。

（三）通过生态产业发展增加经营性收入和财产性收入

生态产业扶贫是生态扶贫的重要形式，包括"生态＋旅游""生态＋特色种植""生态＋特色养殖"等多种生态产业。在加强保护的前提下，充分利用贫困地区生态资源优势，结合现有工程，培育壮大生态产业，促进第一、第二、第三产业融合发展，大力发展生态旅游、特色林产业、特色种养业、农林产品加工业等生态产业，通过土地流转、入股分红、合作经营、劳动就业、自主创业等方式，建立利益联结机制，完善收益分配制度，增加资产收益，拓宽贫困人口增收渠道。

（四）通过生态保护补偿等政策增加转移性收入

生态补偿政策作为生态扶贫的重要手段，为生态脱贫提供重要物质支撑，对生态脆弱的贫困地区实现脱贫攻坚目标、巩固脱贫成果起到非常关键的作用①。据统计，95%的贫困人口和大多数贫困地区分布在生态环境脆弱、敏感和重点保护的地区，而这些地区发挥着"生态保障""资源储备"和"风景建设"的功能。"富饶的贫困"是这些地区普遍面临的尴尬境地。如果只强调保护生态环境，不考虑贫困人口的小康进程，也不符合"决不能让困难地区和困难群众掉队"的脱贫攻坚要义。要把生态保护补偿资金、国家重大生态工程项目和资金按照精准扶贫、精准脱贫的要求向贫困地区倾斜，向建档立卡贫困人口倾斜，特别是在安排退耕还林还草补助、草原生态保护等补助资金时，优先支持有需求、符合条件的贫困人口，使贫困人口获得补助收入。这种"造血型"生态保护补偿靶向疗法从根本上找准了生态补偿的切入点，解决了贫困地区生态工程建设资金不足、贫困人口因保护生态环境收入不高的问题，确保这些贫困地区生态屏障功能稳定②。

四、生态扶贫实践及成效

近年来，中国不断加大生态工程建设，不断推进生态补偿扶贫、国土绿化扶贫、生态产业扶贫三项举措，全面提升生态扶贫政策成效，全面巩固生态脱贫成果，全面完成生态扶贫任务，为夺取打赢脱贫攻坚战

---

① 任林静，黎洁．生态补偿政策的减贫路径研究综述［J］．农业经济问题，2020（7）：94－107．
② 发改委解读：生态保护补偿助力精准脱贫［EB/OL］．（2016－05－25）．http：//www.gov.cn/zhengce/2016－05/25/content_5076622.htm．

全面胜利作出了贡献。

（一）加大生态工程建设

一是加强贫困地区生态保护与修复。要加强贫困地区生态保护与修复，在各类重大生态工程项目和资金安排上进一步向贫困地区倾斜。组织动员贫困人口参与重大生态工程建设，提高贫困人口受益程度。对于退耕还林还草工程，调整贫困地区25度以上陡坡耕地基本农田保有指标，加大贫困地区新一轮退耕还林还草力度。对于青海三江源生态保护和建设二期工程，深入推进三江源地区森林、草原、荒漠、湿地与湖泊生态系统保护和建设，加大黑土滩等退化草地治理，有效提高草地生产力。对于京津风沙源治理工程推进工程，重点关注林草植被保护修复和重点区域沙化土地治理。对于天然林资源保护工程，加大对贫困地区天然林资源保护工程建设支持力度。对于三北等防护林体系建设工程，加大森林经营力度，推进退化林修复。对于水土保持重点工程，加大长江和黄河上中游、西南岩溶区、东北黑土区等重点区域水土流失治理力度，加大对纳入相关规划的水土流失严重贫困县的政策和项目倾斜力度，加快推进坡耕地、侵蚀沟治理和小流域综合治理。对于石漠化综合治理工程，坚持"治石与治贫"相结合，采取封山育林育草、人工造林、森林抚育、小流域综合治理等多种措施，重点支持滇桂黔石漠化区、滇西边境山区、乌蒙山区和武陵山区等贫困地区石漠化治理工程。对于沙化土地封禁保护区建设工程，在内蒙古等贫困地区推进沙化土地封禁保护区建设。对于湿地保护与恢复工程，在贫困地区的国际重要湿地、国家级湿地自然保护区，实施一批湿地保护修复重大工程，提升贫困地区涵养水源、蓄洪防涝、净化水质的能力。支持贫困县实施湿地保护与恢复、湿地生态效益补偿、退耕还湿试点等项目，完善湿地保护体系。对于农牧交错带已垦草原综合治理工程，加大向贫困地区倾斜力度，通过发展人工种草，提高治理区植被覆盖率，建设旱作优质饲草基地，结合饲草播种、加工机械的农机购置补贴，引导和支持贫困地区发展草食畜牧业，在实现草原生态恢复的同时，促进畜牧业提质增效[①]。

二是专业生态扶贫合作社。我国采取以工代赈等方式，在贫困地区组建生态建设扶贫专业合作社，让贫困户可以通过参与工程建设获取劳务报酬。2018年11月13日，国家林业和草原局办公室、国家发展改革委办公厅、国务院扶贫办综合司联合印发《关于推广扶贫造林（种草）专业合作社脱贫模式的通知》，阐述了积极组建合作社带动脱贫、全面落实合作社工程任务、完善合作社带贫减贫机制、支持合作社发展多种经营、加强合作社资金管理、完善政府采购管理制度、建立健全社员退出和补充机制七方面推行合作社扶贫工作的主要措施。2016年以来，中央累计安排贫困地区林草资金超过1500亿元，全国新组建2.1万个生态扶贫专业合作社，吸纳120万贫困人口参与生态保护工程建设。

（二）设置生态公益岗位

2016年以来，国家林业和草原局、财政部、国务院扶贫办连续开展了建档立卡贫困人口生态护林员选聘工作，并不断修改完善《建档立卡贫困人口生态护林员管理办法》，规范管理生态管护岗位，研究制定生态管护员制度，规范生态管护员的选聘程序、管护范围、工作职责、权利义务等，加强队伍建设，提升生态资源管护能力。加强生态管护员上岗培训，提升业务水平和安全意识。目前，生态公益岗位设置类型日益丰富，各地区生态管护公益岗位设置主要包括：生态护林岗位，如重点生态公益林护林员、新增造林护林岗位等；草原湿地生态管护员、沙

---

① 参见《生态扶贫工作方案》。

化土地封禁保护管护员；水生态保护岗位，如水资源管护员、水土保持监督员、河道管护员等；农村生态环境保护岗位，如农村公路养护岗位、旅游厕所保洁员岗位、村级环境监督员岗位等。近年来，生态护林员等生态管护岗位设置规模逐步扩大。2016年，原国家林业局会同财政部、国务院扶贫办开展了选聘建档立卡贫困人口担任生态护林员扶贫工作，当年安排中央投资20亿元。2017年，中央财政共安排资金25亿元，37万名建档立卡贫困人口通过生态护林员选聘上岗就业。2018年1月，《生态扶贫工作方案》出台，以中西部22个省区市为重点，落实生态护林员资金35亿元，选聘建档立卡贫困人口生态护林员50多万名。按照《生态扶贫工作方案》，2019年新增选聘20万名生态护林员、10万名草管员。生态护林员、草原管护员等生态管护公益岗位的大规模设置，在推动生态精准脱贫过程中发挥着重要的作用①。

（三）加大生态产业扶贫力度

不断加大生态扶贫力度，重点扶持和积极推动林下经济、森林旅游等产业项目，积极探索深度贫困地区生态脱贫组织形式、利益联结机制、多业增收等措施和政策。2018年，中西部22个省区市林业产业总产值达到4.4万亿元，同比增长12.8%。贫困地区油茶种植面积扩大到5500万亩，建设林下经济示范基地370家，依托森林旅游实现增收的贫困户达35万户，年户均增收3500元。深入开展林草科技扶贫，创建"科技+企业+贫困户"扶贫模式，建立各类示范基地1316个，举办培训班7000多期，培训乡土专家和林农80多万人次，实施科技扶贫项目626项。大力加强干部人才扶贫工作，国家林草局共选派156名挂职

---

① 俞海，王勇等. 生态公益岗实现生态保护与精准扶贫双赢［EB/OL］. 2019 - 11 - 26. https：//baijiahao. baidu. com/s？id = 1651223518698350833&wfr = spider&for = pc.

干部到西藏、青海、广西等省区开展帮扶工作①。其中,三北防护林工程充分利用丰富的光热资源和广阔土地,把生态治理同脱贫致富结合起来。国家林业和草原局最新的统计显示,截至目前,工程区累计营造经济林 6945 万亩,形成我国重要的核桃、红枣、苹果等干鲜果品生产基地,年产干鲜果品 4800 万吨,是 1978 年产量的 30 多倍,年产值达 1200 亿元,有 1500 万人依靠特色林果业实现了稳定脱贫。工程区还形成了以森林公园网络为骨架,湿地、沙漠公园等为补充的生态旅游发展新格局,大量国内外游客来此观光,生态旅游接待游客 3.8 亿人次,每年旅游直接收入达 480 亿元②。

(四) 加大生态补偿力度

不断完善转移支付制度,探索建立多元化生态保护补偿机制,逐步扩大贫困地区和贫困人口生态补偿受益程度。

一是增加重点生态功能区转移支付。中央财政加大对国家重点生态功能区中的贫困县,特别是"三区三州"等深度贫困地区的转移支付力度,扩大政策实施范围,完善补助办法,逐步加大对重点生态功能区生态保护与恢复的支持力度。

二是不断完善森林生态效益补偿补助机制。健全各级财政森林生态效益补偿补助标准动态调整机制,调动森林保护相关利益主体的积极性,完善森林生态效益补偿补助政策,推动补偿标准更加科学合理。抓好森林生态效益补偿资金监管,保障贫困群众的切身利益。

三是实施新一轮草原生态保护补助奖励政策。在内蒙古、西藏、新

---

① 全国生态扶贫工作会议在广西罗城召开 [EB/OL]. (2019-09-30). http://www.forestry.gov.cn/main/4150/20190930/090835587464448.html.

② 三北防护林工程:发展生态产业 增加林农收入 [EB/OL]. (2020-08-15). http://news.cctv.com/2020/08/15/ARTIUxEfmSKXR7sh5aybOeJv200815.shtml.

疆、青海、四川、甘肃、云南、宁夏、黑龙江、吉林、辽宁、河北、山西和新疆生产建设兵团的牧区半牧区县实施草原生态保护补助奖励政策，及时足额向牧民发放禁牧补助和草畜平衡奖励资金。

四是开展生态综合补偿试点。以国家重点生态功能区中的贫困县为主体，整合转移支付、横向补偿和市场化补偿等渠道资金，结合当地实际建立生态综合补偿制度，健全有效的监测评估考核体系，把生态补偿资金支付与生态保护成效紧密结合起来，让贫困地区农牧民在参与生态保护中获得应有的补偿。

第六节 教育扶贫的实施模式

打赢脱贫攻坚战是党中央、国务院作出的重大决策部署，也是实现全面建成小康社会目标的重要标志。"精准脱贫"是打赢决胜全面小康三大攻坚战的重要"战役"之一，而教育扶贫是这场"战役"的重要战场和打赢"战役"的重要手段。党的十八大以来，以习近平同志为核心的党中央高度重视教育扶贫工作，习近平总书记多次强调"扶贫必扶智。让贫困地区的孩子们接受良好教育，是扶贫开发的重要任务，也是阻断贫困代际传递的重要途径。"[①]"把贫困地区孩子培养出来，这才是根本的扶贫之策。"[②] 为完成发展教育脱贫一批重要任务，阻断贫困代际传递，围绕教育扶贫，国家出台了《教育脱贫攻坚"十三五"规划》《深度贫困地区教育脱贫攻坚实施方案（2018—2020年）》《关于实施教育扶贫工程的意见》等一系列政策文件。以国家扶贫开发工作重

---

① 习近平. 给"国培计划（二〇一四）"北师大贵州研修班参训教师的回信 [N]. 人民日报，2015-9-10.

② 习近平. 做焦裕禄式的县委书记 [M]. 北京：中央文献出版社，2015：24.

点县和集中连片特困地区县（简称"贫困县"）及建档立卡等贫困人口（含非建档立卡的农村贫困残疾人家庭、农村低保家庭、农村特困救助供养人员，下同）为重点，采取超常规政策举措，精确瞄准教育最薄弱领域和最贫困群体，实现"人人有学上、个个有技能、家家有希望、县县有帮扶"，促进教育强民、技能富民、就业安民，坚决打赢教育脱贫攻坚战。可以说，从国家意志和政策层面，在精准扶贫视域下推进教育扶贫工作的意志是坚定的，规划和部署也是全面细致的[①]。

一、教育扶贫基本原则与主要目标

为深入贯彻中央扶贫开发工作会议精神，全面落实《中共中央 国务院关于打赢脱贫攻坚战的决定》，完成发展教育脱贫一批重要任务，阻断贫困代际传递，2016年12月教育部、国家发展改革委、民政部、财政部、人力资源社会保障部与国务院扶贫办联合发布了《教育脱贫攻坚"十三五"规划》，明确了教育扶贫的基本原则和主要目标。

（一）教育扶贫的基本原则

一是加快发展，服务全局。坚持教育优先发展，尽快补齐贫困地区教育发展"短板"，全面提升建档立卡等贫困人口的受教育水平，积极推进教育参与产业发展、公共服务的深度和广度，拓展教育服务区域脱贫攻坚的空间和能力。

二是分类施策，精准发力。坚持量力而行、尽力而为原则，准确把握不同地区、不同群体的教育需求，分类制定教育脱贫举措，找准教育脱贫实施路径，推动教育脱贫政策精准实施、脱贫资金精准投放。

---

① 金久仁. 教育扶贫内涵指涉与路径转型 [J]. 教育与经济，2020，36（2）：10-18.

三是就业导向，重在技能。大力发展职业教育和培训，以提升建档立卡等贫困人口的基本文化素质和技术技能水平为重点，全面提升贫困地区人口就业创业、脱贫致富的能力。

四是政府主导，合力攻坚。落实地方政府主体责任，充分发挥教育系统人才优势，广泛动员社会力量参与，激发贫困地区内生动力，构建多方参与、协同推进的教育脱贫大格局。

（二）教育扶贫的主要目标

一是教育扶贫的主要目标是发展学前教育，巩固提高义务教育，普及高中阶段教育，到2020年贫困地区教育总体发展水平显著提升，实现建档立卡等贫困人口教育基本公共服务全覆盖。保障各教育阶段从入学到毕业的全程全部资助，保障贫困家庭孩子都可以上学，不让一个学生因家庭困难而失学。每个人都有机会通过职业教育、高等教育或职业培训实现家庭脱贫，教育服务区域经济社会发展的能力显著增强。

二是对建档立卡"五大群体"的具体目标。对建档立卡学龄前儿童，确保都有机会接受学前教育；对建档立卡义务教育阶段适龄人口，确保都能接受公平有质量的义务教育；对建档立卡高中阶段适龄人口，确保都能接受高中阶段教育特别是中等职业教育；对建档立卡高等教育阶段适龄人口，提供更多接受高等教育的机会；对建档立卡学龄后人口，提供适应就业创业需求的职业技能培训。

二、教育扶贫主要举措

习近平总书记指出："要把下一代的教育工作做好，特别是要注重山区贫困地区下一代的成长。下一代要过上好生活，首先要有文化，这样将来他们的发展就完全不同。义务教育一定要搞好，让孩子们受到好的教育，不要让孩子们输在起跑线上。古人有'家贫子读书'的传统。把贫困地区孩子培养出来，这才是根本的扶贫之策。"① "治贫先治愚""扶贫先扶智"②，习近平关于扶贫开发工作重要论述对于教育十分重视。习近平总书记提出教育的"马太效应"，即越穷的地方越难办教育，但越穷的地方越需要办教育，越不办教育越穷，是一个"穷"与"愚"互为因果的恶性循环。"加快实施教育扶贫工程，让贫困家庭子女都能接受公平有质量的教育，阻断贫困代际传递"。在习近平关于扶贫开发工作重要论述的指导下，教育扶贫工作通过提升贫困人口的受教育水平，将使贫困人口大大增加自我脱贫意识和能力，有助于贫困人口跳出贫困陷阱，实现可持续稳定脱贫。教育扶贫针对贫困地区学前教育、义务教育、高中教育、职业教育、高等教育、贫困地区师资培训以及特殊群体的教育主要有如下举措。

（一）贫困地区学前教育

学前教育对幼儿身心健康、习惯养成、智力发展具有重要意义。要遵循幼儿身心发展规律，坚持科学保教方法，保障幼儿快乐健康成长。贫困地区发展学前教育，在资金方面要统筹学前教育资金向贫困县倾斜，以县为单位编制学前教育规划，通过办托儿所、幼儿园等，构建学前教育体系，重点保障留守儿童。根据片区自然环境、适龄人口分布等情况，做好当地学前教育规划。在乡镇和人口较集中的行政村建设普惠性幼儿园，在人口分散的边远地区设立支教点、配备专职巡回指导教师，形成县、乡、村学前教育网络。2019年，贫困地区91.9%的农户所在自然村上幼儿园便利；从集中连片特困地区发展看，90.1%的农户所在自然村上幼儿园便利；从扶贫开发工作重点县发展看，89.4%的农

---

①② 中共中央党史和文献研究院. 习近平扶贫论述摘编［M］. 北京：中央文献出版社，2015：24.

户所在自然村上幼儿园便利。

（二）贫困地区义务教育

义务教育是国家依法统一实施、所有适龄儿童和少年必须接受的教育，具有强制性、免费性和普及性，是教育工作的重中之重。贫困地区的义务教育更是教育扶贫工作的重中之重。在巩固提高九年义务教育水平方面，国家不断加快推进贫困地区全面改善农村薄弱学校基本办学条件，特别是办好贫困地区必要的村小学和教学点，建设好农村寄宿制学校，保障学生就近上学。国家不断落实好"两免一补"政策，完善控辍保学机制，保障建档立卡等贫困家庭学生顺利完成义务教育。2017年9月，国务院办公厅印发《关于进一步加强控辍保学提高义务教育巩固水平的通知》，提出要坚持依法控辍，建立健全控辍保学工作机制。政府要履行义务教育控辍保学法定职责，补短板、控底线，完善行政督促复学机制，建立义务教育入学联控联保工作机制。用人单位不得违法招用未满16周岁的未成年人；父母或者其他法定监护人应当依法送适龄儿童、少年按时入学接受并完成义务教育；学校要建立和完善相关制度，配合做好劝返复学工作，进一步提高义务教育的水平。

（三）贫困地区高中教育

高中阶段教育是基础教育的重要一环。虽然我国已经基本普及高中阶段教育，但从全国范围看，高中阶段教育发展不平衡、资源不足、经费短缺等问题依然存在，尤以贫困地区最为突出。国家支持贫困地区高中教育发展，通过对普通高中改造计划和教育基础薄弱县普通高中建设项目，优先支持贫困县普通高中改善办学条件，保障建档立卡等贫困家庭学生接受普通高中教育的机会。不断实施普通高中国家助学金政策，实现对建档立卡等贫困家庭学生的全覆盖。国家免除公办普通高中建档立卡等家庭经济困难学生学杂费。从 2011 年起，中央财政支持中西部贫困地区改善普通高中学校基本办学条件，十年来累计安排资金 376.9 亿元，其中"十三五"时期安排 248 亿元，占比 66%。

（四）贫困地区中等职业教育

在贫困地区，大力发展中等职业教育，使贫困人口掌握脱贫致富的知识和技能，增强就业能力和自我发展能力，可以提高高中阶段教育普及率，同时发挥职业教育智力扶贫和技能扶贫的重要作用，阻断贫困的代际传递。发展中等职业教育，把中等职业教育作为普及高中阶段教育的重点，不断优化中等职业学校布局结构，在人口集中和产业发展需要的贫困地区建设一批中等职业学校。不断实施职教圆梦行动计划、中等职业教育协作计划和技能脱贫千校行动，统筹协调国家示范和国家重点中等职业学校（含技工学校），针对建档立卡等贫困家庭子女招生，选择就业好的专业，单列招生计划，确保他们至少掌握一门实用技能。国家不断支持建档立卡等贫困家庭初中毕业生到省（区、市）外的经济较发达地区接受中等职业教育，享受免学费和国家助学金政策，并给予必要的住宿费、交通费等补助，帮助学生完成学业，实现就业。国家针对订单式、学徒制等校企联合培养类职业教育优先招收建档立卡贫困家庭子女，对建档立卡等贫困家庭学生接受中等职业教育实现免学费和国家助学金补助政策的全覆盖。除此之外，还广泛开展公益性职业技能培训。通过不断加大职业技能提升计划和贫困户教育培训工程实施力度，引导企业扶贫与职业教育相结合，鼓励职业院校面向建档立卡等贫困家庭开展多种形式的职业教育和培训。

（五）贫困地区高等教育措施

一是通过实施高校招生倾斜政策，不断加快推进高职院校分类考试招生,同等条件下优先录取建档立卡贫困家庭学生。实施国家、地方、高校三个专项计划,国家专项计划由中央部门高校和部分地方高校承担,地方专项计划由各省(区、市)所属高校承担,高校专项计划由教育部直属高校和其他自主招生试点高校承担,面向贫困地区和农村学生招生,同等条件下优先录取建档立卡贫困家庭学生。民族预科班、民族班招生计划向贫困地区、向符合条件的建档立卡贫困家庭学生倾斜。近年来,高等院校不断明确服务贫困地区经济社会发展的办学定位,重点发展支撑当地特色优势产业的学科、专业。

二是通过不断完善就学就业资助服务体系,进一步完善高校国家奖助学金、国家助学贷款、新生入学资助、研究生"三助"岗位津贴、勤工助学、校内奖助学金、困难补助、学费减免等贫困大学生资助政策体系,不断确保覆盖全部建档立卡贫困大学生。国家积极落实贫困高校毕业生就业创业帮扶政策,建立贫困毕业生信息库,实行"一对一"动态管理和服务。利用高校毕业生就业信息服务平台,为贫困毕业生推送就业岗位,组织开展就业见习、职业技能和创业培训并按规定给予补贴。通过大学生村官、"三支一扶"计划、农技特岗计划、大学生志愿服务西部计划等高校毕业生基层服务项目,引导鼓励高校毕业生到贫困地区农村服务。贫困地区实施高校毕业生基层服务项目时,优先选拔招募本地户籍毕业生,落实各项优惠政策措施,不断构建毕业生到贫困地区基层"下得去、留得住、干得好、流得动"的长效机制。

(六) 贫困地区师资力量发展

由于客观条件的制约,需要扶持的欠发达地区,尤其是边远农村地区和少数民族地区的教师整体素质与发达地区相比存在较大差距,主要表现在:教育理念滞后于时代的发展、教师专业技能较低、参与教研培训的机会较少。这些限制因素不仅影响教学水平和质量,还影响教育扶贫的效果。所以，提高我国贫困地区的教学质量，既要完善硬件设施建设，也要培养优秀的师资力量。针对贫困地区的师资力量培育，国家不断落实乡村教师支持计划，特岗计划优先满足贫困县的需要，国培计划优先支持贫困县乡村教师校长培训。不断建立健全省级统筹乡村教师补充机制，依托师范院校开展"一专多能"乡村教师培养培训，着力解决幼儿园教师不足、音体美及外语教师短缺等问题。加强民族地区师资培训。不断实施边远贫困地区、边疆民族地区和革命老区人才支持计划教师专项计划，每年向"三区"选派3万名支教教师。例如，为保证教师队伍建设的质量，"三区三州"深度贫困地区不断完善机制，挖掘潜力，多渠道补充中小学教师；新疆喀什地区积极依靠政策争取特岗教师、免费师范生等到边远贫困地区学校，2011—2017年共补充教师26799人；青海建立了省级统筹规划、严格标准、精准招考的乡村教师补充机制，通过"省定标准、市州考招"的措施从源头保证新聘教师质量①。

（七）贫困地区留守儿童、残疾儿童教育措施

在当前流动社会的影响下，留守儿童群体在广大农村特别是贫困地区广泛存在。留守儿童承受着来自家庭、学业、生活等多方面的心理压力，忍受着与其年龄极不相符的孤单、无助乃至痛苦，度过难以言表的留守时光。所以，国家逐步完善农村贫困地区中小学的教室、宿舍、食堂等学习生活硬件，不断建立健全建档立卡等贫困家庭留守儿童台账，构建家庭、学校、政府和社会力量相衔接的留守儿童关爱服务网络。在农村留守儿童集中地区加强农村寄宿制学校建设，促进寄宿制学校合理分布，提高农村留守儿童入住率。不断增强对留守儿童心理健康的关

---

① 吴霓. 教育扶贫需提高贫困地区师资水平 [N]. 中国教育报, 2020 – 06 – 03.

注，通过建立健全心理关爱服务政策、加强家庭教育宣传和农民工父母心理指导、加大社会工作者和教师心理培训投入力度等举措，让更多阳光照进留守儿童的精神世界。除此之外，还不断发展特殊教育，加大力度发展残疾儿童学前教育，重点支持普通幼儿园接收残疾儿童，按照"一人一案"的要求，针对建档立卡的未入学适龄残疾儿童、少年，采用多种形式安排其接受义务教育。

（八）不断拓展教育脱贫空间

一是通过加强决策咨询服务，发挥高校思想库、智囊团的作用，结合贫困地区经济社会发展重大问题，为科学管理和决策提供咨询服务。依托高校专业特色，组织开展行政领导干部、行业人才、技术技能人才专题培训，帮助贫困地区干部加强执政能力、提升管理水平、增强业务素养。二是组织动员专家教授、科技服务团、博士服务团等专业力量，深入贫困地区一线，找准高校科研项目与当地资源禀赋、区位优势的结合点，动员企业、校友等多方力量促进科技成果转化落地并产业化，帮助贫困地区打造新的经济增长点。三是通过提高公共卫生服务水平，发挥高校医学专业及附属医院资源优势，帮助贫困地区群众树立公共卫生意识，倡导健康生活方式，预防和减少疾病发生。四是通过推进乡风文明建设，动员高校共青团、学生会、志愿服务组织、校友会等多方力量，弘扬中华民族扶贫济困的传统美德，帮助贫困地区群众树立现代文明理念，倡导现代生活方式，改变落后风俗习惯。

三、集聚教育脱贫力量，共推教育扶贫发展

一是不断加大财政支持力度。在分配资金时，继续加大对深度贫困地区的支持力度，结合脱贫攻坚任务和贫困人口变化情况，完善资金安

排使用机制,精准有效使用教育资金,把教育经费花在刀刃上,切实把教育脱贫作为财政支出重点予以优先保障。同时,省级财政、教育部门切实发挥省级统筹作用,完善经费投入机制,按照轻重缓急原则科学分配资金,加大对困难地区和薄弱环节支持力度,特别是向"三区三州"等深度贫困地区倾斜,向挂牌督战地区倾斜,向因推动高考综合改革而出现办学条件困难的地区倾斜。

二是"扶志"与"扶智"都要依靠教育扶贫。教育扶贫的成效不仅可以产生经济效益,而且可以产生精神力量。教育扶贫要强化贫困群众主体地位,充分调动贫困群众的积极性和创造性,激发贫困群众主动脱贫、积极脱贫意识,靠辛勤劳动改变贫困落后面貌,把"外部推动"和"内生动力"有效结合,实现"输血式"扶贫向"造血式"扶贫的转变,不断增强扶贫脱贫的动力源泉。

三是实施教育扶贫结对帮扶行动计划,锁定扶贫对象,实行精准帮扶。建立结对帮扶制度,精准确立帮扶学校,精准锁定扶贫帮困对象,实行精准帮扶。在县域内实施城区优质幼儿园对口帮扶乡镇中心幼儿园,在市域范围内实施优质义务教育学校对口帮扶农村薄弱义务教育学校。鼓励东部地区开展义务教育结对帮扶,不断依托东部高校对口支援西部高校计划对口帮扶集中连片特困地区高校。

四是不断加大现代信息技术应用,对接建档立卡贫困人口数据库,建设学龄人口就学和资助状况数据库,加强动态跟踪,为保证贫困学龄人口应学在学、应助尽助提供技术支撑。加大贫困地区信息化基础设施建设投入力度,提高贫困地区教育信息化水平,加快实现"三通两平台"。

五是不断鼓励社会力量广泛参与,支持中国扶贫基金会、中国教育发展基金会等公益组织参与教育脱贫工作,积极引导各类社会团体、企业和有关国际组织开展捐资助学活动。不断发挥工会、共青团、妇联等群团组织的作用，实施"金秋助学计划""春蕾计划""研究生支教团"等公益项目或志愿服务项目，组织志愿者到贫困地区开展扶贫支教、技能培训和宣传教育等工作。积极发挥金融助力教育脱贫的作用，不断落实社会力量投入教育脱贫的激励政策。

第七节 健康扶贫的实施模式

《中国农村扶贫开发纲要（2011—2020年）》提出，到2020年我国扶贫开发针对扶贫对象的总体目标是"两不愁三保障"，即"稳定实现扶贫对象不愁吃、不愁穿，保障其义务教育、基本医疗和住房"。保障基本医疗，防止因病致贫、因病返贫是实现精准扶贫、精准脱贫的前提条件。实施健康扶贫对于保障农村贫困人口享有基本医疗卫生服务，推进健康中国建设，防止因病致贫、因病返贫，实现到2020年让农村贫困人口摆脱贫困目标具有重要意义。党的十八大以来，以习近平同志为核心的党中央把健康扶贫作为打赢脱贫攻坚战的一项重要超常规举措，作出了一系列重大决策部署，实施健康扶贫工程，不断加强贫困地区医疗卫生事业建设，提升贫困地区医疗卫生服务能力，充分显示出健康扶贫在习近平扶贫理论中的重要地位。2014年12月，习近平总书记考察江苏省镇江市世业镇卫生院时提出，"没有全民健康，就没有全面小康"[1]。2016年8月，习近平总书记在全国卫生与健康大会上发表重要讲话，提出了"健康中国"的战略构想[2]。健康扶贫是习近平关于扶贫开发重要论述在医疗健康领域的伟大实践，充分展示了"以人民为本"

---

[1] 许宝健，石伟. 没有全民健康，就没有全面小康 [N]. 经济日报，2020-05-13.
[2] 全国卫生与健康大会19日至20日在京召开 [EB/OL]. (2016-08-20). http://www.gov.cn/xinwen/2016-08/20/content_5101024.htm.

的民本思想。扶贫路上不落一人，突出重点地区、重点人群、重点病种，坚决防止因病致贫、因病返贫，体现了习近平扶贫理论中的大扶贫格局的理论。进一步加强统筹协调和资源整合，采取有效措施提升农村贫困人口医疗保障水平和贫困地区医疗卫生服务能力，在认识、力量和领导体制等方面统筹考虑健康扶贫工作领域内的参与各方，积极动员社会各方力量参与健康扶贫，统筹安排、全盘考虑，提升健康扶贫工作水平。

一、健康扶贫的目标任务

实施健康扶贫工程，对于保障农村贫困人口享有基本医疗卫生服务，推进健康中国建设，防止因病致贫、因病返贫，实现到2020年让农村贫困人口摆脱贫困目标具有重要意义。2016年6月，国家卫建委等部门联合发布了《关于健康扶贫工程的指导意见》，要求按照党中央、国务院关于脱贫攻坚部署安排和精准扶贫、精准脱贫基本方略要求，针对因病致贫、因病返贫问题，区别不同情况，采取一地一策、一户一档、一人一卡，精确到户、精准到人，瞄准因病致贫的家庭和病种，突出重点地区、重点人群、重点病种，防治并举，分类救治，助力脱贫攻坚。针对贫困地区医疗卫生事业发展的重点难点问题，以提高农村贫困人口受益水平为着力点，整合现有各类医疗保障、资金项目、人才技术等资源，加大对贫困地区的支持力度，采取更加贴合贫困地区实际、更加有效的政策措施，切实保障农村贫困人口享有基本医疗卫生服务。

到2020年，贫困地区人人享有基本医疗卫生服务，农村贫困人口大病得到及时有效救治保障，个人就医费用负担大幅减轻；贫困地区重大传染病和地方病得到有效控制，基本公共卫生指标接近全国平均水平，人均预期寿命进一步提高，孕产妇死亡率、婴儿死亡率、传染病发病率显著下降；连片特困地区县和国家扶贫开发工作重点县至少有一所医院（含中医院）达到二级医疗机构服务水平，服务条件明显改善，服务能力和可及性显著提升；区域间医疗卫生资源配置和人民健康水平差距进一步缩小，因病致贫、因病返贫问题得到有效解决。

二、健康扶贫的作用机理[①]

健康扶贫通过降低贫困人口的经济脆弱性和健康脆弱性，斩断"疾病—贫困—疾病"的恶性循环，进而化解"因病致贫、返贫"的现实困境[②]。下面主要从经济脆弱性和健康脆弱性两个方面，对健康扶贫的作用机理进行阐述（见图4-1）。

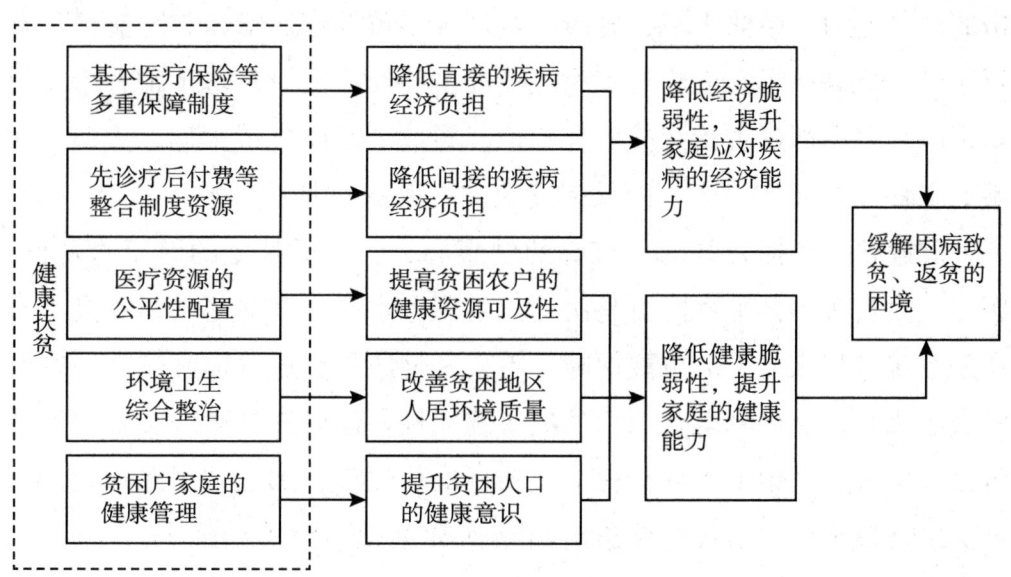

图4-1 健康扶贫作用机理

---

① 本部分主要引用：汪三贵，刘明月. 健康扶贫的作用机制、实施困境与政策选择 [J]. 新疆师范大学学报（哲学社会科学版），2019，40（3）：82-91，2.
② 翟绍果，严锦航. 健康扶贫的治理逻辑、现实挑战与路径优化 [J]. 西北大学学报（哲学社会科学版），2018，48（3）：56-63.

健康扶贫可减轻患者家庭的医疗负担，降低家庭的经济脆弱性。很多农户家庭因病致贫、返贫，主要表现为疾病造成家庭支出急剧增加，严重超出家庭累积收入的承受范围，致使其实际生活水平长期处于一种绝对贫困的状态。首先，健康扶贫通过基本医疗保险、医疗救助、商业保险等措施，降低患者家庭直接的疾病经济负担。对于患者而言，多重医疗保障措施可以降低其就医看病所花费的门诊费、检查费、医药费、住院费等医疗费用；对于患者家庭成员而言，健康扶贫对残疾人的生活照料和康复护理给予一定的补贴，以缓解家庭成员因为照顾残疾人而减少劳动时间所造成的收入损失，提高家庭应对疾病风险冲击的经济能力。其次，健康扶贫通过整合制度资源，实行先诊疗后付费、一站式结算等，减轻患者家庭间接的疾病经济负担，进而提高其应对疾病风险冲击的经济能力。整体来说，健康扶贫通过多重医疗保障和制度资源整合等途径，提高患者家庭应对疾病风险冲击的经济能力，防止患者因无力承担医疗费用而延缓治疗或放弃治疗，导致"小病拖成大病、大病拖成不治之症"现象的发生，降低因病致贫、返贫的概率。

健康扶贫可提升贫困户家庭的健康能力，降低家庭的健康脆弱性。医疗卫生资源的公平性配置是医疗卫生服务水平提升的基础，也是贫困户家庭提升健康能力的重要保障。首先，健康扶贫通过提升贫困地区医疗服务水平，从而降低贫困户的健康脆弱性。健康扶贫通过实施贫困地区县级医院、乡镇卫生院、村卫生室标准化建设，加强基层医疗卫生人才队伍建设和能力建设，促进对口帮扶和远程医疗等措施进一步完善，促进健康资源在存量、结构和空间分布上的均等化，提高贫困农户的健康资源可及性，提高贫困农户及时接受医疗服务的比例并改善医疗服务的质量，从而提高救治效果。其次，健康扶贫通过加强环境卫生综合整治，有效提升贫困地区人居环境质量。健康扶贫通过加快农村卫生厕所建设进程、实施农村饮水安全巩固提升工程、推进农村垃圾污水治理等措施，统筹治理贫困地区环境卫生问题，从源头上控制疾病风险。再次，健康扶贫有助于通过加强贫困户家庭的健康管理，降低其家庭的健康脆弱性。健康扶贫通过为贫困人口建立健康档案，分类救治，推行签约服务，加强健康宣传教育工作等，提升贫困人口健康意识，改变贫困人口不科学的就医观念，提高贫困人口预防疾病的能力。

三、健康扶贫具体工作措施[①]

健康扶贫工程包含的政策很多，核心内容是要让贫困地区的农村贫困人口"看得起病、方便看病、看得好病、少生病"，因此需要综合施策，形成政策合力，有效防止"因病致贫、返贫"现象的发生。

（一）提高医疗保障水平，让贫困人口"看得起病"

不断提高医疗保障水平，减轻农村贫困人口医疗费用负担。一是新型农村合作医疗覆盖所有农村贫困人口并实行政策倾斜，个人缴费部分按规定由财政给予补贴，在贫困地区全面推开门诊统筹，提高政策范围内住院费用报销比例。二是加大对大病保险的支持力度，逐步降低大病保险起付线、提高大病保险报销比例等，实施更加精准的支付政策，提高贫困人口受益水平。三是加大医疗救助力度，将农村贫困人口全部纳入重特大疾病医疗救助范围，对突发重大疾病暂时无法获得家庭支持、基本生活陷入困境的患者，加大临时救助和慈善救助等帮扶力度。四是不断建立健全基本医疗保险、大病保险、疾病应急救助、医疗救助等制度的衔接机制，发挥协同互补作用，形成保障合力。将符合条件的残疾人医疗康复项目按规定纳入基本医疗保险支付范围，提高农村贫困残疾

[①] 关于实施健康扶贫工程的指导意见 [EB/OL]. (2016-06-21). http://www.gov.cn/xinwen/2016-06/21/content_5084195.htm.

人医疗保障水平。五是扎实推进支付方式改革，强化基金预算管理，完善按病种、按人头、按床日付费等多种方式相结合的复合支付方式，有效控制费用。

（二）推动医疗服务均等化，让贫困人口"方便看病"

一是加强贫困地区医疗卫生服务体系建设。不断加强贫困地区县级医院、乡镇卫生院、村卫生室标准化建设，使每个连片特困地区县和国家扶贫开发工作重点县达到"三个一"目标，即每个县至少有一所县级公立医院，每个乡镇建设一所标准化的乡镇卫生院，每个行政村有一个卫生室。在贫困地区优先实施基层中医药服务能力提升工程"十三五"行动计划，加强中医药设备配置和人员配备。国家加快完善贫困地区公共卫生服务网络，以重大传染病、地方病和慢性病防治为重点，加大对贫困地区疾控、妇幼保健等专业公共卫生机构能力建设的支持力度，加强贫困地区远程医疗能力建设，实现县级医院与县域内各级各类医疗卫生服务机构互联互通。实施全国三级医院与连片特困地区县和国家扶贫开发工作重点县县级医院一对一帮扶。从全国遴选能力较强的三级医院（含军队和武警部队医院），与连片特困地区县和国家扶贫开发工作重点县县级医院签订一对一帮扶责任书，明确帮扶目标任务。采取"组团式"帮扶方式，定期派出医疗队，为农村贫困人口提供集中诊疗服务。采取技术支持、人员培训、管理指导等多种方式，提高被帮扶医院的服务能力，建立帮扶双方远程医疗平台，开展远程医疗服务。到2020年，实现中国扶贫开发纲要提出的"农村贫困人口基本医疗有保障，贫困地区基本医疗卫生服务主要指标接近全国平均水平"的目标。2016年，全国包括少数民族地区在内的贫困人口中，因病致贫的比例为44%。2019年，落实中央投资74亿元支持贫困地区200个县级医院建设项目，累计为贫困地区培养医疗卫生人才1.2万名，1007家城市三级医院派出6174名医生蹲点帮扶贫困县医院并实行定期轮换,通过"县聘县管乡用""乡聘村用"以及从卫生院选派医生开展巡诊或派驻等各种灵活的方式,累计向乡村两级支援医务人员9.8万人,已有1620万人得到医疗救治和慢病签约服务,健康扶贫工作取得了良好成效①。

二是统筹推进贫困地区医药卫生体制改革,实行县域内农村贫困人口住院先诊疗后付费。不断深化贫困地区公立医院综合改革,协同推进医疗服务价格调整、医保支付方式改革、医疗机构控费、公立医院补偿机制改革,加强医院成本管理,积极创新县级公立医院机构编制管理方式,探索制定公立医院绩效工资总量核定办法,合理核定医疗卫生机构绩效工资总量,结合实际确定奖励性绩效工资的比例,调动医务人员的积极性。不断健全贫困地区药品供应保障机制,统筹做好县级医院与基层医疗卫生机构的药品供应配送管理工作。实行县域内农村贫困人口住院先诊疗后付费。贫困患者在县域内定点医疗机构住院实行先诊疗后付费。定点医疗机构设立综合服务窗口,实现基本医疗保险、大病保险、疾病应急救助、医疗救助"一站式"信息交换和即时结算,贫困患者只需在出院时支付自负医疗费用。有条件的地方要研究探索市域和省域内农村贫困人口先诊疗后付费的结算机制。推进贫困地区分级诊疗制度建设,加强贫困地区县域内常见病、多发病相关专业和有关临床专科建设,探索通过县乡村一体化医疗联合体等方式,提高基层服务能力。

三是不断强化人才综合培养。国家支持贫困地区高等医学教育发展,引导贫困地区根据需求,合理确定本地区医学院校和医学类专业招生计划。综合采取住院医师规范化培训、助理全科医生培训、订单定向免费培养、全科医生和专科医生特设岗位计划等方式,加强贫困地区医疗卫生人才队伍建设。不断探索县乡人才一体化管理,根据贫困地区需

---

① 健康扶贫成效明显 乡村两级医疗机构和人员"空白点"基本消除[EB/OL]. (2020-05-27). http://health.people.com.cn/n1/2020/0527/c14739-31726051.html.

求，组织开展适宜技术项目推广，依托现有机构建立示范基地，开展分级培训，规范技术应用。接收贫困地区、革命老区、民族地区和边疆地区基层医疗卫生人员到军队医学院校、医疗机构进修学习、联训代培。有针对性地加强中医药适宜技术推广，充分发挥国家临床医学研究中心和协同研究网络的作用，构建推广培训服务平台，提高基层医疗卫生人员的技术水平。不断制定政策措施，鼓励优秀卫生人才到贫困地区服务；探索基层卫生人才激励机制，对长期在贫困地区基层工作的卫生技术人员在职称晋升、教育培训、薪酬待遇等方面给予适当倾斜。不断制定符合基层实际的人才招聘引进办法，落实贫困地区医疗卫生机构用人自主权。不断加强乡村医生队伍建设，分期分批对贫困地区乡村医生进行轮训。支持和引导乡村医生按规定参加职工基本养老保险或城乡居民基本养老保险，以及采取补助等多种形式，进一步提高乡村医生的养老待遇。

（三）深度优化完善医疗服务，精准救治，让农村贫困人口"看得好病"

对患大病和慢性病的农村贫困人口进行分类救治。第一，优先为每人建立一份动态管理的电子健康档案，建立贫困人口健康卡，推动基层医疗卫生机构为农村贫困人口家庭提供基本医疗、公共卫生和健康管理等签约服务。第二，以县为单位，依靠基层卫生计生服务网络，进一步核准农村贫困人口中因病致贫、因病返贫家庭数及患病人员情况，对需要治疗的大病和慢性病患者进行分类救治。第三，实施光明工程，为农村贫困白内障患者提供救治，救治费用通过现行医保制度等渠道解决，鼓励慈善组织参与。第四，加强农村贫困残疾人健康扶贫工作，对贫困地区基层医疗卫生机构医务人员开展康复知识培训，加强县级残疾人康复服务中心建设，提升基层康复服务能力，建立医疗机构与残疾人专业康复机构有效衔接、协调配合的工作机制，为农村贫困残疾人提供精准康复服务。第五，针对特殊疾病、特殊地区，采用特殊方式进行干预。例如，加强肿瘤随访登记及死因监测，扩大癌症筛查和早诊早治覆盖面，综合防治大骨节病和克山病等重点地方病，加强对结核病疫情严重的贫困地区防治工作的业务指导和技术支持，在艾滋病疫情严重的贫困地区建立防治联系点，加强贫困地区严重精神障碍患者筛查登记、救治救助和服务管理等，弱化疾病能够形成和传播的环境。

（四）深入开展贫困地区爱国卫生运动，让贫困人口"少得病"

一是加强卫生城镇创建活动，持续深入开展环境卫生整洁行动，统筹治理贫困地区环境卫生问题，实施贫困地区农村人居环境改善扶贫行动，有效提升贫困地区人居环境质量。不断将农村改厕与农村危房改造项目相结合，加快农村卫生厕所建设进程，不断加强农村饮用水和环境卫生监测、调查与评估，实施农村饮水安全巩固提升工程，推进农村垃圾污水治理，综合治理大气污染、地表水环境污染和噪声污染。二是不断加强健康促进和健康教育工作，广泛宣传居民健康素养基本知识和技能，提升农村贫困人口健康意识，使其形成良好卫生习惯和健康生活方式。在贫困地区全面实施免费孕前体检、儿童营养改善、新生儿疾病筛查等项目，建立残疾儿童康复救助制度，加强贫困地区孕产妇和新生儿急危重症救治能力建设，加大对计划生育特殊困难家庭的扶助力度。在贫困地区全面实施免费孕前优生健康检查、农村妇女增补叶酸预防神经管缺陷、农村妇女"两癌"（乳腺癌和宫颈癌）筛查、儿童营养改善、新生儿疾病筛查等项目，推进出生缺陷综合防治，做到及早发现、及早治疗。建立残疾儿童康复救助制度，逐步实现0~6岁视力、听力、言语、智力、肢体残疾儿童和孤独症儿童免费得到手术、辅助器具配置和康复训练等服务。三是不断加强贫困地区孕产妇和新生儿急危重症救治能力建设,加强农村妇女孕产期保健,保障母婴安全。加大对贫困地区计划生育工作的支持力度,坚持和完善计划生育目标管理责任制,加大对计划生育特殊困难家庭的扶助力度。

第八节 社会保障兜底模式

兜底保障是全面建成小康社会的底线制度安排,关系到脱贫攻坚目标任务能否如期完成,关系到全面建成小康社会的质量。党的十八大以来,以习近平同志为核心的党中央坚持精准扶贫、精准脱贫基本方略,对兜底保障工作作出系列重大决策部署。2015年,习近平总书记在中央扶贫开发工作会议上强调"社会保障兜底一批",要求对完全或部分丧失劳动能力的贫困人口,发挥低保兜底作用。习近平总书记强调:"全面建成小康社会,一个不能少;共同富裕路上,一个不能掉队。"这就意味着我们要全面建成的小康社会,必须惠及全体人民,每一个贫困人口都不能在小康路上掉队。对于有发展能力的,要采取开发性扶贫措施,通过"造血"实现脱贫;对于完全或部分丧失劳动能力的,则必须采取农村低保等兜底性保障措施,通过"输血"维持其基本生活。兜底保障是解决深度贫困问题的必需举措[①]。当前,脱贫攻坚已经进入攻城拔寨的关键期,深度贫困地区、深度贫困人口脱贫成为"最难啃的骨头"。习近平总书记指出,在群体分布上,主要是残疾人、孤寡老人、长期患病者等"无业可扶、无力脱贫"的贫困人口以及部分教育文化水平低、缺乏技能的贫困群众,表现为低保五保贫困人口脱贫任务重、因病致贫返贫人口脱贫任务重、贫困老人脱贫任务重。对于这些特殊人

---

① 中共中央文献研究室. 十八大以来重要文献选编 [M]. 中央文献出版社, 2018.

群，只有采取农村低保等政策性兜底保障和慈善等帮扶措施，才能解决他们的特殊困难①。

低保等社会救助兜底保障是脱贫攻坚的重要组成部分，是攻克脱贫攻坚最后堡垒的底线制度安排，关系到脱贫攻坚目标任务能否如期完成，关系到全面建成小康社会的成色质量。习近平总书记把"低保政策兜底一批"作为脱贫攻坚"五个一批"重要内容，指出对老弱病残等缺乏劳动能力的贫困人口，综合运用社会救助等保障救助措施，确保兜住基本生活底线。2020年3月6日，习近平总书记主持召开决战决胜脱贫攻坚座谈会时再次强调，对没有劳动能力的特殊贫困人口，要强化社会保障兜底，实现应保尽保②。

一、社会保障兜底扶贫基本原则与主要目标③

为贯彻落实党中央、国务院关于打赢脱贫攻坚战的决策部署，切实做好农村最低生活保障（简称"低保"）制度与扶贫开发政策有效衔接工作，确保到2020年现行扶贫标准下农村贫困人口实现脱贫，2016年民政部等6部门联合印发《关于做好农村最低生活保障制度与扶贫开发政策有效衔接的指导意见》，明确了社会保障兜底的基本原则和主要目标。

（一）基本原则

一是坚持应扶尽扶。精准识别农村贫困人口，将符合条件的农村低

---

① 黄树贤. 切实发挥民政在脱贫攻坚战中的兜底保障作用 [N]. 人民日报，2018-01-18.
② 习近平. 在决战决胜脱贫攻坚座谈会上的讲话 [N]. 人民日报，2020-03-07.
③ 国务院办公厅转发民政部等部门关于做好农村最低生活保障制度与扶贫开发政策有效衔接的指导意见 [EB/OL]. (2016-09-27). http://www.xinhuanet.com/politics/2016-09/27/c_129302207.htm.

保对象全部纳入建档立卡范围，给予政策扶持，帮助其脱贫增收。

二是坚持应保尽保。健全农村低保制度，完善农村低保对象认定办法，加强农村低保家庭经济状况核查，及时将符合条件的建档立卡贫困户全部纳入农村低保范围，保障其基本生活。

三是坚持动态管理。做好农村低保对象和建档立卡贫困人口定期核查，建立精准台账，实现应进则进、应退则退。建立健全严格、规范、透明的贫困户脱贫和低保退出标准、程序、核查办法。

四是坚持资源统筹。统筹各类救助、扶贫资源，将政府兜底保障与扶贫开发政策相结合，形成脱贫攻坚合力，实现对农村贫困人口的全面扶持。

（二）主要目标

通过农村低保制度与扶贫开发政策的有效衔接，形成政策合力，对符合低保标准的农村贫困人口实行政策性保障兜底，确保到2020年现行扶贫标准下农村贫困人口全部脱贫。

二、社会保障兜底的作用机理

贫困地区社会保障兜底扶贫的参与主体是政府部门、社会组织，客体对象则是贫困人口。以政府为主的参与主体通过加强社会保障与扶贫开发的衔接整合，从多渠道筹集贫困地区社会保障兜底扶贫所需资金，并精准识别贫困地区社会保障对象，利用社会救助、社会保险和社会福利三大制度，以不同路径和不同方式向贫困人口或贫困家庭提供现金、实物或服务等援助，帮助贫困地区社会保障对象摆脱贫困，提升贫困人口和贫困家庭的生存发展能力。在这一过程中，动态监督管理不断反馈变化的社会保障兜底扶贫状况，并进行适时调整，确保贫困地区社会保障兜底扶贫作用能充分发挥。在扶贫开发与社会保障的联动作用下，通过资金筹集、精准识别、保障发放、监督管理等环节，促进社会保障兜底扶贫效能发挥，如图4-2所示①。

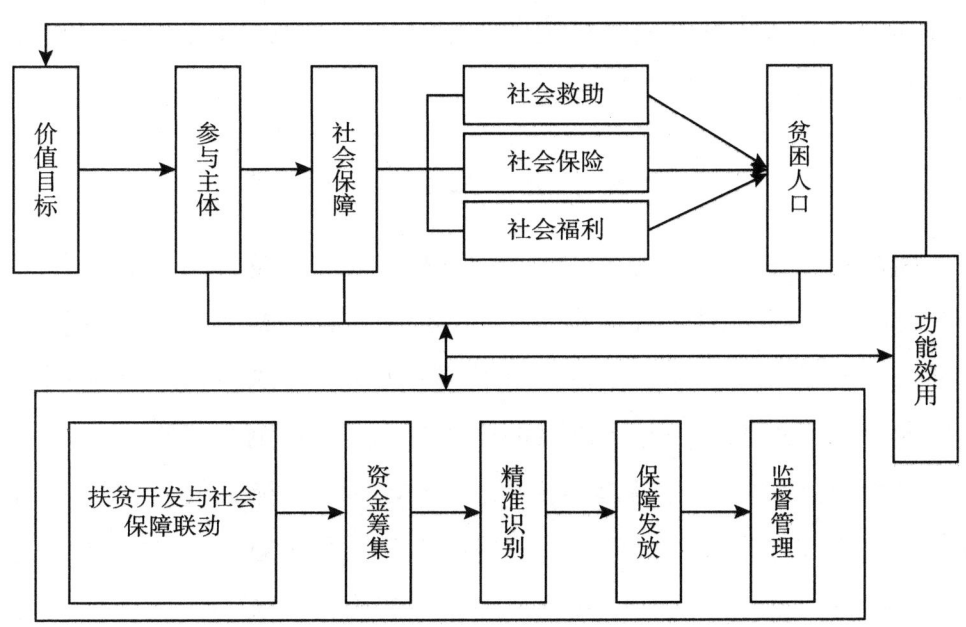

图4-2 贫困地区社会保障兜底扶贫的作用机理

三、社会保障兜底脱贫主要内容

社会保障兜底扶贫的制度体系涉及社会救助、社会保险、社会福利三个重要内容。其中，社会救助是社会保障体系中的兜底制度，由政府财政承担贫困人口的基本生活保障责任，如贫困地区最低生活保障制度、特困人员救助供养制度、临时救助制度、专项社会救助项目等。社会保险则是社会保障体系中的中间制度，对扶贫开发来说具有有效的责

---

① 公丕明，公丕宏.精准扶贫脱贫攻坚中社会保障兜底扶贫研究[J].云南民族大学学报（哲学社会科学版），2017，34（6）：89-96.

任分担作用。贫困人口在承担一定的缴费后享受保险待遇,一般生活风险得到了保障。具体来说,贫困地区的社会保险制度包括新型农村合作医疗制度和新型农村养老保险制度,对贫困地区人口实施基本生活保障。社会福利是社会保障体系中的改善制度,促进社会资源再分配,改善贫困人口生活质量,如贫困地区老年人福利制度、残疾人福利制度、妇女儿童福利制度等①。

(一)健全社会救助体系,做好社会救助兜底保障②

社会救助兜底保障是打赢脱贫攻坚战的底线制度安排,是脱贫攻坚的最后一道防线。做好社会救助兜底保障,确保最困难的群体脱贫一户不漏、一人不落,是各级民政部门服务支持脱贫攻坚决战决胜大局、推动如期全面建成小康社会的政治责任。

一是积极完善农村最低生活保障制度。(1)对于因病致贫、因残致贫的完全或部分丧失劳动能力的贫困人口,无法通过产业扶贫和就业扶贫等开发性扶贫方式进行帮扶,国家以政策性兜底的方式扶贫,对于符合条件的贫困家庭,纳入低保范围,做到应保尽保。(2)针对未脱贫建档立卡贫困人口、脱贫后返贫人口、新增贫困人口中符合低保政策的人员,全部及时纳入农村低保范围。对未脱贫建档立卡贫困户中的重度残疾人、重病患者,参照"单人户"纳入低保,对其家庭可不再进行经济状况核对,打赢脱贫攻坚战后,按低保政策动态管理。巩固兜底保障脱贫成果,在核算低保家庭收入时,按规定扣减必要的就业成本,当家庭人均收入超过当地低保标准后,给予一定时间的渐退期,促进有劳动能力贫困人口积极就业,防止养懒人。(3)不断加强农村低保标准

---

① 朱薇. 社会保障兜底扶贫的作用机理 [J]. 人民论坛,2019 (7):64-65.
② 全力推进社会救助兜底脱贫工作 [EB/OL]. (2020-05-01). http://www.qstheory.cn/dukan/qs/2020-05/01/c_1125923915.htm.

与国家扶贫标准衔接。2017年年底，全国所有县（市、区）的农村低保标准全部达到或超过国家扶贫标准。2019年12月，全国农村低保平均标准为5336元/人·年，22个脱贫攻坚任务重的省份农村低保平均标准达到4697元/人·年，全国深度贫困县达到4199元/人·年，"三区三州"所辖县也达到了4068元/人·年；纳入特困救助供养的贫困人口生活保障标准不低于当地低保标准的1.3倍。截至2019年12月，全国共有1857万建档立卡贫困人口纳入低保或特困人员救助供养范围，其中已脱贫1693万人、未脱贫164万人，纳入低保或特困救助供养范围的贫困人口稳定实现了吃穿"两不愁"。

二是全面落实农村特困人员救助供养政策。进一步规范特困人员认定，及时将符合条件的未脱贫建档立卡贫困人口纳入救助供养范围，优先为有集中供养意愿的、生活不能自理的特困人员提供集中供养服务，加强对分散供养特困人员的照料服务。不断加快推进"三区三州"等深度贫困地区农村特困供养服务机构（敬老院）建设改造，提升机构的托底保障能力和服务质量，鼓励有条件的农村特困供养服务机构在满足特困人员集中供养需求的前提下，逐步为农村低保、低收入家庭和建档立卡贫困家庭中的老年人、残疾人提供低偿或无偿的集中托养服务。截至2019年12月，全国共有农村特困人员439.3万人，其中集中供养75.2万人，生活不能自理的特困人员107.3万人，全年累计支出农村特困人员救助供养资金346.9亿元。

三是充分发挥临时救助制度作用。各地不断简化优化临时救助审核审批程序，健全乡镇临时救助备用金制度，适当提高救助标准，提升救助时效性。加强临时救助和低保政策衔接，对返贫人口和新增贫困人口，可视情先行给予临时救助。2019年1~12月，全国共实施临时救助917.7万人次，累计支出救助资金128亿元，平均救助水平1395元/人次，其中，救助建档立卡贫困人口304万人次。

四是受新冠肺炎疫情影响，困难群众得到及时救助。突如其来的新冠肺炎疫情使困难群众面临因疫致贫、因疫返贫的风险，加剧了社会救助工作难度。为保障困难群众基本生活，民政部门认真落实中央决策部署，加大对受新冠肺炎疫情影响困难群众的救助力度，对遭遇急难问题、生活陷入困境、面临生存危机的城乡低保家庭、特殊困难家庭、特困供养人员和留守儿童、困境儿童等困难群众实施临时救助。落实社会救助和保障标准与物价上涨挂钩联动机制。2020 年以来，已向社会救助对象发放价格临时补贴 37.1 亿元，惠及困难群众 8168.9 万人次，努力保障困难群众基本生活水平不因物价上涨而降低。

（二）完善社会福利制度，做好社会福利兜底保障

贫困人口中的重病患者、重度残疾人、老年人和未成年人等特殊群体是民政服务的重点对象，是脱贫攻坚的困中之困、坚中之坚，要格外关注、格外关爱、格外关心。近年来，国家不断健全农村留守儿童、留守妇女、留守老人以及残疾人关爱服务体系，落实孤儿、事实无人抚养儿童生活保障政策，多措并举关爱帮扶特殊困难群体。不断建立健全信息完整、动态更新的全国农村留守儿童、留守妇女和留守老人基础数据库，为开展精准关爱、精准服务提供有力支撑。不断扎实开展"合力监护、相伴成长"关爱保护专项行动，加强农村留守儿童和困境儿童基本信息动态管理，健全救助保护机制，完善关爱服务体系。强化联络人和定期探访制度，探索建立关爱服务内容清单，推广互助和为老志愿服务等活动，确保留守老年人得到基本生活照料。积极组织妇女接受职业教育和技术培训，为妇女提供平等就业机会，提供好医疗卫生和生育服务等，提升其自身发展能力。积极发展残疾人事业，完善困难残疾人生活补贴和重度残疾人护理补贴制度，深入开展贫困残疾人照护服务工作，确保"应补尽补、按标施补"。不断加强贫困残疾人实用技术培训，优

先扶持贫困残疾人家庭发展生产，支持引导残疾人就业创业，加大残疾人和公共服务投入，提高残疾人康复服务水平。

（三）不断完善社会保险制度，做好社会保险兜底保障

贫困地区的社会保险制度包括新型农村合作医疗制度和新型农村养老保险制度。一是在新型农村养老保险制度方面，逐步提高城乡居民基本养老保险待遇水平，重点做好为建档立卡未标注脱贫的贫困人口、低保对象、特困人员等困难群体代缴城乡居民养老保险费。二是在新型农村合作医疗制度方面，将贫困人口全部纳入城乡居民基本医疗保险、大病保险和医疗救助保障范围，在严格费用管控、确定诊疗方案、确定单病种收费标准、规范转诊和集中定点救治的基础上，对城乡居民基本医疗保险和大病保险支付后自付费用仍有困难的患者，加大医疗救助和其他保障政策的帮扶力度。积极探索建立商业医疗补充保险，对贫困人口患大病自付医药费部分再予以有效保障。

四、社会保障兜底的后期重点任务

社会救助兜底保障是打赢脱贫攻坚战的最后一道防线，事关完全或部分丧失劳动能力的贫困人口能否如期脱贫。当前，脱贫攻坚已到了决战决胜、全面收官的关键阶段，为进一步做好社会救助兜底保障工作，2020年2月20日民政部、国务院扶贫办印发《社会救助兜底脱贫行动方案》，重点布置了社会救助兜底保障的重点任务。一是健全完善监测预警机制。要密切关注未脱贫、返贫致贫风险高的人口以及低收入困难人群、潜在救助对象的基本生活状况。二是落实落细兜底保障政策。继续强化社会保障兜底社会救助任务的主要内容。三是加强特殊困难群体关爱帮扶。完善农村留守儿童、留守妇女、留守老人关爱服务体系，落

实孤儿、事实无人抚养儿童生活保障政策,多措并举关爱帮扶特殊困难群体。四是加大对深度贫困地区倾斜支持力度。各项扶贫政策、项目、资金、人才继续向"三区三州"等深度贫困地区倾斜,支持深度贫困县和深度贫困乡、深度贫困村做好社会救助兜底保障工作。

参 考 文 献

[1] 习近平. 关于《中共中央关于制定国民经济和社会发展第十三个五年规划的建议》的说明 [N]. 人民日报,2015 - 11 - 04.

[2] 中共中央关于制定国民经济和社会发展第十三个五年规划的建议 [N]. 人民日报,2015 - 11 - 04.

[3] 中共中央 国务院印发《乡村振兴战略规划(2018—2022年)》[N]. 人民日报,2018 - 09 - 27.

[4] 汪三贵,刘未. "六个精准"是精准扶贫的本质要求——习近平精准扶贫系列论述探析 [J]. 毛泽东邓小平理论研究,2016(1):40 - 43,93.

[5] 习近平. 习近平谈治国理政:第二卷 [M]. 北京:外文出版社,2017.

[6] 习近平. 始终与人民心相印共甘苦——中共中央总书记习近平在十八届中央政治局常委与中外记者见面时讲话 [J]. 人民论坛,2012(33):6 - 7.

[7] 习近平. 在深度贫困地区脱贫攻坚座谈会上的讲话 [J]. 党建,2017(9):4 - 9.

[8] 汪三贵,郭子豪. 论中国的精准扶贫 [J]. 党政视野,2016(7):44.

[9] 汪三贵,殷浩栋,王瑜. 中国扶贫开发的实践、挑战与政策展望 [J]. 华南师范大学学报(社会科学版),2017(4):18-25,189.

[10] 王琦,王平达. 建立贫困精准识别机制 [J]. 理论导报,2016(6):62-63.

[11] 习近平. 决胜全面建成小康社会 夺取新时代中国特色社会主义伟大胜利 [N]. 人民日报,2017-10-28.

[12] 习近平. 在深入推动长江经济带发展座谈会上的讲话 [N]. 人民日报,2018-06-14.

[13] 国投创益产业基金管理有限公司. 中国人民大学中国扶贫研究院. 基金投资企业产业扶贫模式与社会效益评估报告 [R]. 2019.

[14] 国务院关于印发"十三五"脱贫攻坚规划的通知 [EB/OL]. (2016-12-02). http://www.gov.cn/zhengce/content/2016-12/02/content_5142197.htm.

[15] 邱小平. 积极促进农村贫困人口转移就业 [J]. 行政管理改革,2016,7(7):11-15.

[16] 习近平. 推动我国生态文明建设迈上新台阶 [J]. 奋斗,2019(3):1-16.

[17] 关于印发《生态扶贫工作方案》的通知 [EB/OL]. (2018-01-26). http://www.cpad.gov.cn/art/2018/1/26/art_46_77286.html.

[18] 雷明,姚昕言,袁旋宇. 地方生态扶贫内在循环机制的优化——基于贵州省扶贫实践的研究 [J]. 南京农业大学学报(社会科学版),2020,20(4):152-162.

[19] 欧阳祎兰. 探索生态扶贫的实现路径 [J]. 人民论坛,2019(21):70-71.

[20] 任林静,黎洁. 生态补偿政策的减贫路径研究综述 [J]. 农

业经济问题,2020(7):94-107.

[21] 发改委解读:生态保护补偿助力精准脱贫 [EB/OL]. (2016-05-25). http://www.gov.cn/zhengce/2016-05/25/content_5076622.htm.

[22] 俞海,王勇等. 生态公益岗实现生态保护与精准扶贫双赢 [EB/OL]. (2019-11-26). https://baijiahao.baidu.com/s?id=1651223518698350833&wfr=spider&for=pc.

[23] 全国生态扶贫工作会议在广西罗城召开 [EB/OL]. (2019-09-30). http://www.forestry.gov.cn/main/4150/20190930/090835587464448.html.

[24] 三北防护林工程:发展生态产业 增加林农收入 [EB/OL]. (2020-08-15). http://news.cctv.com/2020/08/15/ARTIUxEfmSKXR7sh5aybOeJv200815.shtml.

[25] 习近平. 给"国培计划(二〇一四)"北师大贵州研修班参训教师的回信 [N]. 人民日报,2015-9-10.

[26] 习近平. 做焦裕禄式的县委书记 [M]. 北京:中央文献出版社,2015:24.

[27] 金久仁. 教育扶贫内涵指涉与路径转型 [J]. 教育与经济,2020,36(2):10-18.

[28] 教育部等六部门关于印发《教育脱贫攻坚"十三五"规划》的通知 [EB/OL]. (2016-12-26). http://www.gov.cn/xinwen/2016-12/29/content_5154106.htm#1.

[29] 中共中央党史和文献研究院. 习近平扶贫论述摘编 [M]. 中央文献出版社,2015:24.

[30] 吴霓. 教育扶贫需提高贫困地区师资水平 [N]. 中国教育报,2020-06-03.

[31] 许宝健, 石伟. 没有全民健康, 就没有全面小康 [N]. 经济日报, 2020-05-13.

[32] 全国卫生与健康大会19日至20日在京召开 [EB/OL]. (2016-08-20). http://www.gov.cn/xinwen/2016-08/20/content_5101024.htm.

[33] 汪三贵, 刘明月. 健康扶贫的作用机制、实施困境与政策选择 [J]. 新疆师范大学学报 (哲学社会科学版), 2019, 40 (3): 82-91, 2.

[34] 翟绍果, 严锦航. 健康扶贫的治理逻辑、现实挑战与路径优化 [J]. 西北大学学报 (哲学社会科学版), 2018, 48 (3): 56-63.

[35] 关于实施健康扶贫工程的指导意见 [EB/OL]. (2016-06-21). http://www.gov.cn/xinwen/2016-06/21/content_5084195.htm.

[36] 健康扶贫成效明显 乡村两级医疗机构和人员"空白点"基本消除 [EB/OL]. (2020-05-27). http://health.people.com.cn/n1/2020/0527/c14739-31726051.html.

[37] 中共中央文献研究室. 十八大以来重要文献选编 [M]. 中央文献出版社, 2018: 40-43.

[38] 黄树贤. 切实发挥民政在脱贫攻坚战中的兜底保障作用 [N]. 人民日报, 2018-01-18.

[39] 习近平. 在决战决胜脱贫攻坚座谈会上的讲话 [N]. 人民日报, 2020-03-07.

[40] 国务院办公厅转发民政部等部门关于做好农村最低生活保障制度与扶贫开发政策有效衔接的指导意见 [EB/OL]. (2016-09-27). http://www.xinhuanet.com/politics/2016-09/27/c_129302207.htm.

[41] 公丕明, 公丕宏. 精准扶贫脱贫攻坚中社会保障兜底扶贫研究

[J]. 云南民族大学学报（哲学社会科学版），2017，34（6）：89-96.

[42] 朱薇. 社会保障兜底扶贫的作用机理 [J]. 人民论坛，2019（7）：64-65.

[43] 全力推进社会救助兜底脱贫工作 [EB/OL]. (2020-05-01). http://www.qstheory.cn/dukan/qs/2020-05/01/c_1125923915.htm.

[44] 民政部 国务院扶贫办关于印发《社会救助兜底脱贫行动方案》的通知 [EB/OL]. (2020-04-01). http://www.gov.cn/zhengce/zhengceku/2020-04/01/content_5497899.htm.

第五章

脱贫攻坚与精准扶贫的成效

精准扶贫是世界扶贫开发史上的重要创新。脱贫攻坚通过因人因户精准施策以及调动各方资源、集中力量办大事的方式取得了一系列成效,主要表现在贫困人口脱贫和贫困县摘帽方面,在这一过程中对社会发展和行政管理也产生了正面的效应。此外,中国通过脱贫攻坚提前十年实现了联合国可持续发展目标,为全球贫困治理提供了中国方案。

第一节 脱贫攻坚与精准扶贫的减贫成效

一、创造了优异的减贫成绩

在脱贫攻坚多项措施下,我国减贫成效显著,贫困人口大幅度减少,贫困发生率显著降低,大部分贫困县摘掉了长期以来"贫困"的帽子。按现行农村标准衡量,从贫困人口来看,农村贫困人口从2012年年末的9899万人减少到2019年年末的551万人,连续7年减贫1000

万人以上，其中西部地区①农村贫困人口仅剩 323 万人，中部地区②农村贫困人口仅剩 181 万人，东部地区③农村贫困人口仅剩 47 万人。从贫困发生率来看，截至 2019 年年末，全国贫困发生率由 10.2% 下降至 0.6%，中西部地区贫困发生率降至 2.2% 以下，其中 7 省（区市）贫困发生率位于 1%~2.2%，7 省（区）贫困发生率位于 0.5%~1%。从贫困县来看，截至 2020 年 7 月底，全国 832 个贫困县中，河北、安徽、山西、内蒙古、黑龙江、河南、吉林、湖南、海南、重庆、西藏、陕西、湖北、青海 14 个省（区市）实现了贫困县全部脱贫摘帽，超过 93% 的贫困县摘掉了贫困帽子。剩下 7 个省（区），即广西、四川、贵州、云南、甘肃、宁夏和新疆，52 个贫困县将在 2020 年摘帽和退出。

二、促进了贫困地区经济社会发展

贫困地区以脱贫攻坚统领经济社会发展全局，贫困地区经济社会面貌焕然一新。贫困地区通过产业就业扶贫等帮扶措施，培育和发展了一批特色优势产业，电商贸易、农光结合、农旅结合等新业态迅速发展，资产收益扶贫、公益岗位扶贫等新型帮扶措施深入人心，贫困人口生产经营性收入和工资性收入显著提高，生活水平明显改善，内生动力和发展活力明显增强，长效稳定脱贫机制不断完善。贫困人口参与市场竞争的意识和能力大为改善，可持续发展能力不断增强。贫困地区通过基础设施和公共服务设施建设，显著改善群众生产生活条件，信息交流不断通畅，贫困人口医疗教育等基本公共服务水平明显提高，可行能力明显

---

① 西部地区包括内蒙古、广西、重庆、四川、贵州、云南、西藏、陕西、甘肃、青海、宁夏、新疆 12 个省（自治区、直辖市）。
② 中部地区包括山西、吉林、黑龙江、安徽、江西、河南、湖北、湖南 8 个省份。
③ 东部地区包括北京、天津、河北、辽宁、上海、江苏、浙江、福建、山东、广东、海南 11 个省（市）。

增强，生活质量显著提高。

三、形成了全社会合力攻坚的良好局面

脱贫攻坚的重大成效之一就是形成了专项扶贫、行业扶贫和社会扶贫的"三位一体"大扶贫格局，激发和调动了政府、社会组织和企业共同参与扶贫，形成了全社会合力攻坚的良好局面。其中，东西部协作扶贫有利于缩小区域发展差距。东部地区人才、资源、管理理念不断流向中西部地区，促进了中西部地区发展；同时，中西部地区也为东部地区提供了劳动力、原材料等经济发展必需的资源，极大地促进了区域协调发展。定点扶贫畅通了中央党政军机关与贫困地区间的渠道，让中央干部更了解基层的实际情况，推进了作风转变和干部培养。央企与贫困地区建立定点扶贫关系。各央企根据自身的主营业务，从不同方面出台措施扶持贫困地区，大力促进了贫困地区的发展。大扶贫格局弘扬了中华民族扶危济困的优良传统，营造了互帮互助的社会氛围，彰显了社会主义核心价值观。

四、产生了影响广泛的政治效应

从县级层面来看，脱贫攻坚时期中央、省、市、县各级政府投入了大量的资金，中央要求扶贫资金的使用要与扶贫项目挂钩，资金在使用和管理过程中要坚持群众参与、公示公告，充分发挥群众主体作用，扶贫项目的选择、实施和监管透明度大大提升，增强了县级政府项目和资金管理能力，基层治理能力有效提高。从基层治理来看，在精准扶贫建立的驻村帮扶制度下，党和政府派驻了300多万名来自不同行业部门的干部到贫困村担任第一书记和驻村干部。他们与当地群众同吃同住同劳

动，通过开展贫困识别、精准帮扶和贫困退出等工作，进一步熟悉了基层工作，感受到了民间疾苦，转变了工作作风，提高了做群众工作和处理复杂问题的能力，成为国家治理的宝贵人力资源。通过注入新鲜的血液，农村基层组织的组织凝聚力和战斗力明显增强，治理能力和管理水平也不断提高，党群干群关系明显改善。

第二节 脱贫攻坚对区域发展的影响

一、对贫困地区的影响

（一）贫困地区贫困人口大幅减少

党的十八大以来，以习近平同志为核心的党中央动员全国全社会力量，打响脱贫攻坚战，取得了决定性的进展，脱贫成效显著。总的来看，按现行贫困标准，农村贫困人口从2012年年末的9899万人减少到2019年年末的551万人，累计减少9348万人，年均减幅达51%，连续7年每年减贫1000万人以上，贫困发生率从10.2%下降至0.6%，改变了以往新标准实施后减贫人数逐年递减的趋势，突破了前两轮扶贫中每当贫困人口减到3000万人左右就减不动的瓶颈。全国832个贫困县中，超过93%的贫困县已宣布摘帽，改变了贫困县越扶越多的局面。

从贫困地区[①]来看，按现行贫困标准，2019年年末贫困地区农村贫

[①] 贫困地区，包括集中连片特困地区和片区外的国家扶贫开发重点县。2017年，将享受片区政策的新疆阿克苏地区7个市县也纳入监测范围。

困人口为 362 万人，比 2012 年年末减少 5673 万人，年均减幅达 21.44%；贫困发生率从 2012 年年末的 24.4% 降到 2019 年年末的 1.4%，降低了 23.0 个百分点。其中，贫困人口下降最多的是 2013 年，多达 969 万人，减贫成效显著，区域性整体贫困明显缓解（见表 5-1）。

表 5-1　2012—2019 年年末贫困地区农村贫困人口和贫困发生率情况

指标	2012 年	2013 年	2014 年	2015 年	2016 年	2017 年	2018 年	2019 年
贫困人口（万人）	6039	5070	4317	3490	2654	1900	1115	362
贫困发生率（%）	24.4	20	17.1	13.9	10.5	7.4	4.2	1.4

资料来源：根据《中国农村贫困监测报告 2019》和《连片特困地区脱贫攻坚监测总报告（2019 年度）》数据整理。

（二）贫困地区人均可支配收入和消费增速较快

2013 年贫困地区农村居民人均可支配收入为 6079 元，2019 年增长至 11567 元，是 2013 年的 1.90 倍，其中 2013 年的增速最快，实际增速达 13.4%，贫困地区人口的生活条件明显改善。2013 年农村常住居民人均消费支出为 5404 元，2019 年增长至 10011 元，是 2013 年的 1.85 倍，其中 2013 年的增速最快，实际增速达 11.8%，贫困地区人口的生活水平明显提高（见表 5-2）。

表 5-2　2012—2019 年贫困地区农村居民人均收入和消费增长情况

指标	2013 年	2014 年	2015 年	2016 年	2017 年	2018 年	2019 年
人均可支配收入（元）	6079	6852	7653	8452	9377	10371	11567
名义增速（%）	16.6	12.7	11.7	10.4	10.5	10.6	11.5
实际增速（%）	13.4	10.7	10.3	8.4	9.1	8.3	8.0
人均消费支出（元）	5404	6007	6656	7331	7998	8956	10011

续表

指标	2013年	2014年	2015年	2016年	2017年	2018年	2019年
名义增速（%）	14.9	11.2	10.8	10.1	9.2	12.0	11.8
实际增速（%）	11.8	9.2	9.4	8.1	7.8	9.7	8.3

资料来源：根据《中国农村贫困监测报告2019》和《连片特困地区脱贫攻坚监测总报告（2019年度）》数据整理。

（三）基础设施和公共服务条件明显改善

贫困地区基础设施和公共服务投入大量增加，发展能力明显增强。在基础设施方面，2013—2019年，所在自然村通公路的农户比重从97.8%上升至100%；所在自然村通电话的农户比重从98.3%上升至100%，贫困地区农户基本实现通公路和通电话；所在自然村能接收有线电视信号的农户比重从79.6%上升至99.1%，上升了19.5个百分点；所在自然村进村主干道路硬化的农户比重从88.9%上升至99.5%，上升了10.6个百分点；所在自然村能便利乘坐公共汽车的农户比重从56.1%上升至76.5%，上升了20.4个百分点，村级基础设施得到显著改善，为村集体和贫困人口产业发展奠定了坚实的基础。在公共服务方面，所在自然村能通宽带的农户比重从2015年的71.8%上升至2019年的97.3%，上升了25.5个百分点；2013—2018年，所在自然村垃圾能集中处理的农户比重从29.9%上升至86.4%，上升了56.5个百分点；所在自然村有卫生站的农户比重从84.4%上升至96.1%，上升了11.7个百分点；所在自然村上幼儿园便利的农户比重从71.4%上升至89.8%，上升了18.4个百分点；所在自然村上小学便利的农户比重从79.8%上升至91.9%，上升了12.1个百分点（见表5-3）。在教育和医疗保健方面，2013—2017年，医疗卫生机构床位数从86万床上升至121万床；各种社会福利收养性单位数从9372个上升至10169个；各种社会福利收养性单位床位数从 69 万床上升至 80 万床（见表 5-4）。贫困村通信、教育、医疗、环保方面取得长足进步，基本保障了贫困人口参与扶贫项目的基本条件，贫困人口可行能力得到有效提升。

表 5-3　2013—2019 年贫困地区农村基础设施和公共服务情况　　单位：%

指标	2013 年	2014 年	2015 年	2016 年	2017 年	2018 年	2019 年
所在自然村通公路的农户比重	97.8	99.1	99.7	99.8	99.9	100	100
所在自然村通电话的农户比重	98.3	99.2	99.7	99.9	99.8	99.9	100
所在自然村能接收有线电视信号的农户比重	79.6	88.7	92.2	94.2	96.9	98.3	99.1
所在自然村进村主干道路硬化的农户比重	88.9	90.8	94.1	96.0	97.6	98.3	99.5
所在自然村能便利乘坐公共汽车的农户比重	56.1	58.5	60.9	63.9	67.5	71.6	76.5
所在自然村能通宽带的农户比重	—	—	71.8	79.8	87.4	94.4	97.3
所在自然村垃圾能集中处理的农户比重	29.9	35.2	43.3	50.9	61.4	78.9	86.4
所在自然村有卫生站的农户比重	84.4	86.8	90.4	91.4	92.2	93.2	96.1
所在自然村上幼儿园便利的农户比重	71.4	74.5	76.1	79.7	84.7	87.1	89.8
所在自然村上小学便利的农户比重	79.8	81.2	81.7	84.9	88.0	89.8	91.9

资料来源：根据《中国农村贫困监测报告 2019》和《连片特困地区脱贫攻坚监测总报告（2019 年度）》数据整理。

表 5-4　　2013—2017 年贫困地区医疗保健情况

指标	2013 年	2014 年	2015 年	2016 年	2017 年
医疗卫生机构床位数（万床）	86	96	104	111	121
各种社会福利收养性单位数（个）	9372	10202	10421	10314	10169
各种社会福利收养性单位床位数（万床）	69	78	81	82	80

资料来源：根据《中国农村贫困监测报告 2019》和《连片特困地区脱贫攻坚监测总报告（2019 年度）》数据整理。

在生产生活条件方面，贫困地区农户生产生活条件逐步改善，生产生活更加便利。2013—2019 年，居住竹草土坯房的农户比重从 7.0% 下降至 1.2%，下降了 5.8 个百分点；使用管道供水的农户比重从 53.6% 上升至 89.5%，上升了 35.9 个百分点；使用经过净化处理自来水的农户比重从 30.6% 上升至 60.9%，上升了 30.3 个百分点；饮水无困难的农户比重从 81.0% 上升至 95.9%，上升了 14.9 个百分点，农村饮水解困、饮水安全问题得到有效解决；独用厕所的农户比重从 92.7% 上升至 96.6%，上升了 3.9 个百分点；炊用柴草的农户比重从 58.6% 下降至 34.8%，下降了 23.8 个百分点（见表 5-5），生活污染得到有效控制。

表 5-5　　2013—2019 年贫困地区农户生产生活条件情况　　单位：%

指标	2013 年	2014 年	2015 年	2016 年	2017 年	2018 年	2019 年
居住竹草土坯房的农户比重	7.0	6.6	5.7	4.5	4.1	1.9	1.2
使用管道水的农户比重	53.6	55.9	61.5	67.4	70.1	79.8	89.5
使用经过净化处理自来水的农户比重	30.6	33.1	36.4	40.8	43.7	56.4	60.9
饮水无困难的农户比重	81.0	82.3	85.3	87.9	89.2	93.6	95.9
独用厕所的农户比重	92.7	93.1	93.6	94.2	94.5	95.9	96.6
炊用柴草的农户比重	58.6	57.8	54.9	51.4	49.7	39.2	34.8

资料来源：根据《中国农村贫困监测报告 2019》和《连片特困地区脱贫攻坚监测总报告（2019 年度）》数据整理。

二、对连片特困地区的影响

2011年12月,中共中央、国务院印发《中国农村扶贫开发纲要(2011—2020年)》,明确提出将连片特困地区作为扶贫攻坚主战场,各省(自治区、直辖市)对所属连片特困地区负总责,在国家指导下,以县为基础制定和实施扶贫攻坚工程规划。根据该扶贫开发纲要的精神,按照"集中连片、突出重点、全国统筹、区划完整"的原则,以人均县域国内生产总值、人均县域财政一般预算收入、县域农民人均纯收入与贫困程度高度相关的指标为基本依据,考虑对革命老区、民族地区、边疆地区加大扶持力度的要求,最终确定14个连片特困地区,分别是六盘山区、秦巴山区、武陵山区、乌蒙山区、滇桂黔石漠化山区、滇西边境山区、大兴安岭南麓山区、燕山—太行山区、吕梁山区、大别山区、罗霄山区、西藏、四省藏区和南疆四地州[①],共680个县。连片特困地区的发展很好地体现了脱贫攻坚对区域发展的影响。

(一)连片特困地区农村贫困人口大幅减少

总体来看,按国家农村贫困标准(每人每年2300元,2010年不变价)测算,2019年连片特困地区农村贫困人口为313万人,比2012年减少4754万人,减幅为93.66%,贫困发生率从2012年的24.4%下降到2019年的0.6%,下降了23.8个百分点,减贫成效显著(见表5-6、图5-1)。

---

① 《中国农村扶贫开发纲要(2011—2020年)》中为南疆三地州。2017年,将享受片区政策的新疆阿克苏地区7个县也纳入监测范围,成为南疆四地州。以下统计数据中,2017年之前的统计数据实际为南疆三地州的数据,2017年及以后的均为南疆四地州的数据。

表5-6　2012—2019年全部片区农村贫困人口和贫困发生率情况

指标	2012年	2013年	2014年	2015年	2016年	2017年	2018年	2019年
贫困人口（万人）	5067	4141	3518	2875	2182	1540	935	313
贫困发生率（%）	24.4	20	17.1	13.9	10.5	7.4	4.5	0.6

资料来源：根据《中国农村贫困监测报告2019》和《连片特困地区脱贫攻坚监测总报告（2019年度）》数据整理。

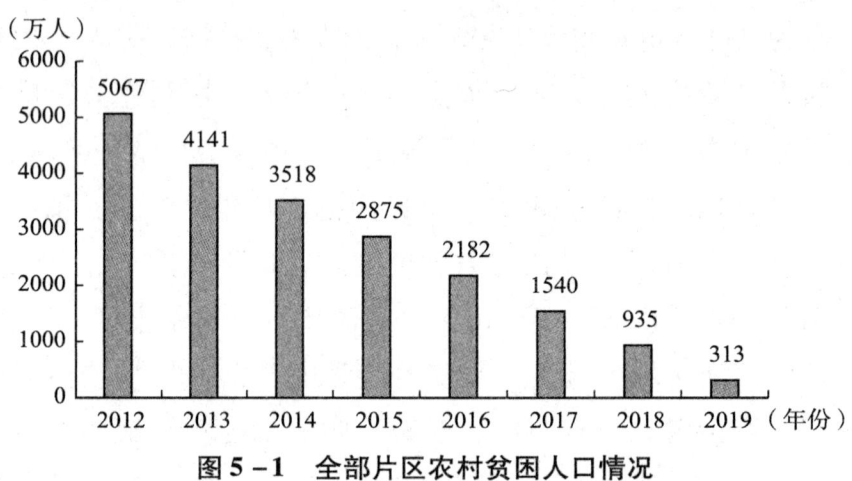

图5-1　全部片区农村贫困人口情况

从分片区贫困人口来看，2011—2019年，各片区贫困人口减幅差异较大，全部片区的平均减幅为94.81%。其中，减幅最高的是大兴安岭南麓山区，高达96.90%，减幅最低的是南疆四地州，为92.45%。14个片区中，贫困人口减幅高于片区平均水平的有9个，分别是秦巴山区（96.69%）、滇桂黔石漠化区（95.59%）、大兴安岭南麓山区（96.90%）、燕山—太行山区（95.07%）、吕梁山区（95.19%）、大别山区（95.05%）、罗霄山区（95.63%）、西藏（96.23%）、四省藏区（95.15%），减幅高于全国农村地区平均水平的除了以上9个以外，还有乌蒙山区（94.64%）。从分片区贫困发生率来看，降幅最高的是西藏，下降了45.3个百分点，最低的是大别山区，仅下降了21.7个百分点（见表5-7、表5-8）。

表 5–7　　2011—2019 年分片区农村贫困人口情况　　单位：万人

片区	2011 年	2012 年	2013 年	2014 年	2015 年	2016 年	2017 年	2018 年	2019 年
全部片区	6035	5067	4141	3518	2875	2182	1540	935	313
六盘山区	642	532	439	349	280	215	152	96	45
秦巴山区	815	684	559	444	346	256	172	101	27
武陵山区	793	671	543	475	379	285	188	111	49
乌蒙山区	765	664	507	442	373	272	199	124	41
滇桂黔石漠化山区	816	685	574	488	398	312	221	140	36
滇西边境山区	424	335	274	240	192	152	115	72	28
大兴安岭南麓山区	129	108	85	74	59	46	35	19	4
燕山—太行山区	223	192	165	150	122	99	71	40	11
吕梁山区	104	87	76	67	57	47	29	16	5
大别山区	647	566	477	392	341	252	173	99	32
罗霄山区	206	175	149	134	102	73	49	31	9
西藏	106	85	72	61	48	34	20	13	4
四省藏区	206	161	117	103	88	68	51	30	10
南疆四地州	159	122	104	99	90	73	64	42	12

资料来源：根据《中国农村贫困监测报告 2019》和《连片特困地区脱贫攻坚监测总报告（2019 年度）》数据整理。

表 5–8　　2011—2019 年分片区农村贫困发生率情况　　单位：%

片区	2011 年	2012 年	2013 年	2014 年	2015 年	2016 年	2017 年	2018 年	2019 年
六盘山区	35	28.9	24.1	19.2	16.2	12.4	8.8	5.6	1.5
秦巴山区	27.6	23.1	19.5	16.4	12.3	9.1	6.1	3.6	2.6
武陵山区	26.3	22.3	18	16.9	12.9	9.7	6.4	3.8	1.0
乌蒙山区	38.2	33	25.2	21.5	18.5	13.5	9.9	6.2	2.0
滇桂黔石漠化山区	31.5	26.3	21.9	18.5	15.1	11.9	8.4	5.5	1.4
滇西边境山区	31.6	24.8	20.5	19.1	15.5	12.2	9.3	5.8	2.3
大兴安岭南麓山区	24.1	21.1	16.6	14	11.1	8.7	6.6	3.5	0.7
燕山—太行山区	24.3	20.9	17.9	16.8	13.5	11	7.9	4.5	1.2
吕梁山区	30.5	24.9	21.7	19.5	16.4	13.4	8.6	4.6	1.4

续表

片区	2011年	2012年	2013年	2014年	2015年	2016年	2017年	2018年	2019年
大别山区	20.7	18.2	15.2	12	10.4	7.6	5.3	3.0	1.0
罗霄山区	22	18.8	15.6	14.3	10.4	7.6	5.3	3.2	1.0
西藏	43.9	35.2	28.8	23.7	18.6	13.2	7.9	5.1	1.4
四省藏区	42.8	38.6	27.6	24.2	16.5	12.7	9.5	5.6	1.8
南疆四地州	38.7	33.6	20	18.8	15.7	12.7	9.1	5.9	1.7

资料来源：根据《中国农村贫困监测报告 2019》和《连片特困地区脱贫攻坚监测总报告（2019年度）》数据整理。

（二）片区农村常住居民人均可支配收入和消费支出增长较快

总体来看，农村居民人均可支配收入增长较快，增速最快的是 2013 年，达 15.4%。2013 年全部片区农村居民人均可支配收入为 5956 元，2019 年增长至 11443 元，是 2013 年的 1.72 倍，每年增速均在 10% 以上，收入水平明显提高（见表 5-9）。

表 5-9　2013—2019 年全部片区人均可支配收入和增速情况

指标	2013年	2014年	2015年	2016年	2017年	2018年	2019年
人均可支配收入（元）	5956	6742	7525	8348	9264	10260	11443
增速（%）	15.4	12.9	11.9	10.9	10.5	10.7	11.5

资料来源：根据《中国农村贫困监测报告 2019》和《连片特困地区脱贫攻坚监测总报告（2019年度）》数据整理。

分片区来看，2019 年人均可支配收入排名前三位的是大别山区、西藏和南疆四地州，分别为 13341 元、12951 元和 12009 元，2019 年人均可支配收入最低的是六盘山区，仅 9370 元。人均可支配收入超过全部片区平均水平的有 7 个，分别是大别山区、西藏、南疆四地州、秦巴山区、大兴安岭南麓山区、罗霄山区和武陵山区。全部片区 2013—2019 年人均可支配收入增幅为92.13%,各片区中增幅最高的是南疆四地州,高达110.98%,增幅最低的是大别山区,仅85.27%。增幅超过全部片区平均水平的有6个,分别是南疆四地州(110.98%)、四省藏区(110.76%)、乌蒙山区(103.97%)、西藏(97.63%)、罗霄山区(96.19%)和吕梁山区(94.50%)。从历年增速情况来看,大部分片区人均可支配收入增速最快的是2013年或2014年,具体增速各片区差异较大(见表5-10、表5-11)。

表5-10　　　　2013—2019年片区人均可支配收入情况　　　　单位:元

片区	2013年	2014年	2015年	2016年	2017年	2018年	2019年
全部片区	5956	6724	7525	8348	9264	10260	11443
六盘山区	4930	5616	6371	6915	7593	8429	9370
秦巴山区	6219	7055	7967	8769	9721	10751	11934
武陵山区	6084	6743	7579	8504	9384	10397	11544
乌蒙山区	5238	6114	6992	7994	8776	9650	10684
滇桂黔石漠化山区	5907	6640	7485	8212	9109	10073	11262
滇西边境山区	5775	6471	6943	7754	8629	9560	10931
大兴安岭南麓山区	6244	6801	7484	8399	9346	10721	11876
燕山—太行山区	5680	6260	7164	7906	8593	9701	10797
吕梁山区	5259	5589	6317	6884	7782	8890	10229
大别山区	7201	8241	9029	9804	10776	11974	13341
罗霄山区	5987	6776	7700	8579	9598	10637	11746
西藏	6553	7359	8244	9094	10330	11450	12951
四省藏区	4962	5726	6457	7288	8018	9160	10458
南疆四地州	5692	6403	7053	7868	9845	10762	12009

资料来源:根据《中国农村贫困监测报告2019》和《连片特困地区脱贫攻坚监测总报告(2019年度)》数据整理。

表5-11　　　　2013—2019年各片区人均可支配收入增速情况　　　　单位:%

片区	2013年	2014年	2015年	2016年	2017年	2018年	2019年
全部片区	15.4	12.9	11.9	10.9	10.5	10.7	11.5
六盘山区	11.8	13.9	13.4	8.5	9.8	11.0	11.2

续表

片区	2013年	2014年	2015年	2016年	2017年	2018年	2019年
秦巴山区	15.9	13.4	12.9	10.1	10.8	10.6	11.0
武陵山区	21	10.8	12.4	12.2	10.3	10.8	11.0
乌蒙山区	13.5	16.7	14.4	14.3	9.8	10.0	10.7
滇桂黔石漠化山区	15.3	12.4	12.7	9.7	10.9	10.6	11.8
滇西边境山区	18.4	12.1	7.3	11.7	11.3	10.8	14.3
大兴安岭南麓山区	15.1	8.9	10	12.2	11.3	14.7	10.8
燕山—太行山区	14.2	10.2	14.4	10.4	8.7	12.9	11.3
吕梁山区	14.5	6.3	13	9	13.1	14.2	15.1
大别山区	14.9	14.4	9.6	8.6	9.9	11.1	11.4
罗霄山区	12.2	13.2	13.6	11.4	11.9	10.8	10.4
西藏	15	12.3	12	10.3	13.6	10.8	13.1
四省藏区	12.9	15.4	12.8	12.9	10	14.3	14.2
南疆四地州	14.5	12.5	10.2	11.6	9.7	9.3	11.6

资料来源：根据《中国农村贫困监测报告2019》和《连片特困地区脱贫攻坚监测总报告（2019年度）》数据整理。

总体来看，全部片区农村居民人均消费支出增长较快，增速最快的是2013年，达14.2%。2013年全部片区农村居民人均可支配收入为5327元，2019年增长至9898元，是2013年的1.86倍，每年增速均在10%左右，消费水平明显提高（见表5-12）。

表5-12　2013—2019年全部片区人均消费支出和增速情况

指标	2013年	2014年	2015年	2016年	2017年	2018年	2019年
人均消费支出（元）	5327	5898	6573	7273	7915	8854	9898
增速（%）	14.2	10.7	11.4	10.7	9	11.9	11.8

资料来源：根据《中国农村贫困监测报告2019》和《连片特困地区脱贫攻坚监测总报告（2019年度）》数据整理。

分片区来看，2019年人均消费支出排名前三位的是大别山区、武陵山区和秦巴山区,分别为11393元、11079元和10568元,2019年人均消费支出最低的是南疆四地州,仅8138元。人均消费支出超过全部片区平均水平的片区有5个,分别是大别山区、武陵山区、秦巴山区、罗霄山区和大兴安岭南麓山区。全部片区2013—2019年人均消费支出增幅为85.81%,各片区中增幅最高的是西藏,达105.22%,增幅最低的是吕梁山区,仅51.72%。增幅超过全部片区平均水平的有8个,分别是西藏（105.22%）、四省藏区（98.44%）、滇西边境山区（96.53%）、大兴安岭南麓山区（94.49%）、武陵山区（94.33%）、乌蒙山区（90.48%）、大别山区（86.56%）和滇桂黔石漠化山区（86.21%）。从增速情况来看,大部分片区人均消费支出增速最快的是2013年,具体增速各片区差异较大（见表5-13、表5-14）。

表5-13　　　　　　2013—2019年片区人均消费情况　　　　单位:元

片区	2013年	2014年	2015年	2016年	2017年	2018年	2019年
全部片区	5327	5898	6573	7273	7915	8854	9898
六盘山区	4677	5362	5875	6395	6884	7623	8446
秦巴山区	5739	6229	7057	7678	8450	9421	10568
武陵山区	5701	6353	6994	7832	8721	10192	11079
乌蒙山区	4718	5298	6077	6795	7659	8053	8987
滇桂黔石漠化山区	5186	5788	6508	7284	7730	8712	9657
滇西边境山区	4547	5131	5848	6385	6706	7844	8936
大兴安岭南麓山区	5191	5958	6373	7208	7492	8396	10096
燕山—太行山区	5895	6181	6538	6875	7572	8540	9696
吕梁山区	5537	5315	5800	6178	6637	7528	8401
大别山区	6107	6799	7631	8518	9309	10169	11393
罗霄山区	5510	6140	6909	7642	8470	9087	10123
西藏	4102	4822	5580	6070	6691	7452	8418
四省藏区	4691	5010	5437	6186	6586	8246	9309
南疆四地州	4803	5033	5207	5512	5999	6942	8138

资料来源:根据《中国农村贫困监测报告2019》和《连片特困地区脱贫攻坚监测总报告（2019年度）》数据整理。

表 5-14　　2013—2019 年各片区人均消费支出增速情况　　单位：%

片区	2013年	2014年	2015年	2016年	2017年	2018年	2019年
全部片区	14.2	10.7	11.4	10.7	9.0	11.9	11.8
六盘山区	8.7	14.6	9.6	8.9	7.6	10.7	10.8
秦巴山区	12.4	8.5	13.3	8.8	10	11.5	12.2
武陵山区	14.6	11.4	10.1	12	11.3	16.9	8.7
乌蒙山区	17.6	12.3	14.7	11.8	12.7	5.1	11.6
滇桂黔石漠化山区	20.8	11.6	12.4	11.9	6.1	12.7	10.8
滇西边境山区	15.5	12.8	14	9.2	5	17.0	13.9
大兴安岭南麓山区	7.7	14.8	7.0	13.1	3.9	12.1	20.2
燕山—太行山区	9.0	4.9	5.8	5.2	10.1	12.8	13.5
吕梁山区	30.6	-4.0	9.1	6.5	7.4	13.4	11.6
大别山区	14.9	11.3	12.2	11.6	9.3	9.2	12.0
罗霄山区	14.5	11.4	12.5	10.6	10.8	7.3	11.4
西藏	20.4	17.6	15.7	8.8	10.2	11.4	13.0
四省藏区	12.5	6.8	8.5	13.8	6.5	25.2	12.9
南疆四地州	18.7	4.8	3.5	5.8	6.4	15.7	17.2

资料来源：根据《中国农村贫困监测报告 2019》和《连片特困地区脱贫攻坚监测总报告（2019 年度）》数据整理。

（三）片区农户生产生活条件逐步改善，耐用品消费逐步上升

连片特困地区农户生产生活条件逐步改善，其中，居住竹草土坯房的农户比重从 2013 年的 7.5% 降至 2019 年的 1.3%，下降 6.2 个百分点；使用管道供水的农户比重从 2013 年的 53.6% 上升至 2019 年的 90.9%，上升 37.3 个百分点；使用经过净化处理自来水的农户比重从 2013 年的 29.3% 上升至 2019 年的 58.2%，上升了 28.9 个百分点；饮水无困难的农户比重从 2013 年的 80.0% 上升至 2019 年的 96.1%，上升 16.1 个百分点，饮水安全、饮水困难问题基本解决；独用厕所的农户比重从 2013 年的 92.0% 上升至 2019 年的 96.5%，上升 4.5 个百分

点；炊用柴草的农户比重从 2013 年的 59.6% 下降至 2019 年的 35.7%，下降 23.9 个百分点。连片特困地区耐用品消费量逐年上升，其中，百户汽车拥有量从 2013 年的 5.3 辆上升至 2019 年的 19.6 辆，增加了 14.3 辆；百户洗衣机拥有量从 2013 年的 65.1 台上升至 2019 年的 90.8 台，增加了 25.7 台；百户电冰箱拥有量从 2013 年的 52.3 台上升至 2019 年的 91.5 台，增加了 39.2 台；百户移动电话拥有量从 2013 年的 175.3 部上升至 2019 年的 272 部，增加了 96.7 部；百户计算机拥有量从 2013 年的 7.7 台上升至 2019 年的 16.5 台，增加了 8.8 台（见表 5-15）。

表 5-15　2013—2019 年连片特困地区农户生产生活条件和耐用品消费情况

指标	2013 年	2014 年	2015 年	2016 年	2017 年	2018 年	2019 年
居住竹草土坯房农户比重（%）	7.5	7.0	6.1	4.8	4.4	2.0	1.3
使用管道供水的农户比重（%）	53.6	55.9	61.2	67.4	70.5	80.4	90.9
使用经过净化处理自来水的农户比重（%）	29.3	31.7	34.7	38.5	41.8	53.5	58.2
饮水无困难的农户比重（%）	80.0	80.9	84	86.9	88.6	93.6	96.1
独用厕所的农户比重（%）	92.0	92.5	93	93.9	94.1	95.5	96.5
炊用柴草的农户比重（%）	59.6	58.8	55.5	52.0	50.3	40.7	35.7
百户汽车拥有量（辆/百户）	5.3	6.2	7.9	10.6	12.4	18.9	19.6
百户洗衣机拥有量（台/百户）	65.1	70.1	75.0	80.4	83.3	87.0	90.8
百户电冰箱拥有量（台/百户）	52.3	58.5	65.8	73.8	77.6	86.2	91.5
百户移动电话拥有量（部/百户）	175.3	196	210.5	226.1	235.2	261.6	272
百户计算机拥有量（台/百户）	7.7	9.8	12.0	13.6	15.3	15.9	16.5

资料来源：根据《中国农村贫困监测报告 2019》和《连片特困地区脱贫攻坚监测总报告（2019 年度）》数据整理。

（四）片区农村基础设施逐步加强，公共服务情况逐步改善

连片特困地区农村基础设施情况逐步加强，其中，所在自然村通公路农户比重从 2013 年的 98.0% 上升至 2019 年的 100%，上升了 2.0 个

百分点;所在自然村通电话的农户比重从 2013 年的 98.1% 上升至 2019 年的 100%,上升了 1.9 个百分点;所在自然村能接收有线电视信号的农户比重从 2013 年的 76.8% 上升至 2019 年的 99.0%,上升了 22.2 个百分点;所在自然村进村主干道路硬化的农户比重从 2013 年的 88.4% 上升至 2019 年的 99.4%,上升了 11 个百分点;所在自然村能便利乘坐公共汽车的农户比重从 2013 年的 53.5% 上升至 2019 年的 75.7%,上升了 22.2 个百分点。公共服务情况也逐步改善,其中,所在自然村能通宽带的农户比重从 2015 年的 70.0% 上升至 2019 年的 97.2%,上升了 27.2 个百分点;所在自然村垃圾能集中处理的农户比重从 2013 年的 30.3% 上升至 2019 年的 85.1%,上升 54.8 个百分点;所在自然村有卫生站的农户比重从 2013 年的 83.6% 上升至 2019 年的 96.1%,上升了 12.5 个百分点;所在自然村上幼儿园便利的农户比重从 2013 年的 70.8% 上升至 2019 年的 90.1%,上升 19.3 个百分点;所在自然村上小学便利的农户比重从 2013 年的 79.5% 上升至 2019 年的 92.3%,上升了 12.8 个百分点(见表 5-16)。

表 5-16　　2013—2019 年连片特困地区农村基础设施和公共服务情况　　单位:%

指标	2013 年	2014 年	2015 年	2016 年	2017 年	2018 年	2019 年
所在自然村通公路的农户比重	98.0	98.9	99.7	99.8	99.9	100.0	100.0
所在自然村通电话的农户比重	98.1	99.2	99.7	99.9	99.9	99.9	100.0
所在自然村能接收有线电视信号的农户比重	76.8	86.5	90.4	93.4	96.3	97.9	99.0
所在自然村进村主干道路硬化的农户比重	88.4	90.1	93.7	95.6	97.3	98.0	99.4

续表

指标	2013年	2014年	2015年	2016年	2017年	2018年	2019年
所在自然村能便利乘坐公共汽车的农户比重	53.5	55.4	58.3	61.2	65.7	70.9	75.7
所在自然村能通宽带的农户比重	—	—	70.0	77.4	85.6	93.8	97.2
所在自然村垃圾能集中处理的农户比重	30.3	34.8	43.1	49.5	59.1	76.9	85.1
所在自然村有卫生站的农户比重	83.6	86.2	89.2	90.6	91.3	92.7	96.1
所在自然村上幼儿园便利的农户比重	70.8	74.2	75.3	79.6	84.7	86.9	90.1
所在自然村上小学便利的农户比重	79.5	81.2	81.2	85.2	88.0	90.1	92.3

资料来源：根据《中国农村贫困监测报告2019》和《连片特困地区脱贫攻坚监测总报告（2019年度）》数据整理。

第三节 脱贫攻坚与精准扶贫的社会效应

精准扶贫以来，党中央、国务院充分调动社会各界人士的积极性，构建了社会扶贫格局。社会扶贫的框架体系主要包括三个方面：定点扶贫、东西部扶贫协作、民营企业和社会各界参与扶贫等。各级政府通过发动全社会各界力量，帮助贫困地区经济社会发展和贫困人口脱贫致富，产生了一系列的社会效应。

一、缩小贫富差距，维持社会和谐

在构建大扶贫格局的背景下，社会各界人士和团体组织参与脱贫攻坚的"活水"进一步涌流,热潮正起。定点扶贫、东西部协作扶贫和扶贫公益捐赠等都体现了"先富带后富"的理念,缩小了地区发展差距,有利于维持社会和谐稳定。以企业参与扶贫为例,企业参与扶贫的途径主要有四种:一是国有大型企业通过定点扶贫的方式帮助贫困地区发展;二是国有、民营等社会企业利用其资金、技术、市场、信息、品牌等方面的优势,本着互惠互利的原则,吸纳贫困地区的劳动力和原材料等资源,并向贫困地区传递人才、资金和先进的管理理念,与贫困地区实现共赢,通过对贫困户提供技术服务、就业岗位、订单收购、资源联合开发等多种形式帮助贫困人口发展;三是各类企业积极参与社会公益事业,投资、捐资或资助贫困地区科技、教育、文化、医疗卫生、生态环境和自然资源保护等公益事业及社会福利事业等;四是央企联合成立贫困地区产业发展基金,通过投资贫困地区企业,贫困地区企业再通过综合以上三种方式助力贫困地区发展。精准扶贫以来,企业参与扶贫的潜力被大大挖掘,在开发式扶贫中占据着重要的地位。根据条件趋同经济理论,只有结构特征相同、初始条件相似的地区才会最终收敛于统一稳态。贫困地区大多是老少边穷的山区,人口较多,人均资本量较少,但是发达地区刚好相反,地势平坦,交通便利,因此贫困地区和发达地区会趋于不同的稳态。通过号召社会企业与组织加入脱贫攻坚,实现了社会资本的再分配,有效提升了贫困地区人均资本,增强了贫困地区发展动力,对贫困地区实现超越发展提供了有利的条件,缩小了地区发展差距,同时形成全社会合力攻坚的局面,有利于加强中华民族的凝聚力,维持社会和谐稳定。

案例 5-1 贫困地区产业基金扶贫

根据中共中央、国务院的统一部署,2014 年 12 月财政部、国投集团和中国烟草总公司共同出资28亿元成立贫困地区产业发展基金,这是我国第一只具有政府背景、市场化运作、独立运营、自负盈亏的贫困地区产业发展基金。2016年10月17日,由国务院国资委牵头,财政部参与,国投集团、国家电网等51家中央企业共同发起设立中央企业贫困地区产业投资基金。两只基金统筹兼顾政策目标和市场原则,均采取市场化运作的方式支持贫困地区产业发展,增强贫困地区自身"造血"功能,促进其如期脱贫和可持续发展。截至2019年9月,资金已完成三期募资,基金总规模达314.05亿元。自基金成立以来,始终不忘设立初心,服务于国家脱贫攻坚战略,已投项目涉及全国26个省(区、市)、104个市(地、州、盟)、203个县(市、区、旗),覆盖了全部14个集中连片特困地区。在14个集中连片特困地区共投资61个项目,金额达115.45亿元,其中,在"三区三州"深度贫困地区投资项目15个,金额达36.77亿元。基金引领撬动社会资本超过1500亿元,通过打造现代农业、资源开发、清洁能源、医疗健康、产销对接、产业金融、资本运作七大平台,以生产带动、就业带动、资产收益带动、定点帮扶、扶贫公益捐赠等直接扶贫模式和对地方交税、帮助地方基础设施建设、带动行业发展等间接扶贫模式助力贫困地区发展和贫困人口脱贫,效果显著。2018年8月和10月,中共中央政治局常委、全国政协主席汪洋,中共中央政治局委员、国务院副总理、国务院扶贫开发领导小组组长胡春华先后作出重要批示,对产业扶贫基金紧紧围绕国家脱贫攻坚战略、聚合中央企业优势、广泛吸引社会资本、支持贫困地区产业发展所取得的成果表示充分肯定。两只基金的扶贫工作获得了社会各界的广泛认可。

二、健全社会监督机制,提高社会治理水平

通过构建社会扶贫大格局和第三方评估,鼓励社会机构和人民团体参与社会治理,健全监督机制,提高治理水平。随着社会主体日益多元化,市场机制和社会机制的作用日益凸显,政府通过购买服务和招投标等方式将部分社会事务交给企业部门和社会组织承担,充分发挥社会治理和政府治理的协同作用。脱贫攻坚引入第三方评估就是社会治理的重要部分,第三方评估中"第三方"是指既不制定政策,也不执行政策,独立于政策制定和运行过程之外的机构。第三方评估实质是一种更客观的社会监督。就是要在政府管理中引入多元参与,更多更好地发挥社会组织参与政府决策、政策执行、效果评价、公开监督等方面的作用,体现和增强政府的公信力。目前,地方政府面临的考核评估主要是两项:一是脱贫攻坚成效考核,包含省级党委和政府扶贫开发工作成效考核、东西部扶贫协作考核、中央单位定点扶贫工作考核等三项,统一部署、统一培训、统一实施、统一形成考核结果、统一通报反馈。考核内容主要是政策落实、责任落实和工作落实,考核方式包括第三方评估、省际交叉检查和媒体暗访。二是贫困县退出专项评估检查,从2018年开始,由省负责组织实施,国家开展抽查工作,评估方式主要是第三方评估。

精准脱贫中的第三方评估体系机制是自2004年中国正式成立第一家政府业绩评估专业机构开展独立评估以来,在政府绩效管理中最为系统和严谨的独立评估机制。精准脱贫采用第三方评估有利于健全社会监督机制,营造全社会合力攻坚的氛围。"第三方评估"作为外部评价的一种外部评估机制,独立于两个利益主体之间,既是社会中重要的评价机制体制,也是政府绩效管理的重要形式;既是提高社会治理社会化水

平的要求，也是提高社会治理专业化水平的要求；既是扶贫工作的需要，也是政府创新治理方式的需要；第三方评估机构主要是国内各大高校，评估机构遴选方式主要是通过公开招标进行。选取高校作为第三方评估机构具有其他组织不可替代的优势：一是独立性和客观性。高校作为学术机构，与省级政府和县级政府不存在行政关系和利益关系，在评估中能保持中立客观的态度。二是专业性和权威性。大部分第三方评估机构负责人均是高校该专业教授，有些还是国内该领域知名专家，可以保证第三方机构的权威性；队长、组长和调查员大部分是相关专业研究生以上学历，具有深厚的专业背景和理论功底，可以保证评估的专业性，绝不是"外行评内行"。高校等学术机构作为第三方评估的实施单位，可以完善社会监督机制，发动社会力量来共同参与脱贫攻坚过程、检验脱贫攻坚成效，从一定程度上保证"真脱贫、脱真贫"，让结果经得起历史和人民的检验，同时也丰富了国内第三方评估的经验，培养了一批有理论、懂业务、能实践的第三方评估机构，为以后乡村振兴等评估奠定基础。

三、弘扬优秀传统文化，彰显社会主义核心价值观

脱贫攻坚过程中形成了四种精神，分别是自力更生、开拓进取的奋斗精神；不忘初心、勇于担当的攻坚精神；扶危济困、守望相助的大爱精神；敢想敢干、勇于探索的首创精神。这四种精神继承了中华民族的文化基因，也彰显了社会主义核心价值观。

中华优秀传统文化是中华民族的精神命脉，积淀着中华民族最深沉的精神追求，为脱贫攻坚精神提供了文化基因。其中，"艰难困苦、玉汝于成"与脱贫攻坚奋斗精神一脉相承；大禹治水、愚公移山等事迹与脱贫攻坚的英雄事迹如出一辙；"仁者爱人""老吾老以及人之老，幼

吾幼以及人之幼"与脱贫攻坚大爱精神薪火相传;"周虽旧邦,其命维新"与脱贫攻坚首创精神一脉同源。

富强、民主、文明、和谐,自由、平等、公正、法治,爱国、敬业、诚信、友善,是社会主义核心价值观的基本内容。社会主义核心价值观是社会主义核心价值体系的内核,体现社会主义核心价值体系的根本性质和基本特征,是社会主义核心价值体系的高度凝练和集中表达。社会主义核心价值观是当代中国精神的集中体现,凝结着全体人民共同的价值追求。脱贫攻坚动员社会各界广泛参与,营造了向上向善的社会氛围,彰显了社会主义核心价值观。

脱贫攻坚和精准扶贫体现了"富强、民主、文明、和谐"的社会主义现代化国家的建设目标。富强即国富民强。有国才有家,国家富强能保证国家安定和平,保障人民群众的生命财产安全,为人民群众发展提供良好的条件。民主的核心是人民当家作主。人民当家作主是社会主义民主政治的本质和核心,是中国共产党始终高举的旗帜,是创造人民美好幸福生活的政治保障。文明是人类社会进步的重要表现,是人文精神和公序良俗的总和,是实现中华民族伟大复兴的重要支撑。和谐是中国传统文化的基本理念。"以和为贵""和谐发展"既是中华民族的优良传统,也是中国特色社会主义建设的重要内容。精准扶贫通过"十大工程",利用新手段新方法,帮助贫困户脱贫、贫困村出列、贫困县摘帽,实现人民幸福安康。在精准识别环节,主要通过"自上而下"和"自下而上"进行[①],充分听取各方意见,采用民主评议的方式精准识别贫困人口。精准扶贫过程中,帮扶责任人除了在"两不愁三保障"和收入等脱贫

---

① "自上而下"是国家统计局根据农村住户抽样调查数据推算出来,同时为了防止地方政府为了获取扶贫资源而过分夸大贫困状况,严格控制地方政府上报的贫困人口,最多允许地方政府上浮10%。"自下而上"是由于缺乏可靠的农户收入和消费数据,地方政府无法根据收入和消费识别贫困人口,而采用民主评议的方式进行识别。

目标方面对贫困户进行帮扶以外，更重要的任务是帮助贫困地区和贫困人口构建现代、科学、良好的生活习惯和发展观念，推进移风易俗，帮助营造乡风文明的氛围。针对近年来出现的贫困户和非贫困户之间的"悬崖效应"，驻村帮扶人员根据实际情况深入农户家中，为农户讲解政策，耐心解答非贫困户的疑问，通过各种方式安抚非贫困户情绪，努力消除"悬崖效应"，帮助营造一个和谐的乡村社会。

脱贫攻坚和精准扶贫助力实现"自由、平等、公正、法治"的美好社会。自由是指人类可以自我支配，凭借自身意志而行动，并对自身的行为负责，是人民向往的美好生活的重要内容，也是人完全实现社会功能的必要条件。平等指的是公民在法律面前的一律平等，其要求是不断实现实质平等，包括尊重和保障人权，在社会上享有平等发展的权利。公正即社会公平和正义，是国家、社会应然的正当性价值取向，也是人类文明发展到高级阶段的必要内容。法治是人类进入现代文明的重要标志，也是实现自由平等、公平正义和国家长治久安的制度保证。著名经济学家阿马蒂亚·森认为，个人自由本质是一种社会产品。森是从"实质的"意义上来理解自由的。他从"可行能力"来解释一个人的贫困，即一个人贫困不只是物质上的贫困，还应该包括"可行能力"上的贫困，"可行能力"指的是此人有可能实现的、各种可能的功能型活动的组合。一个人应当具备的可行能力包括政治自由、经济条件、社会机会、透明性保障和防护性保障五个方面。脱贫攻坚和精准扶贫不仅只关注贫困户的收入和"两不愁三保障"问题，而且通过产业就业扶贫注重培养贫困户自身发展能力，提高其自由、平等参与市场经济的能力，进而促进社会公平和正义。脱贫攻坚和精准扶贫还注重法制建设，建立脱贫攻坚专项巡查，健全监督考核机制，推进扶贫开发立法，这些都是社会主义法治建设的重要内容。以扶贫资金使用为例，中央出台一系列规章制度规范扶贫资金使用，并派出督导巡查组，监督巡查扶贫资金使用，对存在资金违规使用的情况追究相关人员责任，如出现违法情况，依法移送司法机关处理。扶贫资金领域专项督查制度有效保障了贫困户的根本利益。

脱贫攻坚和精准扶贫助力实现"爱国、敬业、诚信、友善"的公民基本道德规范。爱国既是公民基本道德规范的首要要求，又是调解个人与祖国关系的行为准则，更是作为每一个中国公民应该具备的基本素质。敬业是对公民职业行为准则的价值评价，也是个人工作中需具备的道德素质，体现了社会主义职业精神。诚信是人类社会千百年来传承下来的道德传统，强调诚实劳动、信守承诺、诚恳待人。友善指公民应相互尊重、相互帮助、友好和睦，是公民之间待人处事的基本方式，也是中华民族的优秀传统。脱贫攻坚和精准扶贫是新时代的三大战役之一，党和政府发动全社会倾注人力、物力和财力，旨在帮助贫困户脱贫致富，解决区域性整体贫困，实现全面小康。脱贫攻坚和精准扶贫让广大农民群众感受到了党和政府的温暖，激发了农民群众的爱国热情，巩固了党在基层的执政基础。截至 2018 年 1 月，全国共选派 277.8 万人驻村帮扶，每个驻村工作队一般不少于 3 人，每期驻村时间不少于 2 年，新选派的驻村工作队队长一般为处科级干部或处科级后备干部。干部驻村期间不承担原单位工作，党员组织关系转接到所驻贫困村，确保全身心专职驻村帮扶。驻村帮扶工作改变了基层人员的工作作风，加强了基层政府的执政能力，充分激发了基层干部的热情，体现了基层干部的敬业精神。在精准识别和精准帮扶过程中，要求贫困户准确提供其亲属和资产信息，明确了几大类不评的对象，帮助贫困户养成诚实守信的美德。在精准退出环节，针对不愿意脱贫退出的贫困户，驻村帮扶人员为他们悉心讲解"四不摘"政策，构建了和谐的干群关系。

第四节　脱贫攻坚与精准扶贫的政治和其他效应

一、夯实党的执政基础，增强人民认同

消除贫困，改善民生是中国共产党对全国人民的庄严承诺。党的十八大以来，截至 2012 年年末，全国农村地区贫困人口仍然剩余 6039 万人，在当时常规措施的帮扶下，这部分贫困人口难以在 2020 年如期全部脱贫。以习近平同志为核心的党中央坚持以人民为中心的原则，提出："坚决打赢脱贫攻坚战，确保贫困人口如期脱贫，贫困县全部摘帽，解决区域性整体贫困。"① 这一举动是中国共产党人"不忘初心，牢记使命"最有力的诠释。通过脱贫攻坚，人民群众幸福感和获得感得到提升，夯实了党的执政基础，增强了人民认同。

（一）精准扶贫是对中国共产党执政规律的新实践与新探索

一个政党要想把国家治理好，就必须有强大的执政能力，提升执政能力的首要任务便是把握执政规律。执政规律具有特殊性和一般性，单纯强调特殊性，忽略事物的共性，会对认识事物和解决问题造成很大的局限；单纯强调一般性，忽略特殊性，就会产生照搬别人的执政经验和执政模式的现象。在领导社会主义建设和改革的实践中，中国共产党不断思考和探索党的执政规律，主要包括理论创新规律、兴国要务规律、执政为民规律、依法执政规律、从严治党规律。党的十八大以来的脱贫

---

① 中共中央党史和文献研究院. 习近平扶贫论述摘编［M］. 北京：中央文献出版社，2018.

攻坚和精准扶贫是理论创新规律、兴国要务规律、执政为民规律、从严治党规律的重要体现。

第一，精准扶贫思想体现了理论创新规律。理论创新是一个政党进行自我革命，跟上时代发展潮流的重要体现。一个政党长期执政容易产生懈怠情绪和"路径依赖"，只有破字当头、迎难而上，才能不断深化对新事物的认识，提高解决新问题的能力。精准扶贫就是在经济增长的带贫益贫作用降低、剩余贫困人口都是"硬骨头"的背景下提出的解决贫困人口发展的具体方略。精准扶贫理论的提出完善了中国特色贫困治理理论，也丰富了中国特色社会主义理论，是对中国共产党理论创新执政规律的遵循和把握。

第二，精准扶贫思想体现了发展是党执政兴国的第一要务。发展始终是一个国家面临的问题，也是一个执政党必须面临的问题。"离开发展，坚持党的先进性、发挥社会主义制度的优越性和实现民富国强都无从谈起。"经过改革开放40多年的发展，东部地区的发展已取得阶段性成效，但是中西部贫困地区的发展成效较弱，因此在"两个一百年"奋斗目标中第一个一百年来临之际，贫困地区的发展必须提上日程。党的兴国要务规律强调的发展是全面的发展，是区域协调发展。习近平总书记指出："没有农村的小康，特别是没有贫困地区的小康，就没有全面建成小康社会。"① 因此，在这个意义上，只有补齐贫困地区发展的短板，才是国家全面发展的体现。

第三，精准扶贫思想体现了党执政为民的宗旨。为人民服务是党的宗旨。执政为民是中国共产党全部执政活动的出发点和归宿。没有一个人掉队的小康才是全面的小康。脱贫攻坚和精准扶贫坚持以人民为中心的发展思想，通过构建社会扶贫、行业扶贫、专项扶贫的"三位一体"

---

① 中共中央党史和文献研究院. 习近平扶贫论述摘编［M］. 北京：中央文献出版社，2018.

大扶贫格局，广泛动员和组织社会力量参与脱贫攻坚，既促进了社会力量参与国家治理，又解决了贫困人口的生存和发展问题，是坚持人民主体地位的重要体现。

第四，脱贫攻坚和精准扶贫也体现了从严治党的执政规律。治国必治党，治党必从严。脱贫攻坚是党中央的重大决策部署，围绕此开展的脱贫攻坚专项巡视、督查巡查、考核评估是全面从严治党的重要体现。只有不断加强党内监督，推行党的自身建设，才能不断提高党的执政能力，巩固党的执政地位。

(二) 精准扶贫通过坚强的决心和完备的组织体系夯实了党的领导地位

党的十八大以来，党中央从全面建成小康社会出发，把扶贫开发作为实现第一个一百年奋斗目标的重点任务，作出一系列安排和部署，全面打响脱贫攻坚战。习近平站在全局高度对脱贫攻坚的重要意义进行了分析，指出反贫困是古今中外治国理政的一件大事。消除贫困、改善民生、实现共同富裕，是社会主义的本质要求，是我们党的重要使命。全面建成小康社会、实现第一个一百年奋斗目标，最艰巨的任务是脱贫攻坚，这是一个最大的短板，也是一个标志性指标。深入开展脱贫攻坚，保证全体人民在共建共享发展中有更多获得感，不断促进人的全面发展、全体人民共同富裕。可以看出，习近平总书记对脱贫攻坚工作花费了大量精力，下定了坚强的决心，一定要解决贫困地区贫困人口的贫困问题，这是中国共产党人的伟大担当。各级政府层层签订脱贫攻坚责任书，立下军令状，坚决打赢脱贫攻坚战。这种做法既表明了各级政府均下定决心解决贫困问题，实现全面建成小康社会，又有利于各级政府做到分工明确、责任清晰，确保脱贫攻坚的人力、物力、财力得到有效保障。

只有坚强的决心，没有付诸行动，事情是不可能完成的。要想坚决打赢脱贫攻坚战，完备的组织体系是必要的。总的来说，脱贫攻坚组织体系和其他以往运动不同，其组织体系是全面、广泛、系统的，不只包含了中国行政体系中的个体，还包括社会组织、国有（民营）企业、事业单位，形成了以政府为主导，行业扶贫、专项扶贫、社会扶贫的大扶贫格局，广泛调动政府和社会各方大规模资金资源、人力、物力投入脱贫攻坚，为打赢脱贫攻坚战提供了良好的外部条件。其中，各级财政主要通过专项扶贫资金保障脱贫攻坚资金需求，中央企业开展贫困革命老区"百县万村"帮扶行动，民营企业开展"万企帮万村"精准扶贫行动。脱贫攻坚以来，中央专项扶贫资金每年约以200亿元的规模增长，2019年达1260亿元。截至2017年年底，全国已有4.62万家民营企业投入527亿元产业帮扶资金，帮扶5.12万个村，带动和惠及620多万贫困人口。这种上下联动、统一协调的政策体系和保障资金、强化人力的投入体系，为打好打赢脱贫攻坚战提供了有力的制度保障。

（三）精准扶贫通过严格的考核评估和监督体系加强了党的作风建设

党的作风建设是党的建设永恒主题。党的作风是党的思想、组织、制度状况的外在表现，关系着党在人民面前的形象，关系到人心向背，是凝聚力量的重要方式。作风建设的核心是要与人民群众保持血肉联系，确保党的先进性和纯洁性，为国家建设和发展事业提供保障。

以习近平同志为核心的中央领导集体非常强调党的作风建设，在脱贫攻坚这样的国家重大政策部署上建立了相关督查巡查和考核评估制度，一方面是确保脱贫攻坚成效经得起历史和人民的检验，另一方面也是将脱贫攻坚作为党的作风建设的重要抓手，通过完成脱贫攻坚伟大事业，改善各级党组织作风，尤其是农村基层党组织，确保党的作风建设取得全面胜利。脱贫攻坚督查巡查是为了确保脱贫攻坚各项任务目标圆满完成而开展的工作,由国务院扶贫开发领导小组负责督查工作的组织领导,主要面向中西部22省(自治区、直辖市)党委和政府、中央和国家机关有关单位,其中督查的重点主要是脱贫攻坚责任落实、专项规划和重大政策措施落实情况等。而巡查主要是针对失职渎职,不作为、假作为、慢作为以及相关弄虚作假等违法违纪行为。脱贫攻坚专项巡视是党内监督的一种重要探索创新,是对被巡视党组织落实脱贫攻坚政治责任的再监督,专项巡视突出"专"的内容,主要针对"四个落实"[①],深入开展督查检查。考核评估机制主要是贫困县退出抽查第三方评估和脱贫攻坚成效考核,前者是在贫困县退出由省负责的情况下针对全国当年退出的贫困县进行抽查,后者是每年针对各级党委和政府扶贫开发工作、东西部协作扶贫工作和中央单位定点扶贫工作进行成效考核。两者均采用第三方评估的方式进行,确保评估的权威性、公正性和客观性。

二、改善贫困治理体系,推进国家治理体系和能力建设

改革开放以来,我国贫困治理体系发生了较大的变化。从发展阶段来看,从农村经济体制改革带贫益贫阶段、以贫困县瞄准为重点的阶段、以贫困村瞄准为重点的阶段,一直发展到现在的区域性扶贫开发(连片特困地区)和个体(贫困户)相结合的双重瞄准阶段,从"大水漫灌"变为"精准滴灌"。我国各阶段贫困治理方式是综合考虑当时的经济社会发展、贫困特点与状况、国家财力等各方面因素确定的。从治理模式来看,传统的治理模式是以政府为主,传统部门为核心,而脱贫攻坚和精准扶贫的治理体系虽然仍以政府为主,但是构建了多部门、跨

---

① "四个落实":落实党中央脱贫攻坚方针政策、落实党委(党组)脱贫攻坚主体责任、落实纪委监委(纪检监察组)监督责任和有关职能部门监管责任、落实脱贫攻坚过程中各类监督检查发现问题整改任务。

部门协作的复合型反贫困治理框架，同时建立多元主体参与，完善政府、企业、社会组织多方联动的治理体系，更重要的是强调参与式扶贫，提高贫困人口在扶贫项目的发展能力，注重长效脱贫机制的构建。贫困治理体系的变化是国家治理体系和能力建设的重要体现，并在特定方面体现着、丰富着、推动着国家治理现代化。

（一）从区域扶贫开发到精准扶贫

改革开放之前，我国反贫困的主要目标是保生存。1957年，社会主义制度确立之前，主要是通过土地改革解决农民生产资料的问题，通过互助合作提高生产效率。1957—1978年，通过改革农村分配制度、建立社会保障体系、发展农村公共事业等措施缓解贫困问题。改革开放以后，1979—1985年，党和国家的工作重心转移到经济建设上来，包括家庭承包经营制、放宽农产品价格、大力发展乡镇企业等多项农村体制改革快速有效地解放和发展了生产力，促进了经济的全面增长，此阶段贫困人口收入增加主要是由于经济增长的带贫益贫效果。在这一时期，国家根据当时的贫困状况设立了专项资金和规划支持部分地区的扶贫开发工作，如1980年设立的"支援经济不发达地区发展资金"，1983年设立的"三西"扶贫工程，1984年设立的以工代赈资金。此阶段是我国对区域性扶贫开发政策的探索，在一定程度上促进了当时极端贫困地区的经济发展，为后来的大规模扶贫开发积累了经验。1986年，以国务院专门成立的反贫困机构——国务院贫困地区经济开发领导小组及其办公室为标志，我国扶贫开发事业进入新阶段，一直持续到2000年。1986—2000年，国家建立了反贫困工作机制，实行扶贫开发工作党政"一把手"负责制；明确了贫困瞄准方式，将没有解决温饱问题的绝对贫困人口作为反贫困的主要工作目标；增加了扶贫资源的投入，通过安排专项扶贫资金、动员全社会参与扶贫开发，逐渐形成了"政府主导，全社会参与"的扶贫格局。2001—2012年,我国的贫困状况又发生了变化,贫困人口向中西部集中,呈现大集中、小分散的特点。这一阶段以综合开发、全面发展为原则,完善了贫困瞄准方式和贫困标准,制定了集中连片特困地区发展规划,出台了强农惠农政策。通过这一系列措施,使贫困人口下降到2012年年末的9899万人。2012年后,宏观经济环境和社会主要矛盾的变化使扶贫开发工作面临新的挑战,经济增长减贫效应下降、区域发展不平衡、长期以来的区域性扶贫开发遗漏了部分贫困个体等问题促使扶贫开发工作要进行新的调整。2013年,习近平总书记提出"精准扶贫"的概念,强调要以贫困人口作为扶贫对象,强调精准识别、精准扶持、精准施策、精准退出,确保2020年全面建成小康社会不落一人。中国扶贫开发正式进入精准扶贫阶段。

不难看出,从"区域瞄准"到"个体瞄准",从"大水漫灌"到"精准滴灌",从注重区域整体发展到注重贫困个体的"两不愁三保障",中国的贫困治理体系与时俱进,不断细化,不断深入,不断完善,不断调整,分阶段有秩序解决贫困人口贫困问题,形成了中国特色贫困治理经验。

(二)从"救济式扶贫"向"开发式扶贫"转变

开发式扶贫是我国目前扶贫开发工作的基本方针。20世纪80年代中期以前,我国的扶贫主要是以救济式扶贫为主,即传统的给钱给物等。救济式扶贫可以缓解贫困人口一时的生活困难,但是对贫困人口的发展能力没有帮助,还会滋长"等、靠、要"等思想,对贫困地区的发展更是劳而无功。针对中国的贫困特点,不只需要单纯增加贫困人口的收入,更重要的是要改变贫困地区的落后面貌,改善贫困地区的生产生活条件,促进贫困地区发展。因此,找到一种既能在短期增加贫困人口收入,又能在长期促进贫困地区整体发展,培育贫困地区内生动力,构建贫困人口稳定脱贫机制的扶贫开发方式刻不容缓。1982年12月，国务院针对甘肃河西地区、定西地区和宁夏西海固地区实施专项"三西"扶贫计划。"三西"扶贫计划是最早探索区域性开发式扶贫的工程，对后来实施大规模扶贫开发产生了深远的影响。1984年9月，中共中央、国务院发布《关于帮助贫困地区尽快改变面貌的通知》，指出了当时针对解决贫困地区的困难花了不少钱但收效甚微的问题，要求纠正单纯救济的观点，强调"按照本地特点，因地制宜，扬长避短，充分利用当地资源，发展商品生产，增强本地区的内部活力"。此文件的发布是开发式扶贫思想正式提出的标志性事件。1991年4月通过的《国民经济和社会发展十年规划和"八五"计划纲要》提出"要坚持以经济开发为主的扶贫方针"，这是开发式扶贫的前称。1994年，中央召开全国扶贫开发工作会议，部署实施《国家八七扶贫攻坚计划》，明确提出"开发式扶贫方针"这一名称，并对其含义进行了描述："鼓励贫困地区广大干部、群众发扬自力更生、艰苦奋斗的精神，在国家的扶持下，以市场需求为导向，依靠科技进步，开发利用当地资源，发展商品生产，解决温饱进而脱贫致富。"2001年，国务院发布了《中国农村扶贫开发纲要（2001—2010年）》，对开发式扶贫的基本方针进行了完善，着重强调以经济建设为中心，带动贫困群众走出一条符合实际、有自己特色的发展道路，并强调提高贫困农户自我积累、自我发展能力。此次完善是首次在开发式扶贫方针中明确强调注重培育贫困户自身发展能力，这一补充和完善是目前开发式扶贫的主要目标——构建长效脱贫机制，巩固脱贫攻坚成果的主要内容。2011年，《中国农村扶贫开发纲要（2011—2020年）》继续提出坚持开发式扶贫方针。2015年，习近平总书记在2015减贫与发展高层论坛上强调："我们坚持开发式扶贫方针，把发展作为解决贫困的根本途径，既扶贫又扶志，调动扶贫对象的积极性，提高其发展能力，发挥其主体作用。"直到目前，我国的脱贫攻坚工作一直坚持的是开发式扶贫方针。

针对开发式扶贫，应该有几个方面的含义：一是开发式扶贫注重的不只是开发当地的自然资源，还包括人文资源和社会资源。开发式扶贫有利于促进贫困地区农业、旅游、文化等产业的发展，进而催生新业态和推动产业融合发展，延伸产业发展链条，提高产业发展附加值，促进贫困地区产业协同发展。二是开发式扶贫不是对资源进行最大限度的开发，而是生态效益和经济效益并重，绝不走先污染后治理的老路，充分尊重自然规律，坚持"绿水青山就是金山银山"。三是开发式扶贫不仅包括帮助贫困人口增收，还包括基本公共服务均等化。目前，相对城市而言，农村教育、医疗等基本公共服务水平较低，因此基本公共服务均等化应成为开发式扶贫的应有之义。四是扶贫开发与社会保障制度并重。目前贫困人口中很大一部分是老弱病残，这部分群体参加产业发展的能力较低，只能通过社会保障兜底来解决，因此开发式扶贫要注意"两轮驱动"，既注重开发，也不能忽视保障。只有这样，脱贫攻坚才能惠及更多的弱劳动力和无劳动力的贫困人口，确保小康路上不落一人。

（三）资金和项目审批权的下放促进了地方管理能力的提升

随着脱贫攻坚的深入，贫困治理的目标和任务越来越艰巨，扶贫资金和项目作为贫困治理的重要工具，其分配方式直接决定了扶贫的成效。2016年，国务院办公厅发布《国务院办公厅关于支持贫困县开展统筹整合使用财政涉农资金试点的意见》，明确指出支持贫困县围绕突出问题，统筹整合使用财政涉农资金，提高资金使用精准度和效益，确保如期完成脱贫攻坚任务，形成"多个渠道引水，一个龙头放水"的扶贫投入新格局。文件还要求，贫困县作为实施主体，要根据脱贫攻坚规划，统筹整合使用财政涉农资金，并承担资金安全、规范、有效使用的具体责任。纳入统筹整合资金范围是各级财政用于安排农业生产发展和农业基础设施建设等方面的资金,仅中央层面的资金就有 19 项之多,各省份省级层面的资金也有十余项。贫困县根据当地脱贫攻坚规划制定统筹整合资金使用方案,允许资金在"大类间打通""跨类别使用"①。统筹整合财政涉农资金,在安排项目时要与县级脱贫攻坚项目库中的项目相匹配,在这种约束下,县级政府管理资金的能力和建设项目库的能力相互促进,共同提升。

毫无疑问,脱贫攻坚过程中,相对于中央、省级、市级政府,县级政府是获取本县信息最便利、最充分的一级政府,而且也是对本县脱贫攻坚规划最了解的一级政府。贫困县统筹整合涉农资金政策赋予了县级政府充分的自主权,充分激发了县级政府脱贫攻坚的热情,有利于着力解决资金"零、散、乱"的问题,形成制度化、常态化的涉农资金管理机制,保障精准扶贫的成效和质量。在涉农资金统筹整合使用绩效考核的压力下,县级各部门必须完善项目管理制度和资金管理制度,这有利于提高县级政府"项目制"治理方式下的执政经验,同时涉农资金统筹整合使用要坚持群众参与、公示公告,在项目设计、实施和验收环节均有贫困群众参与,提高了项目实施的透明度,增强了贫困群众的获得感和满意感,基层治理能力得到提升,干群关系明显改善。

(四)多维贫困科学考核指标丰富了贫困治理经验

贫困人口退出的标准是"一达标两不愁三保障",重点在于"两不愁三保障"。其中,"一达标"是指收入达到当年国家贫困线标准;"两不愁三保障"是指不愁吃、不愁穿,义务教育有保障、基本医疗有保障、住房安全有保障。贫困人口的退出标准不只以收入为唯一指标,而且还包括饮水、住房、医疗、教育等与民生福祉密切相关的内容,这些

---

① "大类间打通""跨类别使用"指的是,用于农业生产发展的资金和农村基础设施建设范围的资金可以相互调剂使用。

都是多维贫困理论的重要内容。根据阿马蒂亚·森的贫困理论，可行能力自由中两个重要的内容是经济条件和社会机会。经济条件指人们拥有与运作资源的能力。社会机会指个体平等地享受医疗、教育等社会公共服务的以促进个体拥有平等社会机会的权利。一方面，医疗和教育是贫困人口应该获得的社会公共服务；另一方面，从经济条件的角度来说，疾病和文盲导致贫困人口具有较弱的拥有和运作资源的能力。部分学者的研究成果显示，扶贫项目和资源还存在不同程度的精英俘获现象，在相当一部分产业扶贫项目中，存在"一发了之""一兜了之"的现象，贫困人口的参与度较少，造成贫困人口产业发展能力和素质上不来，而造成贫困人口参与不足的很重要的原因就是疾病困扰和能力不足。贫困人口医疗保障条件的提升可以有效提高贫困人口的人力资本，使其有条件、有劳力参与产业项目。教育可以阻断贫困的代际传递，使贫困人口有能力参与产业扶贫项目，甚至在市场竞争中发展产业。医疗和教育是构建长效稳定脱贫机制的重要内容。住房是人类生活的基本保障，是遮风挡雨之处，也是民生底线的重要内容。脱贫攻坚和精准扶贫确定了多维贫困科学考核指标，保障了贫困人口发展所必须具备的基础条件。因病、因残、缺劳动力是贫困人口无法抗拒的外部致贫原因，仅靠其自身能力难以完全解决贫困问题。对于这部分贫困人口，脱贫攻坚和精准扶贫可以兜住保障群众基本生活这条民生底线，在医疗、养老、住房等方面提供基本保障，让贫困群众病有所医、老有所养、住有所居。同时，再辅之以低保、优抚、救助等扶贫兜底政策，进一步保障无劳动力和弱劳动力的收入。在整个脱贫攻坚进程中，我国的贫困治理经验不断丰富，贫困治理体系不断完善。

（五）驻村工作队制度有效改善了基层治理薄弱环节

习近平总书记指出，做好扶贫开发工作，基层是基础。要鼓励和选派思想好、作风正、能力强、愿意为群众服务的优秀青年干部、退伍军人和高校毕业生到贫困村工作，要把深度贫困地区作为锻炼干部、选拔干部的重要平台。截至2018年1月，全国共选派277.8万人进行驻村帮扶。根据中共中央办公厅、国务院办公厅印发的《关于加强贫困村驻村工作队选派管理工作的指导意见》要求，驻村工作队的主要任务包括宣传党中央、国务院关于脱贫攻坚重大政策等，参与拟定脱贫规划计划，参与实施各项精准扶贫工作，推动各项扶贫措施落实到村到户，推动发展村集体经济并协助管好用好村集体收入，监管扶贫资金项目并推动落实公告公示制度，"志智双扶"激发贫困人口内生动力，推动移风易俗，推广普通话，加强基层组织建设并培养吸引各类人才创新创业[①]等内容。脱贫攻坚前，部分"村两委"面临着组织涣散、能力不足、老龄化严重的问题，驻村工作队给基层注入了新鲜的血液，有效解决了基层治理困境。本部分主要通过"嵌入性"治理和政治锦标赛两个视角分析驻村工作队制度如何有效改善基层治理薄弱环节。

　　脱贫攻坚的驻村帮扶制度是国家权力重新嵌入农村，改善农村基层治理的切入点。驻村帮扶通过刚性制度要求，以行政手段形塑贫困村的贫困治理，在实现贫困村出列、贫困人口脱贫的同时，也重建了基层组织结构，重塑了农村治理体系。在中国政治体制下，"工作队"作为国家与乡村之间的一种新型中介机制和国家权力的一种非常规运行机制，是国家治理过程中不可忽略的补充性机制。"驻村制"在乡镇和村庄之间发挥着重要的"上接下联"作用，打破了官僚制的科层制、非人格化运作逻辑，成为中国基层组织运作的独特"经验"与方式。在格兰诺维特（Granovetter）提出的嵌入性治理分析框架下，驻村工作队分别通过"结构性嵌入"和"关系性嵌入"两种治理机制改善基层治理能

---

① 十项主要任务的详细内容见中共中央办公厅、国务院办公厅印发的《关于加强贫困村驻村工作队选派管理工作的指导意见》。

力。结构性嵌入是指许多行动者嵌入更为广阔的社会关系网络,关系性嵌入是指经济行动者嵌入个人关系之中。结构性嵌入指在政治、经济和社会系统中,嵌入的外在行动者在宏观层面的体制和管理模式等方面进行结构性的重新建构,以及对与多元主体活动有关的相关要素资源和职能进行整合。关系性嵌入指的是在中微观层面的多元主体和其他行动者,通过对政策规则的学习、传导与执行,价值情感的认同与交流,相互赞同的渴求与激励,利益的交换与互惠等,将组织或个人嵌入社会关系网络中,转化为内生变化的动力,使得原有的社会结构和关系发生变化,朝着有利于目标实现的方向发展。在《关于加强贫困村驻村工作队选派管理工作的指导意见》中,针对驻村工作队的十项任务,宣传贯彻党中央、国务院关于脱贫攻坚各项政策、监管扶贫项目资金推动落实公告公示制度、参与拟订脱贫计划规划、加强基层组织建设这四项任务属于结构性嵌入。参与各项精准扶贫工作、推动各项政策措施落实到村到户、发展村集体经济并协助管好村集体收入、"志智双扶"激发贫困人口内生动力、推动移风易俗指导制定村规民约、推广普通话这六项任务属于关系性嵌入。驻村工作队制度分别通过结构性嵌入和关系性嵌入有效介入基层扶贫场域,创新了改善基层治理的新方式,实现了国家权力的不断下沉。

政治锦标赛是在科层体制下中国地方政府官员的一种压力性的强激励模式,即以绩效考核指标体系作为地方官员晋升的主要标准。驻村工作队的考核激励机制存在于政治锦标赛大框架下,因此在政治锦标赛视角下考察驻村工作队制度对基层治理的改善符合其逻辑内涵。《关于加强贫困村驻村工作队选派管理工作的指导意见》明确对驻村干部的考核激励提出三个方面的要求:一是强化考核,县级党委和政府每年对驻村工作队进行考核检查,确保驻村帮扶工作取得实效。二是表彰激励,考核结果作为驻村干部综合评价、评优评先、提拔使用的重要依据;对成绩突出、群众认可的驻村干部，按照有关规定予以表彰；符合条件的，列为后备干部，优先选拔使用。三是严肃问题，对于不胜任驻村帮扶工作的，要及时召回调整；对履行职责不力的，要给予批评教育；对弄虚作假、失职失责，或者有其他情形、造成恶劣影响的，要进行严肃处理，同时依据有关规定对派出单位和管理单位有关负责人、责任人予以问责。在科层制晋升体制下，这种正向和负向相结合的强激励模式会促使驻村干部采取积极手段，使其绩效考核指标达到上级部门的要求，为以后的晋升增添政治资本。不难看出，在政治锦标赛的行动逻辑下，驻村工作队会严格对标各项任务努力开展工作，严格开展基层组织建设，整顿村级软弱涣散党组织，改善基层治理薄弱环节。

三、激发贫困地区和贫困人口自我发展的内生动力

贫困地区和贫困人口的内生动力是实现贫困人口稳定脱贫的源泉，随着脱贫攻坚的推进，贫困人口内生动力不足的问题越来越受到学术界重视。内生动力指自身具有的对各种自我成长、自我发展、自我完善、自主创新等方面有积极推动作用的动力。习近平总书记提出，要坚持"输血"和"造血"相结合，坚持民族和区域相统筹，重在培育自我发展能力，重在促进贫困区域内各民族共同发展，贫困地区发展要靠内生动力，如果凭空救济出一个新村，简单改变村容村貌，内在活力不行，劳动力不能回流，没有经济上的持续来源，这个地方下一步的发展还是会有问题。中国开发式扶贫的核心便是激发贫困地区和贫困人口的内生发展动力，一方面是促进贫困地区的经济社会状况逐渐向发达地区趋同；另一方面通过带动贫困人口参与产业发展，给贫困人口赋能，使其能在市场经济中充分发展。

根据内生增长理论的观点，一个地区的经济能够不依赖外部条件实

现持续增长，内生的技术进步是实现经济可持续发展的重要因素。技术进步改变了生产要素边际效益递减的规律，从而打破了新古典经济学认为资本和劳动力积累达到一定阶段后经济发展停滞不前的结论。内生增长模型突破了最早新古典增长理论关于技术外生的假定，罗默、卢卡斯等人都假定技术具有全经济范围的溢出效应，外部性的存在使总量生产函数呈现规模收益递增，技术进步是由生产新知识的资本积累决定的，储蓄倾向的改变将影响经济的长期增长率。巴罗（Barrow）认为政府是推动经济增长的决定力量，政府服务（如基础设施建设）使生产呈现规模收益递增，使经济得以实现内生增长。在内生增长理论的视角下，脱贫攻坚既通过产业扶贫、就业扶贫、电商扶贫等方式将发达地区先进的生产技术、管理理念带到贫困地区，直接促进贫困地区发展，又通过贫困县统筹整合涉农资金政策发挥资金的规模效应，提高贫困地区基础设施建设，助力贫困地区物流发展，减少信息不对称，间接提高贫困地区和贫困人口的内生动力。

产业发展提升贫困地区和贫困人口内生发展动力。我国大多数贫困人口都集中在农村地区，扶贫实际上主要是针对农村贫困人口的扶贫。农业作为农村贫困地区的主导产业，其产业发展水平对农村贫困人口的脱贫十分重要。农业是区域发展的坚实基础，能直接帮助农村低收入家庭脱离贫困，农业的规模化发展使得农业具有更加显著和持久的减贫效应。对于贫困人口来说，农业是门槛最低的产业，农业经济发展成果能最直接地使贫困人口受益。贫困人口在参与农业产业链条的过程中，有效提升其农业生产能力，有助于实现经营性收入的可持续增长。此外，第二产业和第三产业的发展对贫困人口的减贫作用也不容忽视。在易地扶贫搬迁的伟大实践中，不少贫困人口从不利于人类居住的地方搬到附近乡镇或县城集中安置，再辅之以后续就业帮扶措施，贫困人口在扶贫车间或工厂就近就业，"干中学"效应逐渐显现，有助于贫困人口实现工资性收入可持续增长。因此，在贫困人口切实参与产业发展的前提下，产业自身发展的过程也是贫困人口能力提升的过程，更是内生动力提升的过程。

基础设施提升贫困地区和贫困人口的内生发展动力。农村基础设施和基本公共服务的改善是提升贫困地区可持续发展能力和提高贫困人口可行能力的重点内容。政府对基础设施的投资具有乘数效应，通过投资乘数的放大作用，带动相关产业的增长，进而促进经济发展。其一，随着政府对农村地区基础设施投资力度的加大，交通条件得到很大的改善，有利于降低农业生产成本，提高农业生产效率。其二，基础设施的完善有效缩短了城乡通勤距离和时间，加大了发达地区对贫困地区农村劳动力的吸引力度，既加快了城乡融合，又促进了贫困地区农村劳动力的转移。其三，基础设施的完善可以降低贫困地区的各类成本，一是减少劳动力转移的成本，增加农村劳动力参与非农产业就业的机会；二是避免信息不对称造成成本的增加，有利于贫困人口选择生产更加有利于增加收入的农产品；三是减少农产品的运输成本和农产品在运输过程中发生的损耗。此外，高质量的基础设施会带来持续的发展，从而在农村减贫方面发挥关键作用。

基本公共服务提升贫困人口的内生发展动力。义务教育有保障和基本医疗有保障是提升贫困人口可行能力的重要内容。在教育方面，教育发展能够为个人和社会带来积极的私人回报和社会回报，提高个人受教育水平可实现人力资本的快速积累，为提高个人或家庭收入提供了重要保障和必要手段。同时，教育发展也具有正外部性，通过提高人口预期寿命和改善健康状况等渠道带来积极的社会回报。在医疗方面，在目前我国人口红利消减阶段，人们更愿意增加对健康保障的投入，而医疗费用支出的增加给一部分贫困家庭患者带来压力和负担，极易导致因病致贫和因病返贫。医疗等公共服务能够治愈疾病带给人类生理上和心理上的创伤,增强居民创收能力,进而有效缓解贫困。因此,医疗和教育等基本公共服务的改善是提升贫困人口内生动力的有效方式。

四、提前实现联合国可持续发展目标,提供全球减贫经验

联合国可持续发展目标(Sustainable Development Goals,SDGs)是继联合国千年发展目标后继续指导全球2015—2030年发展工作的目标。联合国千年发展目标共有17项,涵盖贫困、饥饿与粮食安全、健康与教育、性别平等、水和环境卫生、现代化能源等方面。脱贫攻坚完成后,我国将在2020年实现全部贫困人口脱贫,全面建成小康社会,消除绝对贫困,提前10年实现联合国可持续发展目标中消除贫困的目标,为全球贫困治理贡献中国经验。

(一)消除贫困与饥饿

联合国17项发展目标中,前两项分别是"在世界各地消除一切形式的贫穷"和"消除饥饿,实现粮食安全,改善营养和促进可持续农业"。中国贫困人口的脱贫标准是"一达标两不愁三保障",其中"两不愁"是指"不愁吃、不愁穿",而"不愁吃"不仅包括保障安全可食用的主粮,还要求贫困人口能摄取足够的蛋白质,同时对安全饮水、取水便利等给出了相应的要求,符合联合国可持续发展目标中对消除饥饿和清洁饮水的相关目标。

(二)良好的健康与福祉

良好的健康与福祉是实现可持续发展的必要内容。在联合国千年发展目标的指导下,世界人民在预期寿命和母婴存活方面获得较大进展,在疟疾、肺结核、骨髓灰质炎和艾滋病等困扰全球可持续发展的疾病治

疗方面取得重大进展，但是在儿童健康、产妇保健、艾滋病等方面还需加倍努力。我国的"三保障"标准之一就是基本医疗有保障，贫困人口要有基本医疗保险和大病保险，慢性病要得到及时救治，确保贫困人口都看得起病，同时也对县、乡、村三级医疗机构提出要求，确保贫困人口看得上病。

值得一提的是贵州威宁的案例。贵州省威宁县地处滇黔桂石漠化集中连片特困地区，是贵州贫困人口最多的县，当地儿童先天性心脏病较为普遍，其中很重要的原因是缺乏优生优育机制，妇女怀孕期间没有得到优生服务，甚至不少妇女在家中生产。此外，全县将近一半的村卫生室（300个）已成为危房或因其他原因而无法使用，一部分村医在家里或者租房进行诊治，设置不规范，存在安全隐患。在医疗设施不足、儿童先天性心脏病高发的情况下，威宁县县委县政府和定点扶贫单位招商局集团开展了"招商局·幸福乡村卫生"项目，规划建设村级卫生室300间，并邀请世界宣明会和中国人口福利基金会为村医和贫困人口提供医疗培训服务，同时每个中心村卫生室还配备了远程医疗设备，可实现村级与县、乡两级的远程会诊，彻底解决看病难的问题。根据规划，该项目覆盖全县30个乡镇（街道）的50个行政村（社区），直接受益人口16.05万人，其中建档立卡贫困人口18504人。

（三）生态与环境

生态和环境也是可持续发展的重要内容，在联合国可持续发展目标中，廉价和清洁能源、气候行动、水下生物和陆地生物的保护、可持续的生产和消费等都与生态和环境保护有关。我国在脱贫攻坚中的实施绿色减贫方案也是助力贫困地区实现生态效益与经济效益共赢的重要措施。绿色减贫，即通过产业绿色化和绿色产业化，促进贫困地区发展，实现贫困人口脱贫的减贫手段。通过绿色减贫，推动农业产业内部融合，形成旅游扶贫和观光农业模式，创新利益联结机制，促进贫困地区和贫困人口内生动力，实现可持续发展。这与联合国可持续发展目标中的生态和环境相关目标相契合。

（四）教育

教育是阻断贫困代际传递的重要方法。确保包容、公平的优质教育，实现普及教育是改善人民生活和实现可持续发展的重要内容。目前全球发展中地区的小学教育适龄儿童失学人数为 5800 万人，其中，在撒哈拉以南非洲地区，一半以上的儿童没有上学。在脱贫攻坚初期，我国部分深度贫困地区的教育普及率也较低，如四川省凉山彝族自治州。我国脱贫标准"三保障"之一就是义务教育有保障，即义务教育阶段除身体原因外不能出现辍学，但是针对部分厌学人口，可以提前进行职业教育。在解决绝对贫困阶段，我国的目标是首先保障处于义务教育阶段的儿童和少年都上得起学，而且必须上学。实现高质量的教育是下一阶段解决相对贫困时需考虑的问题。此外，我国在促进教育均等化的方面也取得了显著的成效。

（五）城乡协同发展

城乡协同发展是中国可持续城镇化的重要内容，也是联合国可持续发展目标的内容。具体来说，建设具备风险抵御能力的基础设施、促进具有包容性的工业可持续发展、推动创新是联合国可持续发展目标之一。我国脱贫攻坚的一个重要目标就是"基本公共服务主要指标接近全国平均水平"。这既包括基础设施的完善，也包括基本公共服务的均等化。脱贫攻坚以来，贫困地区所在自然村通公路的农户比重从 2015 年的 99.7% 上升至 2019 年的 100%，贫困地区所在自然村能接收有线电视信号的农户比重从 2015 年的 92.2% 上升至 2019 年的 99.1%，贫困地区所在自然村能通宽带的农户比重从 2015 年的 71.8% 上升至 2019 年的 97.3%，这都与联合国的可持续发展目标中对交通和信息技术等基础设施建设的目标相契合。

参 考 文 献

[1] 刘永富. 以习近平总书记扶贫重要论述为指导坚决打赢脱贫攻坚战——在贵州省脱贫攻坚形势政策报告会上的发言 [EB/OL]. (2019 - 08 - 26). http://www.sohu.com/a/336775493_120206205.

[2] 国家统计局住户调查办公室. 2019 中国农村贫困监测报告 [M]. 北京：中国统计出版社，2018：341 - 384.

[3] 李小云. 扶贫创新模式丰富了中国的扶贫实践 [EB/OL]. (2019 - 09 - 05). http://www.sohu.com/a/338988948_120043718.

[4] 阿马蒂亚·森. 以自由看待发展 [M]. 任赜，于真，译. 北京：中国人民大学出版社，2013.

[5] 胡鞍钢. 中国减贫成功的世界意义 [N]. 人民日报（海外版），2014 - 10 - 17.

[6] 赵琪. 解决全球性贫困问题任重道远 [N]. 中国社会科学报，2014 - 02 - 17.

[7] 刘彦随，李进涛. 中国县域农村贫困化分异机制的地理探测与优化决策 [J]. 地理学报，2017 (1)：161 - 173.

[8] 刘彦随，曹智. 精准扶贫供给侧结构及其改革策略 [J]. 中国科学院院刊，2017 (10)：1066 - 1073.

[9] 刘彦随，周扬，刘继来. 中国农村贫困化地域分异特征及其精准扶贫策略 [J]. 中国科学院院刊，2016 (3)：269 - 278.

[10] 王瑜, 汪三贵. 农村贫困人口的聚类与减贫对策分析 [J]. 中国农业大学学报 (社会科学版), 2015 (2): 98-109.

[11] 杨忍, 等. 中国乡村转型重构研究进展与展望——逻辑主线与内容框架 [J]. 地理科学进展, 2015 (8): 1019-1030.

[12] 罗庆, 李小建. 国外农村贫困地理研究进展 [J]. 经济地理, 2014 (6): 1-8.

[13] 刘小鹏, 苏胜亮, 王亚娟, 等. 集中连片特殊困难地区村域空间贫困测度指标体系研究 [J]. 地理科学, 2014 (4): 447-453.

[14] 裴银宝, 刘小鹏, 李永红, 等. 六盘山特困片区村域空间贫困调查与分析——以宁夏西吉县为例 [J]. 农业现代化研究, 2015 (5): 748-754.

[15] 鲁春艳. 实施精准扶贫、精准脱贫的难点及对策建议 [J]. 农业经济, 2016 (7): 6-7.

[16] 汪三贵, 郭子豪. 论中国的精准扶贫 [J]. 贵州社会科学, 2015 (5): 147-150.

[17] 刘牧. 当代中国农村扶贫开发战略研究 [D]. 长春: 吉林大学, 2016.

[18] 汪三贵, 张雁, 杨龙, 等. 连片特困地区扶贫项目到户问题研究——基于乌蒙山片区三省六县的调研 [J]. 中州学刊, 2015 (3): 68-72.

[19] 斯丽娟. 以工代赈在农村扶贫开发中的效益——基于甘肃省以工代赈政策实施的调查 [J]. 甘肃社会科学, 2011 (3): 237-239.

[20] 凌文豪, 刘欣. 中国特色扶贫开发的理念、实践及其世界意义 [J]. 社会主义研究, 2016 (4): 69-75.

[21] 张琦, 冯丹萌. 我国减贫实践探索及其理论创新: 1978—2016 年 [J]. 改革, 2016 (4): 27-42.

[22] 李小云, 唐丽霞, 许汉泽. 论我国的扶贫治理: 基于扶贫资源瞄准和传递的分析 [J]. 吉林大学社会科学学报, 2015 (4): 90-98, 250-251.

[23] 许汉泽, 李小云. 精准扶贫视角下扶贫项目的运作困境及其解释——以华北W县的竞争性项目为例 [J]. 中国农业大学学报（社会科学版）, 2016 (4): 49-56.

[24] 檀学文. 完善现行精准扶贫体制机制研究 [J]. 中国农业大学学报（社会科学版）, 2017 (5): 42-50.

[25] 何植民, 陈齐铭. 精准扶贫的"碎片化"及其整合: 整体性治理的视角 [J]. 中国行政管理, 2017 (10): 87-91.

[26] 王文行, 王安伦. 1982年以来甘肃扶贫的历程、反思和展望 [J]. 兰州大学学报（社会科学版）, 2016 (1): 112-118.

[27] 周冬梅. 中国贫困治理三十年: 价值、行动与困境——基于政策文本的分析 [J]. 青海社会科学, 2017 (6): 153-161.

[28] 易柳. 改革开放40年中国扶贫政策的演化与前瞻——立足国家层面政策文本的分析 [J]. 西南民族大学学报（人文社科版）, 2018 (4): 183-191.

[29] 孔繁金. 改革开放以来扶贫政策的历史演进及其创新——以中央一号文件为中心的考察 [J]. 当代中国史研究, 2018 (2): 111-120, 128.

[30] 张成福, 党秀云. 公共管理学 [M]. 北京: 中国人民大学出版社, 2007: 62.

[31] Elssøyen, 张大川. 减少贫困的政治 [J]. 国际社会科学杂志, 2000 (4): 43-48.

[32] 岳希明, 罗楚亮. 农村劳动力外出打工与缓解贫困 [J]. 世界经济, 2010 (11): 84-98.

[33] 李秉龙. 中国农村贫困、公共财政与公共物品 [M]. 北京: 农业出版社, 2004.

[34] 姚洋. 转轨中国: 审视社会公正和平等 [M]. 北京: 中国人民大学出版社, 2004.

[35] 蔡昉, 万广华. 中国转轨时期收入差距与贫困 [M]. 北京: 社会科学文献出版社, 2006.

[36] 世界银行. 2000—2001年世界发展报告: 与贫困作斗争 [M]. 北京: 中国财政经济出版社, 2001.

[37] 莫光辉, 凌晨. 政府职能转变视角下的精准扶贫绩效提升机制构建 [J]. 党政研究, 2016 (5): 51-60.

[38] 蔡科云. 政府与社会组织合作扶贫的权力模式与推进方式 [J]. 中国行政管理, 2014 (9): 55-65.

[39] 郭佩霞. 政府购买NGO扶贫服务的障碍及其解决——兼论公共服务的限度与取向 [J]. 贵州社会科学, 2012 (8): 41-42.

[40] 国务院扶贫办. 五大致贫原因 [EB/OL]. (2015-11-21). http://m.news.cntv.cn/2015/11/21/ARTI1448082051328733.shtml.

[41] 扶贫办主任刘永富就打好精准脱贫攻坚战答记者问 [EB/OL]. http://www.china.com.cn/zhibo/content_50665654.

[42] 国务院扶贫办关于印发《扶贫开发建档立卡工作方案》的通知 [EB/OL]. (2014-04-11). http://www.cpad.gov.cn/art/2014/4/11/art_50_23761.

[43] 阿马蒂亚·森. 贫困与饥荒 [M]. 王宇, 王文玉, 译. 北京: 商务印书馆, 2009: 34.

[44] 2018年第2号公告: 2017年第四季度国家重大政策措施落实情况跟踪审计结果 [EB/OL]. (2018-04-18). http://www.audit.gov.cn/n5/n25/c121703/content.html.

[45] 杜志雄,詹琳. 实施精准扶贫新战略的难题和破解之道[J]. 中国发展观察,2015(8):23-26.

[46] 唐任伍. 习近平精准扶贫思想阐释[J]. 人民论坛,2015(10):28-30.

[47] 左停,杨雨鑫,钟玲. 精准扶贫:技术靶向、理论解析和现实挑战[J]. 贵州社会科学,2015(8):6-162.

[48] 田代贵,王定祥."发展中贫困"困局的成因与破解对策——来自新阶段重庆扶贫开发的调查与分析[J]. 西部论坛,2014(6):81-89.

[49] 莫光辉. 少数民族地区农民创业与农村扶贫研究——基于广西天等县的实证分析[D]. 武汉:武汉大学,2013.

[50] 黄承伟,沈洋. 完善我国新型农村扶贫开发战略的思考——论"三维资本"协同下的反贫困机制[J]. 甘肃社会科学,2013(3):139-142.

[51] 刘西川,黄祖辉,程恩江. 小额信贷的目标上移现象描述与理论解释[J]. 中国农村经济,2007(8):23-34.

[52] 郭熙保,周强. 长期多维贫困、不平等与致贫因素[J]. 经济研究,2016(6):143-156.

[53] 李博,左停. 精准扶贫视角下农村产业化扶贫政策执行逻辑的探讨——以Y村大棚蔬菜产业扶贫为例[J]. 西南大学学报(社会科学版),2016(7):66-73.

[54] 邓维杰. 精准扶贫的难点、对策与路径选择[J]. 农村经济,2014(6):78-81.

[55] 闫东东,付华. 龙头企业参与产业扶贫的进化博弈分析[J]. 农村经济,2016(2):82-85.

[56] 孙兆霞. 脱嵌的产业扶贫——以贵州为案例 [J]. 中共福建省委党校学报, 2016 (3): 14 - 21.

[57] 陆倩, 孙剑, 向云. 农民合作社产权治理现状、类型划分及社员利益比较——中国为何缺乏有效的农民合作社 [J]. 经济学家, 2016 (9): 86 - 95.

[58] 李培林, 陈光金, 张翼. 2016 年中国社会形势分析与预测 [M]. 北京: 社会科学文献出版社, 2015.

[59] 罗楚亮. 经济增长、收入差距与农村贫困 [J]. 经济研究, 2012 (2): 15 - 27.

[60] 张瑞才. 区域扶贫中的观念更新和政策创新 [N]. 光明日报, 2015 - 09 - 30.

[61] 张琦. 中国绿色减贫指数报告 2014 [M]. 北京: 经济日报出版社, 2014.

[62] 刘辉武. 精准扶贫实施中的问题、经验与策略选择——基于贵州省铜仁市的调查 [J]. 农村经济, 2016 (5): 112 - 117.

[63] 李红玲. 农民专业合作组织的多元扶贫逻辑与公共治理 [J]. 贵州社会科学, 2014 (7): 133 - 137.

[64] 薛杨, 张玉利. 社会创业研究的理论模型构建及关键问题建议 [J]. 天津大学学报(社会科学版), 2016 (5): 392 - 399.

[65] 刘永富. 贫困县 GDP 年均增速高出全国平均 2 个多百分点 [EB/OL]. (2019 - 09 - 27). http: //finance. sina. com. cn/china/gncj/2019 - 09 - 27/doc - iicezzrq8725110. shtml.

[66] 中共中央办公厅、国务院办公厅关于印发《脱贫攻坚督查巡查工作办法》的通知 [EB/OL]. (2016 - 07 - 17). http: //www. cpad. gov. cn/art/2016/7/17/art_1742_45. html.

[67] 黄承伟, 覃志敏. 我国农村贫困治理体系演进与精准扶贫

[J]. 开发研究, 2015 (2): 56-59.

[68] 左停, 金菁, 等. 中国打赢脱贫攻坚战中反贫困治理体系的创新维度 [J]. 河海大学学报 (哲学社会科学版), 2017, 19 (5): 6-12.

[69] 汪三贵, 胡骏. 从生存到发展: 新中国七十年反贫困的实践 [J]. 农业经济问题, 2020 (2): 4-14.

[70] 邢成举, 李小云. 精英俘获与财政扶贫项目目标偏离的研究 [J]. 中国行政管理, 2013 (9): 109-113.

[71] 中共中央办公厅 国务院办公厅印发《关于加强贫困村驻村工作队选派管理工作的指导意见》[EB/OL]. (2017-12-24). http://www.gov.cn/zhengce/2017-12/24/content_5250001.htm.

[72] 丁远朋. 弹性化治理: "工作组" 机制的运行及治理逻辑探究 [J]. 社会主义研究, 2018 (1): 80-90.

[73] 欧阳静. 乡镇驻村制与基层治理方式变迁 [J]. 中国农业大学学报 (社会科学版), 2012 (1): 111-115.

[74] 朱新武, 谭枫, 秦海波. 驻村工作队如何嵌入基层治理?——基于 "访民情、惠民生、聚民心" 案例的分析 [J]. 公共行政评论, 2020 (3): 84-101.

[75] 陈潭, 刘兴云. 锦标赛体制、晋升博弈与地方剧场政治 [J]. 公共管理学报, 2011 (2): 21-33.

[76] 周晓红. 以深化改革促内生动力释放和成长 [J]. 中共福建省委党校学报, 2014 (8): 52-58.

[77] 蒋辉, 刘兆阳. 贫困地区特色农业规模经营意愿的影响因素研究——微观农户视角的分析 [J]. 中南民族大学学报 (人文社会科学版), 2016, 36 (2): 106-111.

[78] 郭君平. 交通基础设施建设的农村减贫效应 [J]. 贵州农业科学, 2013, 41 (12): 213-217.

[79] 李谷成，尹朝静，吴清华. 农村基础设施建设与农业全要素生产率 [J]. 中南财经政法大学学报，2015（1）：141-147.

[80] 曾福生，蔡保忠. 农村基础设施是实现乡村振兴战略的基础 [J]. 农业经济问题，2018（7）：88-95.

[81] 高颖，李善同. 基于 CGE 模型对中国基础设施建设的减贫效应分析 [J]. 数量经济技术经济研究，2006（6）：14-24.

[82] 刘生龙，周绍杰. 基础设施的可获得性与中国农村居民收入增长——基于静态和动态非平衡面板的回归结果 [J]. 中国农村经济，2011（1）：27-36.

[83] 康继军，郭蒙，傅蕴英. 要想富，先修路？——交通基础设施建设、交通运输业发展与贫困减少的实证研究 [J]. 经济问题探索，2014（9）：41-46.

[84] 谢申祥，刘生龙，李强. 基础设施的可获得性与农村减贫——来自中国微观数据的经验分析 [J]. 中国农村经济，2018（5）：112-131.

[85] Rothwell R, Zegveld W. Reindusdalization and Technology [M]. London: Longman, 1985.

[86] Sen A. Issues in the Measurement of Poverty [J]. Scandinavian Journal of Economics, 1979, 81 (2): 285-307.

[87] Silvia Dorado, Marc J. Ventresca. Crescive entrepreneurship in complex social problems: Institutional conditions for entrepreneurial engagement [J]. Journal of Business Venturing, 2013 (1): 69-82.

[88] Amin, A. Extraordinarily ordinary: Working in the social economy [J]. Social Enterprise Journal, 2009 (1): 30.

[89] Jacques Defourny, Marthe Nyssens. Conceptions of Social Enterprise and Social Entrepreneurship in Europe and the United States: Conver-

gences and Divergences [J]. Journal of Social Entrepreneurship, 2009 (1): 32 - 53.

[90] Granovetter M. Economic Action and Social Structure: The Problem of Embeddedness [J]. American Journal of Sociology, 1985, 91 (3): 481 - 510.

[91] Barrow R. Government Spending in a Simple Model of Endogenous Growth [J]. Journal of Political Economy, 1990, 98 (5): 103 - 125.

[92] Ahmed R, H Mahabub. Developmental Impact of Rural Infrastructure in Bangladesh, Research Report 83 [R]. Washington, D. C.: International Food Policy Research Institute, 1990: 12 - 34.

[93] Gibson J, Olivia S. The effect of infrastructure access and quality on non-farm enterprises in rural Indonesia [J]. World Development, 2010, 38 (5): 717 - 726.

[94] Gibson J, S Rozelle. Poverty and Access to Roads in Papua New Guinea [J]. Economic Development and Cultural Change, 2003, 52 (1): 159 - 185.

[95] Fan S, V Zhang. Infrastructure and Regional Economic Development in Rural China [J]. China Economic Review, 2004, 15 (2): 203 - 214.

[96] Dale S B, A B Krueger. Estimating the payoff to atending a more selective colege: An application of selection on observables and unobservables [J]. Quarterly Journal of Economics, 2002, 117 (4): 1491 - 1527.

[97] Hong - Sang Jung, Erik Thorbecke. The impact of public education expenditure on human capital, growth, and poverty in Tanzania and Zambia: a general equilibrium approach [J]. Journal of Policy Modeling, 2003, 25 (8): 701 - 725.

[98] Lleras – Muney A. The relationship between education and adult mortality in the United States [J]. Review of Economic Studies, 2005, 72 (1): 189 – 221.

第六章

打赢脱贫攻坚战的经验及其理论解释

党的十八大以来,在以习近平同志为核心的党中央坚强领导下,在习近平新时代中国特色社会主义思想和习近平总书记关于扶贫重要论述的正确指导下,中国的脱贫攻坚工作始终坚持精准扶贫、精准脱贫基本方略,坚持"六个精准"工作要求,通过精准识别贫困群众、精准管理扶贫工作、深入贯彻"五个一批"扶贫手段精准帮扶贫困群众,最终实现贫困人口和贫困地区的精准退出。经过全党全国全社会共同努力,中国的减贫工作取得了新的历史性成就,走出了一条中国特色减贫道路。

中国之所以能够取得举世瞩目的减贫成就,最根本的原因是坚持中国共产党的领导,充分发挥中国特色社会主义的制度优势。在中国共产党领导的制度优势下,坚持政府主导,脱贫攻坚,构建"三位一体"大扶贫格局,充分调动社会各方力量参与脱贫攻坚的积极性,不断调整与完善扶贫战略和政策,不断加大脱贫攻坚的各项资源投入,是中国脱贫攻坚实践积累的重要经验。

第一节 充分发挥制度优势

集中力量办大事是中国特色社会主义制度优势的重要体现。习近平指出,坚持党的领导,发挥社会主义制度可以集中力量办大事的优势,这是我们的最大政治优势。中国特色社会主义制度,包括人民代表大会制度的根本政治制度,中国共产党领导的多党合作和政治协商制度、民族区域自治制度以及基层群众自治制度等基本政治制度,中国特色社会主义法律体系,公有制为主体、多种所有制经济共同发展的基本经济制度,以及建立在这些制度基础上的经济体制、政治体制、文化体制、社会体制等各项具体制度①。集中力量打赢脱贫攻坚战,离不开各项制度的相互配合,特别是始终坚持中国共产党的领导,不断完善基本经济制度,充分发扬伟大的民族精神。

一、中国共产党领导为脱贫攻坚提供了政治保障

中国共产党是中国特色社会主义事业的领导核心,始终代表中国最广大人民的根本利益。要做好扶贫开发工作,帮助贫困群众脱贫致富,使发展成果更多、更公平地惠及人民,必须坚持中国共产党的领导。党的领导也是中国特色社会主义最本质的特征。

一是中国共产党的领导为脱贫攻坚提供政治保障。中国共产党的根本宗旨是全心全意为人民服务。党的十八大以来,中国共产党将脱贫攻坚工作摆在了更加突出的战略地位,扶贫工作成为一个时期内中国政府的头等大事。之所以实施脱贫攻坚战略,既是社会主义的本质要求,实现全面建成小康社会的必然要求,也是中国共产党的职责与宗旨所在,是中国共产党作为中国各族人民利益代表者的历史定位所带来的使命要求。只有坚持中国共产党的领导,才能为脱贫攻坚提供政治保障,指引正确的前进方向。

---

① 中国共产党第十八次全国代表大会文件汇编[M]. 北京:人民出版社,2012.

二是中国共产党的领导为脱贫攻坚提供了组织保障。为深入实施脱贫攻坚战略，中国建立了中央统筹、省（自治区、直辖市）负总责、市（地）县抓落实的工作机制，坚持片区为重点、精准到村到户的工作方针。党中央、国务院主要负责统筹制定扶贫开发大政方针，出台重大政策举措，规划重大工程项目。省（自治区、直辖市）党委和政府对扶贫开发工作负总责，抓好目标确定、项目下达、资金投放、组织动员、监督考核等工作。市（地）党委和政府要做好上下衔接、域内协调、督促检查工作，把精力集中在贫困县如期摘帽上。县级党委和政府承担主体责任，书记和县长是第一责任人，做好进度安排、项目落地、资金使用、人力调配、推进实施等工作。毋庸置疑，只有坚持中国共产党的领导，才有可能建立如此完备的脱贫攻坚领导责任制，才有可能将脱贫攻坚责任明确到不同层级的党委政府，明确到具体个人，保障脱贫攻坚的顺利实施。

三是中国共产党的领导为脱贫攻坚提供了思想保障。脱贫攻坚工作涉及的部门繁多、对象分散、体系复杂，需要系统理论的指导。要深入开展脱贫攻坚，必须坚持中国共产党的领导，必须坚持马克思列宁主义、毛泽东思想、邓小平理论、"三个代表"重要思想、科学发展观、习近平新时代中国特色社会主义思想的指导地位，坚持一切从实际出发，理论联系实际，实事求是，在实践中检验真理和发展真理的党的思想路线，坚持解放思想、与时俱进、求真务实。只有坚持中国共产党的领导，坚持习近平扶贫理论在脱贫攻坚工作的指导地位，中国的脱贫攻坚才有可能取得成功。

二、基本经济制度为脱贫攻坚奠定了经济基础

集中力量办大事的基础是我国社会主义基本经济制度。党的十九届

四中全会提出,"公有制为主体、多种所有制经济共同发展,按劳分配为主体、多种分配方式并存,社会主义市场经济体制等社会主义基本经济制度,既体现了社会主义制度优越性,又同我国社会主义初级阶段社会生产力发展水平相适应,是党和人民的伟大创造。"公有制为主体决定了我国的社会主义性质,是巩固党的执政地位的重要保证,是贫困地区和贫困人口共享改革发展成果的重要保证,也是我们能够集中力量脱贫攻坚的经济基础。

党的十八大以来,习近平同志多次强调坚持我国基本经济制度,坚持"两个毫不动摇",即毫不动摇巩固和发展公有制经济,毫不动摇鼓励、支持、引导非公有制经济发展,不仅有利于我们在脱贫攻坚事业中更好地发挥国有企业的优势,而且有助于引导包括非公有制经济在内的各方面力量参与脱贫攻坚,构建"三位一体"大扶贫格局。

按劳分配为主体、多种分配方式并存,使得政府能够通过以税收、社会保障、转移支付等为主要手段的再分配调节机制,合理调节城乡、区域、不同群体间的分配关系,这是脱贫攻坚资源动员与扶贫投入的重要基础。同时,通过发挥第三次分配作用,鼓励发展慈善等脱贫攻坚公益事业。

三、中华民族精神为脱贫攻坚营造了文化氛围

中国具有集中力量办大事的悠久历史传统。习近平指出,"在5000多年文明发展中孕育的中华优秀传统文化,在党和人民伟大斗争中孕育的革命文化和社会主义先进文化,积淀着中华民族最深层的精神追求,代表着中华民族独特的精神标识。"[①] 面对几千年的风风雨雨,中国人

---

① 习近平. 在庆祝中国共产党成立 95 周年大会上的讲话 [M]. 北京:人民出版社,2016.

民不断继承发扬万众一心、众志成城、风雨同舟、和衷共济的团结精神，形成了集中力量办大事的中华民族特色；面对数十年的伟大斗争，中国人民始终坚信团结就是力量、团结才能前进，形成了集中力量办大事的国家治理特色。

中华民族优秀传统文化与社会主义核心价值观一脉相承，具有自强不息、扶贫济困的传统美德。脱贫攻坚事业不仅发挥了扶贫干部艰苦奋斗的精神，更提振了贫困地区广大群众的精气神，坚定其改变贫困落后面貌的信心和决心，凝聚了全党全社会投入脱贫攻坚的强大合力。

第二节　坚持政府主导

政府主导是脱贫攻坚的中国特征。实践证明，经济增长不能自动实现减贫，市场虽然具有内生性扶贫的基础性作用且机制灵活，但是市场多以逐利为目标，多关注回报周期短且有稳定收益的投资项目。如果没有政府的引导和支持，那么市场难以进入回报周期长、风险高、利润低的扶贫开发领域，存在着市场失灵的现象。

一、市场失灵使得政府主导成为必要

中国的贫困人口主要集中在农村地区，其收入来源以农业为主。根据世界银行和国家统计局的数据，99%的贫困人口生活在农村地区[1]，20%最低收入组的农业收入占比54%[2]。贫困人口的分布具有"大分散、小集中"的特点，主要分布在生存条件恶劣、自然灾害多发、公共

---

[1] 世界银行. 从贫困地区到贫困人群：中国扶贫议程的演进. 2009.
[2] 根据国家统计局 2006 年住户调查数据计算。

基础设施薄弱的广大中西部农村地区，特别是革命老区、少数民族聚居区、边境地区等。

面对中国贫困人口主要依附于农业和分布在落后地区的特点，市场失灵使得政府主导在脱贫攻坚事业中尤为必要。

一是市场机制无法实现国民经济的均衡发展。一方面，作为弱质性产业，农业生产承受自然因素和市场因素的双重风险，并且普遍生产周期较长、投资效益低，因此在激烈的市场竞争中，为了实现利润最大化，市场主体倾向于脱离农业，将资源投向风险小、周期短、效益高的产业，这就导致农业在国民经济产业中的失衡。另一方面，市场机制遵循自由竞争和自由交换来配置资源。由于地区资源禀赋和区位条件的差异，先天条件不足的地区在市场竞争中处于弱势地位，并且随着经济发展呈现出强者愈强、弱者愈弱，导致发达地区与落后地区的差距越来越大，中西部农村地区在国民经济发展中愈发失衡。这就需要政府扮演主导角色，通过出台相关调控政策，巩固农业地位，优化产业结构，平衡区域发展。

二是市场机制无法实现公共产品的有效供给。所谓公共产品，是指面向全体社会成员供给，消费或者使用具有非竞争性和受益具有非排他性的产品，如公共服务基础设施、教育、医疗、环保等。非竞争性是指，一部分人对公共产品的消费或使用不会对其他人的消费或使用造成影响。非排他性是指，一部分人消费或使用某一公共产品，不能排除其他人对该产品的消费或使用。由于公共产品的非竞争性和非排他性，私人部门供给公共产品的积极性非常低，大家都愿意"搭便车"。脱贫攻坚瞄准的对象，即贫困地区和贫困人群，介于纯公共产品和私人产品之间，属于准公共产品，具有一定程度的非竞争性和非排他性，这决定了私人部门不能自动参与脱贫攻坚。政府需要扮演主导角色，组织和引导全社会力量参与脱贫攻坚，实现农村基础设施、医疗卫生、教育文化等准公共产品的有效供给。

二、政府主导是脱贫攻坚的根本保障

从政府的角度来看，政府凭借其强大的政治动员和资源整合能力，在扶贫与发展方面处于领先地位，并已在资源政策和扶贫动员方面投入了大量的人力、物力和财力。脱贫作为"十三五"期间的当务之急，始终对推动经济社会发展大局起着"牛鼻"的作用。没有政府的法律认可和指导，就连最好的项目也无法实施。在贫困治理中发挥政府的核心作用是不可避免的：一方面，中国特色社会主义"以人为本"的发展观和"共同富裕"的发展目标要求中国必须在社会主义市场经济条件下充分发挥作用。党领导的政治优势和社会主义体制的优势，集中精力于重大事务，将扶贫与发展纳入国家总体发展战略，积极发挥政府在社会保护方面的作用，优化扶贫政策的顶层设计，加强各种法律法规和社会保障制度建设可以帮助市场机制在扶贫资源配置中发挥作用。另一方面，政府可以充分注意保持经济总量的平衡，考虑经济发展的效率和公平性，促进经济结构的协调和生产力布局的优化，并可以有效地将社会、市场、个人和其他资源联系起来，优化劳动力、资本、土地、技术等生产要素的配置，增强扶贫资源宏观调控的前瞻性、针对性和协同性。

新时期减轻贫困的主要战场是在严重贫困地区。这些地区普遍缺乏内生的扶贫能力，很难安排合理的产业作为经济支持。没有政府的大力扶贫，很难确保如期实现脱贫。

一是协调各方利益，在追求市场效率的同时追求公平。贫困地区的发展涉及各方面的关系，包括发达地区与贫困地区之间的关系，不同地区之间的关系，特定地理区域内第一、第二和第三产业之间的关系，与贫困家庭的关系，当地基层干部与农民的关系等。这些关系的背后是不同类型人的潜在利益,因此,政府应协调各种利益集团的利益,并在实现市场效率目标的同时确保公平。通过制定相应的经济政策、法规和规章,协调各方利益,切实保护贫困家庭的利益。

二是充分引导各类经济主体,释放其在精准扶贫中的活力。首先,激发贫困人口内生动力,复归贫困户的主体地位。目前,部分有劳动力的贫困户是因"懒"致贫,"等、靠、要"思想严重。针对这部分贫困户,帮扶人员主要从思想上下功夫,打开贫困户的心结,注重志智双扶,从心里铲除"穷根"。其次,政府利用优惠政策、产业项目和特色资源,激发市场主体的参与积极性。贫困地区大多处于山区和高原地区,其地形地貌、气候条件往往具有立体性的特征,独特的地形气候使得贫困地区资源丰富,如荒山荒地资源、水资源、滩地资源和沙地资源,这些都是贫困地区经济增长的潜力。但是,贫困地区迫于人力资本匮乏,对资源不能有效开发利用,导致出现"富裕的贫困"现象。一方面,政府通过优惠政策和产业项目等吸引发达地区资本进入贫困地区,开发贫困地区特色资源,带动贫困地区产业发展;另一方面,应发挥好当地组织、科研机构和农业专家的专业性优势,培育贫困地区特色优势产业,促进贫困地区发展的内生动力。

三是实施社会保障兜底工作。社会保障兜底解决一批的主要对象是完全丧失劳动能力和部分丧失劳动能力且无法依靠产业就业帮扶脱贫的贫困人口。他们没有能力利用资源,也缺乏自我发展的潜力和后劲,主要包括无劳力或丧失劳力的贫困户家庭、因病因残重度贫困家庭、因意外事故造成的重度贫困家庭等。政府通过社会保障,有效解决了这部分人的脱贫问题。

四是监督精准扶贫各项政策的落实。各级政府通过做好机制设计,确保落实相关政策法规,并通过构建分级监督体系,建立扶贫动态管理机制和扶贫绩效考核评估机制,有效监督不同层级部门的扶贫积极性和实效性。

坚持政府主导是中国减贫事业取得显著成效的政治前提和保障。自1986年成立国务院贫困地区经济开发领导小组（现为国务院扶贫开发领导小组），并在各级政府成立相应组织机构以来，中国的减贫事业开始有专门的政府机构负责。在政府主导下，中国的减贫工作可以根据贫困状况制定合理的扶贫战略、调动各项扶贫资源，通过实行中央统筹、省（自治区、直辖市）负总责、市（地）县抓落实的工作机制，层层签订脱贫攻坚责任书，强化脱贫攻坚领导责任制，利用各级行政力量，确保各项扶贫政策落实到千家万户。政府主导下的脱贫攻坚工作也是社会主义制度优势的集中体现。

第三节　大扶贫格局

目前，我国的扶贫开发路径已从"大水漫灌"的区域性扶贫开发进入"精准滴灌"的精准扶贫新阶段，要求扶贫措施精准到村到户到人。伴随着扶贫形势和整个宏观经济的变化，市场主体和社会组织的活力不断释放，构建了政府、社会、市场协同配合的大扶贫格局，全方位动员整合社会资源和力量参与脱贫攻坚。

一、贫困的多维性决定了多方参与

市场失灵为政府干预提供了基本依据，但政府干预也非万能，同样存在着"政府失灵"的可能性。随着脱贫攻坚工作的推进，扶贫成效呈现"边际效益递减"的现象。从具体扶贫项目来看，政府缺乏对市场规律的认识，如开展产业扶贫导致各地产业扶贫项目单一、同质化，后续发展极有可能面临较大的市场风险。同时,政府在脱贫攻坚战线单兵作战,容易致使贫困地区和贫困群众缺乏市场意识,不能有效参与市场竞争。

长期以来,由于受贫困线影响以及对贫困概念认识的限制,人们普遍习惯用货币来测量贫困。实际上,贫困是一个涉及范围广泛的社会现象。世界银行认为,贫困是对福祉的明确的剥夺。而对福祉也有不同的理解,既可以用收入或消费水平来衡量家庭拥有的财富和资源,也可以考虑一个家庭能否获得每一类的消费品,如食品、住房、医疗和教育等,又可以是"可行能力"概念。但是,不管对"福祉"做何种理解,贫困都是一个多维的概念,除了收入以外,还包括许多非货币维度,如教育、健康、住房以及公共物品的获得等。

2011年,正式出台实施《中国农村扶贫开发纲要(2011—2020年)》,确定了这个阶段的扶贫目标和任务,即"到2020年,稳定实现扶贫对象不愁吃、不愁穿,保障其义务教育、基本医疗和住房[①]。贫困地区农民人均纯收入增长幅度高于全国平均水平,基本公共服务主要领域指标接近全国平均水平,扭转发展差距扩大趋势"。"两不愁三保障"实际上反映出中国扶贫战略和政策关注重点的变化,从过去以解决温饱问题为核心向给予贫困人口更有尊严的生活转变。"两不愁三保障"是多元的目标,不仅仅是提高收入,还包括保障教育、医疗、住房服务等,这实际上是一种多维贫困标准目标,更加关注贫困人口的发展需求,表明中国扶贫工作从开发性扶贫进入相对广泛的大扶贫领域。扶贫目标的多元化表明,新阶段既要从区域层次解决整体性困难,也要从具体的贫困人口入手,着力解决生存保障和发展能力。这更加强调调动全社会力量,构建大扶贫格局。

---

① 即"两不愁三保障"。

二、大扶贫格局充分发挥各方所长

专项扶贫、行业扶贫、社会扶贫"三位一体"大扶贫格局是打赢脱贫攻坚的体系保障。"三位一体"大扶贫格局通过引入各方力量，充分调动了全社会的积极性，促进科学、教育、文化、卫生、环保等领域的市场主体参与脱贫攻坚事业，而扶贫主体的多元化发展有利于充分发挥不同主体的优势，提高扶贫措施的精准度。

政府通过专项扶贫和行业扶贫发挥主导作用。专项扶贫侧重于易地扶贫搬迁、整村推进、以工代赈、产业扶贫、就业促进、扶贫试点、革命老区建设等措施。行业扶贫注重明确部门职责、发展特色产业、开展科技扶贫、完善基础设施、发展教育文化事业、改善公共卫生和人口服务管理、完善社会保障制度、重视能源和生态环境建设等方面工作。市场通过社会扶贫发挥补充作用，而社会扶贫包括定点扶贫、推进东西部扶贫协作、发挥军队和武警部门的作用、动员企业和社会各界参与扶贫等内容，在这一过程中市场主体能够充分发挥市场机制的作用，提高贫困地区和贫困人口的收入水平和发展能力。

一是市场提高扶贫资源的配置效率。首先，市场更具专业性和效率性。行政命令式的"灌溉式"扶贫不能充分掌握各主体的需求信息，导致扶贫的准确度下降，同时在科层制的领导下，基层扶贫人才素质的高低也影响着扶贫资金的运用效率和扶贫资源的分配，而市场机制通过其自身的调节作用，可以提高资源的配置效率。其次，市场还可以实现各类主体和资源的有效匹配。脱贫攻坚涉及的主体非常广泛，包括政府部门、企业或社会组织、贫困户等，需要配置的资源涉及医疗、住房、教育等多个维度。这种特点决定了单纯依靠政府来配置社会资源会产生因信息缺失而影响资源的最优配置。而市场通过竞争机制和供求机制充分反映各类信息,各方主体也可以在市场中准确定位,通过自身调节实现资源的最优配置。

二是市场降低扶贫资金的选择性偏差。市场机制以"理性人"和利益最大化为前提,可以通过竞争机制进行自动瞄准,减少扶贫资金选择性偏差现象的发生。扶贫资金的瞄准性存在偏差,如整村推进项目使贫困村的收入和消费都有相应的增长,但是只为非贫困户带来了好处,贫困户很难受益(Park and Wang, 2010)。然而,市场机制的"逐利性"决定了市场化扶贫机制可以实现自动瞄准。只要利益引导机制合理,市场的自动瞄准机制就会避免选择性偏差,各类市场主体与市场资源就能相互匹配,真正服务于扶贫对象。

三是市场充分发挥各类主体的积极性。在政府扶贫模式下,政府在掌握扶贫资源的同时,还掌握监督权。农户总是处于一种"被扶贫"状态,长此以往,部分农户产生了对政府的依赖心理,弱化了自身主体意识和发展的内生动力,进一步产生"等、靠、要"的消极思想,不利于实现共同富裕的最终目标。在市场化扶贫的模式下,贫困人口直接参与帮扶环节,参与市场竞争,与帮扶主体共同构建"利益共享、风险共担"的合作机制,激发自身发展潜力。同时,市场主体的自身主观能动性也能被激发。市场主体都是自愿参与脱贫攻坚,有利于避免行政命令式扶贫下消极思想的出现,实现自身效益和帮扶效果的双重提高。

第四节 社会广泛参与

社会的广泛参与是中国减贫事业取得显著成效的重要力量。政府主导下的扶贫工作虽然有诸多优势,但是也存在资金使用效率偏低、市场联系不密切、工作灵活性不足等问题,社会力量协同参与扶贫工作可以有效弥补政府主导的不足。市场组织、社会组织、个人等社会力量通过万企帮万村、企业包县、公益扶贫等多种形式参与扶贫，充分发挥各自的专业优势，在产业扶贫、教育扶贫、健康扶贫、易地扶贫搬迁、志愿扶贫等多个扶贫领域均发挥了显著作用。定点扶贫、东西部协作等制度则拉近了贫困地区及贫困群众与定点扶贫单位和东部发达地区的距离，带动了贫困地区的整体发展。社会力量通过与政府在各项扶贫工作中相互补位、相互合作，构建起政府为主导、社会协同参与的有序格局，成为打赢脱贫攻坚战的重要力量。

一、社会组织参与发挥了重要的补充作用

在中国，非政府组织由民间组织管理局管理，因此，习惯上把非政府组织也称民间组织，而社会组织又是民间组织的另一个说法，包括社会团体、民办非企业单位和基金会。这里的社会参与是指社会组织和企业参与社会扶贫，不包括定点扶贫、东西扶贫协作等形式。政府虽然是中国大规模减贫的主导力量，但是政府的扶贫攻坚具有自身的不足，如扶贫资金使用效率偏低，瞄准对象还不完全精准等。社会组织可以吸收社会闲散资金，提高资金的使用效率，对政府力量不能完全覆盖的区域进行补位，加快脱贫攻坚进程。

一是有利于降低扶贫成本。政府部门要实现精准扶贫，需要投入大量人力、物力，社会组织的参与能较大程度地提高资金的使用效率，降低扶贫成本。具体来讲主要有三个方面：首先，社会组织参与精准扶贫可以帮助政府分担一些工作。贫困户的识别和建档立卡以及扶贫政策的制定都要耗费大量时间、精力，如果由社会组织协助完成，可以减少政府人员的工作量。其次，政府部门派出的识别贫困户、发放项目资金等的工作人员有些是临时抽调的，专业性不强，效率偏低。而社会组织有

专门的机构和专业化的员工，专业化程度较高，能发挥其自身擅长的优势，高效地完成扶贫工作。最后，社会组织能够动员个人、企业、其他团体出资，吸引社会资金扶贫，弥补政府资金的不足。

二是有利于完善扶贫政策。扶贫政策是精准扶贫目标实现的重要制度保障，但目前我国扶贫政策存在一些不足，部分精准扶贫政策未能准确到位，存在一定偏差。要使扶贫政策贴近实际，保障贫困户利益，并切实可行，在制定政策时应充分吸取各方面尤其是基层群众的意见。而社会组织身处基层，是基层各方面人才、资源的聚集地，可为政策的制定提供公众尤其是贫困户的意见、建议。社会组织搭建起贫困户代表和政府沟通的桥梁，使政策指向明确，有较强的可执行性。在各项措施出台的过程中，政府部门采用多种方式征求社会组织和其他社会力量的意见，如政策咨询、听证会等，这有助于政府部门制定合适的政策，减少政策的失误和偏差。

三是有利于防止扶贫资金的滥用。扶贫工作由政府主导，如果缺乏有效监督，扶贫资金可能被挪用和贪污，或者被用于搞面子工程等。尤其是在精准扶贫项目执行阶段及监督领域，如果由同一体系内的政府部门相互监督，在利益的驱使下，容易出现寻租或腐败现象。据审计署的调查，在扶贫实践中，个别县的扶贫专项资金被贪污或浪费，基层贫困户没有享受到扶贫政策的优惠。因此，扶贫工作引入社会监督是社会力量的一个重要组成部分，而社会组织监督比普通公众更积极、更专业。社会组织对政府扶贫进行监督，可保证政策、项目、资金使用到位，减少扶贫事业中的贪污和浪费，促进扶贫事业健康发展。政府可以通过委托社会组织参与对农业产业扶贫项目及资金、扶贫信息报送等工作的专项督查，参与政府扶贫办、财政、发改等部门组织的"财政扶贫资金使用管理"绩效考评工作，从而防止贪污腐败等行为的发生，保证扶贫资金使用到位。

四是有利于扶贫服务的品牌运作。扶贫服务的品牌运作可以满足贫困人口的最基本和共同的需求。它还集中了社会组织在项目设计和项目执行方面的优势，并以链式方式极大地提高了整个社会组织服务的专业性。社会组织通过发挥典型的带动作用，以政府购买扶贫服务的典型案例为切入点，并发挥榜样的作用，唤起整个社会对精准扶贫的责任和参与意识；通过典型的事例，促进个人、社会组织和社会团体对精准扶贫的关注。通过政府购买扶贫服务、社会组织促进志愿服务、政府培育扶贫开发公益项目等多种渠道，可以凝聚社会的各种力量参与精准扶贫。

二、国际交流合作推动了减贫机制创新

在对外进行扶贫国际合作的过程中，中国不仅接受国际扶贫资金的援助，更重要的是，国际上一系列先进的减贫理念、减贫理论和方法被介绍到中国，并应用于中国的减贫实践，助力中国的脱贫攻坚。发达国家经济援助提供的不仅仅是优惠贷款和发展援助，还有成熟的扶贫理念、系统的扶贫项目运作能力和高效、灵活的扶贫策略。在诸多的国际组织对华扶贫援助中，世界银行和亚洲开发银行在中国实施的减贫工作具有一定的代表性。

早在1992年，世界银行（简称"世行"）和中国国务院扶贫开发领导小组办公室共同编制了一份重点研究报告，旨在介绍加强贫困监测的新方法，介绍多部门且侧重增强劳动力流动性的扶贫模式，将贫困评估和示范项目的成果转化为政策方案以及制定一项长期减贫策略。在1995年陆续开始的西南扶贫项目和秦巴山区扶贫项目的实施过程中，世行将重点明确的多部门农村发展项目减贫方法的效果进行示范，同时将新的贫困监测系统引入中国，帮助加强中央和地方层面的贫困监测工作。目前，新的贫困监测系统已在中央一级得到采用，并推广至全国

592 个贫困县,中国已具备很强的贫困评估和测绘能力。

三、参与式扶贫调动了贫困人口的积极性

加强扶贫同"扶志""扶智"相结合,激发贫困人口内生动力,是习近平总书记关于扶贫工作重要论述的重要组成部分。习近平总书记在宁德工作时便强调,摆脱贫困的"弱鸟先飞",贫困地区、贫困群众首先要有"飞"的意识和"先飞"的行动。如果没有脱贫的内生动力,仅仅依靠政府和社会的外力帮扶,就算帮扶再多,也无法从根源上摆脱贫困。

脱贫攻坚的各项工作成效最终落实在每个贫困人口的脱贫能力和福利状况上,因此必然要求贫困人口全面参与到脱贫攻坚的伟大实践中,激发贫困人口在脱贫攻坚中的主体意识和主人翁意识。不同于以往简单地给予扶贫资金、项目等"输血式"扶贫方式,脱贫攻坚更强调增强贫困人口的脱贫能力,注重建立实现长期稳定脱贫的有效机制,为贫困人口通过自身努力摆脱贫困扫除各种制度性障碍。只有贫困群众深度参与脱贫攻坚工作,保持较强的内生发展动力和发展意愿,才能充分调动贫困群众发展积极性这一内因作用,才能实现贫困户发展积极性的内因与精准扶贫各项政策帮扶的外因相结合,彻底解决贫困群众的脱贫问题。

第五节 扶贫战略和政策的不断调整与完善

扶贫战略和政策的不断调整与完善是中国减贫事业取得显著成效的战略和政策保障。中国共产党将马克思主义关于人的自由而全面发

展思想中国化,树立了全心全意为人民服务的根本宗旨。新中国成立以来,特别是改革开放以来,中国共产党人始终秉持根本宗旨,立足于中国国情,结合扶贫开发工作的最新情况,不断提出解决中国贫困问题的战略和政策,不断细化解决贫困问题的阶段性目标,走了一条从救济式扶贫到贫困地区区域开发为主,再转向以贫困家庭和人口为对象的精准扶贫之路。这体现了中国扶贫战略和政策的延续性和适应性。

一、扶贫战略和政策不断调整与完善的历程

中国的扶贫可以分为三个大的阶段:第一阶段是从1949年到1985年,扶持措施主要以实物救济"输血"为主;第二阶段是从1986年到2013年,重点工作是区域扶贫开发;第三阶段是从2014年开始到2020年,精准扶贫成为基本方略。第一阶段的扶贫工作依托于国家宏观战略,从第二阶段开始,扶贫正式成为专项工作。这里主要讨论后两个阶段的扶贫战略和政策,其扶持的对象和目标存在显著区别。区域扶贫开发的对象是不同的区域,目的是让贫困地区发展更快,从而间接带动贫困人口脱贫。精准扶贫的对象是贫困家庭和贫困人口,目的是直接帮助贫困家庭和贫困人口脱贫。

20世纪80年代中期开始的反贫困计划尝试改变以往以实物救济为主的扶持政策,转而以生产帮助为主、无偿救济为辅。首先,确定了扶持对象。根据国家当时的财政状况以及贫困人口的分布,决定以县为单位进行扶持,共确定了332个国家级贫困县以及370个省级贫困县,扶持的主要内容是兴建基础设施、建设基本农田、实行以工代赈、提供信贷资金、发展多种经营等,基本目标是解决贫困地区的温饱问题。1984年,中央颁发了《关于帮助贫困地区改变面貌的通知》,加强对贫困地

区的资金和物资扶持①，主要是用于发展生产，改变生产条件，增强地区经济活力，本质上是一种区域扶贫开发政策。

1994年开始实施《国家八七扶贫攻坚计划》，即用7年时间解决8000万贫困人口的温饱问题，总要求是"坚持开发式扶贫的方针，努力提高扶贫开发效益，积极创造稳定解决温饱问题的基础条件"（陈俊生，1994）。在扶持对象上，将国家级贫困县增加到592个，中央财政、信贷、以工代赈等扶贫资金主要集中投放在国家级贫困县；在扶持资金投放上，以调整投向后的中西部省区市为重点，重大项目向贫困地区倾斜；在扶贫资金投入结构上，以中央投入为主，加大省市投入；在扶贫责任制上，强调统一领导，分级负责，以省为主。当时扶贫工作的目标是解决贫困户的温饱问题。实践证明，种植业、养殖业和以农产品为原料的加工业是当时最有效的扶贫产业，贷款回收率也相对较高。主要做法是，通过扶贫经济实体组织经济开发，将经济开发和扶持到户相结合，把解决温饱的工作指标量化到户，提高资源开发的水平和效益。

到21世纪初，中国农村贫困人口温饱问题基本解决，大面积绝对贫困现象明显缓解，新阶段的扶贫开发是在社会主义市场经济体制初步建立、国民经济和社会发展进入新阶段的背景下进行的。2001年开始实施《中国农村扶贫开发纲要（2001—2010年）》，扶持的国家级贫困县数量维持在592个，只是将东部地区的所有国家级贫困县指标调整到了中西部，同时在全国确定了14.8万个贫困村②作为扶持对象；基本目标是"巩固温饱成果，为达到小康水平创造条件"；主要措施是"一体两翼"："一体"是指用整村推进来改善14.8万个贫困村的生产生活生

---

① 20世纪80年代初至80年代末，为了帮助老少边穷地区尽快改变贫困落后面貌，国家先后设立了7笔扶贫专项资金：支援不发达地区发展资金、支持老少边穷地区贷款、支援不发达地区发展经济贷款、"三西"农业建设专项资金、国家扶贫专项贴息贷款、牧区扶贫专项贴息贷款、县办企业专项贷款。

② 后来，贫困村数量增加到15万个。

态条件，提高贫困村的发展能力，"两翼"是指贫困地区劳动力转移培训和龙头企业产业化扶贫，主要目的是促进贫困人口的市场参与。除"一体两翼"外，适当的公共转移政策和众多的惠农政策，加上全面实施农村最低生活保障制度，在一定程度上有助于贫困人口的收入增长和缓解贫困地区收入差距的扩大。

随着第一个十年扶贫开发纲要实施完成，2011年启动了《中国农村扶贫开发纲要（2011—2020年）》，制定了新的贫困线标准[①]，并划分了14个集中连片特殊困难地区，扶持县级单位包含680个片区县和592个国家扶贫开发重点县，剔除重复县后共计832个贫困县，除调整贫困县外，又确定了12.8万个贫困村继续进行扶持。新阶段扶贫工作的总体目标是稳定实现贫困人口的"两不愁三保障"，同时要求贫困地区农民人均纯收入增长幅度高于全国平均水平，基本公共服务达到全国平均水平。其中，"两不愁"在于解决温饱和极端贫困问题，巩固前期脱贫成果；"三保障"侧重于解决人力资本和发展能力问题，是新时期需要重点解决的问题。强调贫困地区的收入增长和公共服务，主要是要进一步缩小区域差距，解决区域性整体贫困问题。

党的十八大以来，以习近平同志为核心的党中央高度重视扶贫开发工作，根据宏观形势的变化，作出了打赢脱贫攻坚战的重要决定，明确"到2020年，确保我国现行标准下农村贫困人口全部脱贫，贫困县全部摘帽，解决区域性整体贫困"的总体目标。在扶持对象上，中央调整了以往以区域开发为主的扶贫开发模式，将精准扶贫、精准脱贫作为基本方略，精准识别贫困家庭和贫困人口。这种战略和政策调整是基于贫困人口分布"大分散、小集中"以及贫困人口没有从区域开发中平等受益，区域开发在缩小区域差距的同时也加剧了贫困地区内部的收入不平

[①] 按2010年不变价计算，为每人每年2300元。

等的现实情况做出的(李小云,2013)。从区域开发转向精准扶贫,瞄准贫困家庭和个体因户因人施策是完成脱贫攻坚目标的必然选择。精准扶贫同时也是抵消因经济增长速度下降和收入分配不平等导致的减贫效应下降而必须采取的措施(汪三贵等,2015)。

二、扶贫战略和政策不断调整与完善的历史经验

中国较长时期的经济高速增长为可持续的减贫提供了物质基础,减贫同样依赖于扶贫战略和政策的实施。实践充分证明,中国在扶贫战略上选择了正确的方向,成功走出了一条中国特色的扶贫开发道路,扶贫战略和政策呈现出明显的阶段性,具有继承和发扬的特点。扶贫战略和政策在继承成功经验的基础上不断调整和完善,积累了宝贵的经验,发挥了重要的作用。

一是宏观战略稳中有进。中国扶贫开发宏观战略经历了以经济建设为中心到统筹经济社会发展全局的转变,从过去通过经济增长的"涓滴效应"来增加贫困人口收入为主并辅以适当救济的反贫困战略,转变为实行以促进贫困人口较为集中的区域自我发展能力的提高来实现稳定减贫和消除贫困的战略。扶贫政策在继承成功经验的基础上不断发展和创新,探索新的更加有针对性的政策,部分扶贫政策逐渐由区域性、地方性探索转变为国家层面的精准扶贫整体设计和试点推进。

二是瞄准政策由粗转精。中国贫困瞄准的单位与对象由粗转精、不断细化,从较大的范围转变为较小的、较准确的范围与单位。瞄准政策从最初的区域精准,到后来的贫困县精准,到贫困村的精准,再到现在的贫困户精准。基于对贫困成因的更深刻认识,瞄准政策内涵不断变化。当前的瞄准方式更多地体现区域精准和个体精准结合,并建立贫困片区、贫困县、贫困村和贫困户的四级扶贫瞄准机制,精准扶贫工作重

心和扶贫资源不断下沉（进村入户）。

三是资源传递更加有效。中国扶贫资源传递由过去忽视贫困成因和贫困群体特征的扶贫资源普惠性平均分配，向在精确贫困瞄准的基础上进一步细分贫困群体并引入适度竞争的精准分配转变，通过精准扶贫把有限的扶贫资源有效分配给动态变化的扶贫对象。更加强调充分利用市场机制或市场主体实现扶贫资源的市场化配置。社会扶贫资源动员、传递和分配的机制设计更为完善，对贫困防范和阻断贫困传递具有更好的稳定性、持续性与常规化的特点，扶贫开发活动成效更具有效性、针对性、精准性和可持续性。

四是扶持政策组合多样。中国政府对贫困人口的扶持政策更加注重救济性政策、开发性政策和预防性政策等精准扶贫政策的有机结合，从向贫困人口提供满足最低生活需要的物质援助发展到把政策扶贫、投资扶持与贫困人口自力更生相结合。扶贫政策的关口由事后贫困援助干预向降低脆弱性和风险的事前干预前移，更加注重通过教育、健康等方面的投入来提高预防和应对贫困风险的能力，而不仅仅是在其陷入贫困不能自拔之后再进行扶持和救助。扶贫政策的侧重点向保障社会公平分配，赋予陷入贫困陷阱而不能自拔的贫困人口更高的生活水平、更高的幸福感和获得感转变。

五是治理方式更加多元。中国贫困治理方式逐渐由政策性、动员式、运动化向长期性、制度性、规范性、法制化方向发展，由完全的政府主导向政府主导、社会组织参与，进而向政府主导、社会组织参与和受益群体参与转变，更加注重目标群体的主体性和参与性。扶贫领域治理手段由单一化向多元化以及多部门主导延伸，呈现出依托市场机制的经济发展和国家主导的扶贫开发混合运行、政府主导与互动参与并举、共同推动精准扶贫的特点。

第六节　大规模的资源动员与扶贫投入

"巧妇难为无米之炊。"大规模的资源动员与扶贫投入为打赢脱贫攻坚战奠定了坚实的物质和人力基础。国民经济长期高速发展是大规模资源动员与扶贫投入的前提,也是打赢脱贫攻坚战的重要推动因素。同时,大规模的人力动员生动体现了中国特色社会主义"集中力量办大事"的制度优势,使精准扶贫、精准脱贫成为可能。

一、经济高速增长是大规模资源动员的前提

经济增长对减贫的作用主要表现在两个方面:一是经济发展为贫困人口提供了更多和更好的就业和创收机会;二是经济增长带来了政府财政收入的增加,使政府更有能力去帮助贫困人口(汪三贵,2008)。

第一,经济增长具有决定性作用。一个国家贫困人口要大幅度下降,没有持续的经济增长是不可能的。从国际上看,这些年来东亚地区是减贫速度最快的地区,也是经济增长最快的地区,而经济增长慢的地区的减贫进程也慢。贫困主要是采用经济福利指标来测量,首先是消费支出,然后是收入水平。只有经济增长,才能提高收入和消费支出水平,从而减少贫困。国际上的一些研究表明,经济增长可以解释短期减贫的70%,而从长期来看,95%的减贫是经济增长带来的(Kraay,2004)。如果一个国家不注重经济发展,那么纯粹扶贫在长期来看是没有效果的。扶贫需要大规模的资源动员与扶贫投入,没有经济增长和财政收入的增加,扶贫便是"巧妇难为无米之炊"。比较中国的人均GDP增长率和贫困发生率的变化可以清楚地看到两者之间的负相关

关系，GDP增长率越高，贫困发生率下降越快，经济增长对减贫的弹性为-0.52%，即GDP每增加1%，贫困发生率将下降0.52%（汪三贵，2008）。

第二，农业发展对减贫具有重要作用。经济增长来源于三个不同的部门，即第一产业、第二产业和第三产业，每一个部门的增长对减贫的影响是不一样的。在中国和很多其他发展中国家，以农业为主的第一产业的减贫效应最高。首先，中国的贫困人口主要在农村，农村发展越好，贫困人口受益越大，第一产业的增长率的减贫弹性是-1.13%，是总体经济增长减贫弹性的2倍以上（汪三贵，2008）。其次，中国的土地等主要农业资源的分配较为平等，绝大多数农户容易从农业增长中受益。此外，农业的减贫效应与贫困人口的收入结构有关，越是贫困的家庭越以农业为生，农业增长深刻影响贫困人口收入水平。

中国经济的长期高速增长，除了会因"涓流效应"为贫困人口带来收益，帮助其脱贫外，还能使国家有充分的扶贫资金投入减贫工作。如果政府因经济增速放缓而缺乏足够的财政收入，将会直接导致扶贫资金投入不足。在当前中国以政府为主导的扶贫格局中，这一现象将会直接导致脱贫攻坚工作停滞不前。因此，经济增长是大规模资源动员和扶贫投入的前提。

二、大规模资金投入是脱贫攻坚的物质基础

由于市场调节机制的缺陷和失灵，为政府干预提供了基本依据。市场资源不会主动投向脱贫攻坚事业，而且在政府引导下投入量也非常有限，这就需要政府加强对脱贫攻坚工作的主导作用，通过制定财政政策和货币政策，填补市场缺位，为脱贫攻坚提供充足的资金保障。

脱贫攻坚时间紧、任务重，为了确保如期打赢脱贫攻坚战，首先需

要进行大规模的资金投入。从中央财政专项扶贫资金投入状况来看，每年的财政专项资金投入从1980年的8亿元增加到2020年的1396.36亿元，特别是吹响打赢脱贫攻坚战的号角以来，增长趋势十分明显，连续三年中央财政专项扶贫资金投入超过1000亿元（见图6-1）。中国政府建立了立体的脱贫攻坚投入体系，财政资金、金融资金和土地政策的支持力度非常大，目前每年有超过1万亿元的各类资金投向贫困县乡村，用来帮助贫困人口脱贫。

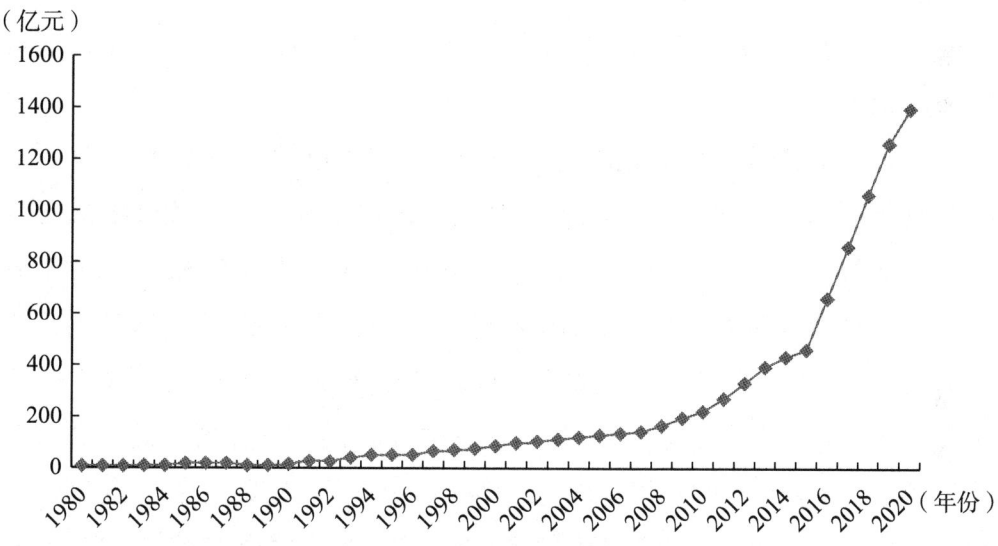

图6-1 历年中央财政专项扶贫资金投入

注：中央财政专项扶贫资金中，2000年以前的数据不含扶贫贷款贴息资金、国有贫困农场、国有贫困林场资金等专项资金，2001年后的数据则包含上述资金。

资料来源：2014年及之前年份的数据源于《中国扶贫开发年鉴2015》，2015年及以后的数据均来自国务院官网：http：//www.gov.cn/。

三、大规模人力动员是脱贫攻坚的人员基础

精准扶贫是现阶段脱贫攻坚的最主要方略，目标是到2020年使现行标准下的贫困人口全部脱贫，贫困县全部摘帽退出，从而确保党的第

一个百年目标顺利实现。精准扶贫的基本内涵是扶贫需要更加有针对性,需要到村到户到人,而不能停留在区域层面。扶贫到户到人的难度是很大的,因为贫困人口规模太大,情况复杂,需要大规模动员人力资源,做大量艰苦细致的工作。

一是精准识别工作。精准识别是精准扶贫的前提,为了聚焦贫困对象,解决以往扶贫工作中贫困人口底数不清、情况不明、针对性不强的问题,需要开展到村到户的贫困状况调查和建档立卡工作。2014年,全国组织了80万人深入农村开展贫困识别和建档立卡工作,2015—2016年,全国动员了近200万人开展建档立卡"回头看"工作,改进精准识别工作[①]。

二是精准帮扶工作。精准帮扶是在精准识别的基础上,针对贫困家庭的致贫原因,因户因人采取有针对性的扶贫措施,消除致贫的关键因素和脱贫的关键障碍。中国构建了"三位一体"大扶贫格局,动员各方力量积极参与脱贫攻坚。在结对帮扶责任人方面,建档立卡贫困户近3000万户,约9000万人[②],这就要求动员近3000万名机关事业单位工作人员落实帮扶责任人制度;在定点扶贫方面,中央、国家机关和有关单位通过定点帮扶的形式,直接帮扶国家扶贫开发工作重点县,自2012年开始已经实现对国家扶贫开发工作重点县的全覆盖,2002年到2014年期间,通过定点帮扶这一形式,中央、国家机关和有关单位的累计挂职干部数达到5229人,赴定点县考察人次超过66000人次;在东西扶贫协作方面,截至2016年,东部共有260个县市与西部287县市结成帮扶对子,东部省市向西部10个省区市共提供财政援助132.7

---

① 黄承伟. 深刻领会习近平精准扶贫思想坚决打赢脱贫攻坚战[EB/OL]. http://dangjian.people.com.cn/n1/2017/0823/c412885-29489835.html.

② 根据国务院扶贫办的数据估算。

亿元，动员几百万干部驻村帮扶①。

三是精准考核工作。精准考核是对精准扶贫的效果进行考核，首先是对贫困户的扶持效果进行考核和评估，以保证精准脱贫；其次是对地方政府的扶贫绩效进行考核，督促贫困地区政府将工作重点放在脱贫攻坚方面。以国家第三方评估为例，自脱贫攻坚成效考核和贫困县退出评估引入第三方评估以来，累计动员高校、科研院所、企业和智库人员超过10000人，保证了精准脱贫经得起历史的检验。

第七节 完善的考核监督机制

完善的考核监督机制为保证减贫工作取得显著成效提供监督和激励保障。为确保如期完成既定减贫目标，保证减贫成果真实可信，中国建立了完善的考核监督机制。通过出台对省级党委和政府扶贫开发工作成效考核办法，省级政府出台对贫困县扶贫绩效考核办法，同时加强贫困县退出的考核评估，提高减贫指标在干部任用考核中的权重。脱贫攻坚顶层设计着力建设完备的监督体系，包括中央专项巡视、各级督查和巡查、民主党派监督和社会监督等方面，确保各级党委政府将脱贫攻坚作为重大政治任务紧抓落实，对各项扶贫工作落实进行督导和考核，确保减贫成效真实可靠。

一是强化政治监督，压紧压实了脱贫攻坚政治责任。中国共产党的领导是中国特色社会主义的本质特征，也是制度优势的根本所在。面对国内外经济形势变化以及扶贫工作的新形势，以习近平同志为核心的党中央作出了打赢脱贫攻坚战的重要部署。以往的实践充分证明，一旦在

---

① 顾仲阳. 兄弟携手 共奔全面小康——全国东西扶贫协作工作20年综述 [N/OL]. (2016-07-20). http://finance.people.com.cn/n1/2016/0720/c1004-28567815.html.

坚持党的领导、落实中央精神方面不坚定、不坚决，必然导致政策落实跑偏，制约相关事业的顺利推进。脱贫攻坚考核监督首要的任务就是落实党中央关于脱贫攻坚的重要部署、贯彻习近平总书记关于扶贫工作的重要论述精神。考核监督透过各级党委和政府落实脱贫攻坚的状况来看是否把脱贫攻坚摆到突出位置，督促各级党组织和党员干部切实扛起脱贫攻坚责任，付出行动见成效。

二是突出问题导向，确保脱贫攻坚政策精准落实。脱贫攻坚工作涉及的部门多、政策多、时间紧、任务重，在国家出台大政方针后，各项惠民扶贫政策难免落实不到位、有偏差，必须有针对性地开展脱贫攻坚专项治理，确保脱贫攻坚政策精准落实。发现问题是解决问题的前提，完善的考核监督坚持问题导向，一个问题一个问题地解决。通过资金考核监督，盯住管理的关键环节，防范贪污腐败，确保了脱贫攻坚资金专款专用。通过开展产业扶贫、易地搬迁扶贫、生态扶贫、教育扶贫、社会保障兜底等项目考核监督，实现资金和项目到哪里、管理和监督工作就跟到哪里，确保脱贫攻坚项目顺利进行。

三是整治作风问题，确保如期高质量脱贫。脱贫攻坚时间紧、任务重，必然出现影响脱贫攻坚成效的各类形式主义、官僚主义问题。通过脱贫攻坚考核监督，整治庸懒散慢不良习气，针对脱贫攻坚力度减弱、效率下降和摘帽后懈怠松劲、不闻不问等作风问题，脱贫攻坚数字脱贫、虚假脱贫的等形式主义官僚主义问题，建立了严肃问责机制，做到脱贫攻坚硬仗打到哪里、考核监督就跟进到哪里，培养了"懂扶贫、会帮扶、作风硬"的扶贫干部，确保了"真扶贫、扶真贫、真脱贫"的亮丽底色。

四是注重标本兼治，推动了脱贫攻坚机制创新。2013年12月印发的《〈关于创新机制扎实推进农村扶贫开发工作的意见〉的通知》确立了精准扶贫作为新时期扶贫开发重要指导思想的地位，要求不断创新扶贫开发工作"六大机制",即改进贫困县考核机制、建立精准扶贫工作机制、健全干部驻村帮扶机制、改革财政专项扶贫资金管理机制、完善金融服务机制、创新社会参与机制,其中,贫困县考核机制是总抓手。脱贫攻坚监督考核机制,包括贫困县考核机制在内,不仅通过发现问题,为改革创新及时提供了鲜活的案例,更通过推动问题解决,有效扫清了脱贫攻坚机制改革创新的障碍。

"人民对美好生活的向往,就是我们的奋斗目标。"完善的考核监督机制就是为了更加高效地推动脱贫攻坚工作,确保如期实现脱贫攻坚的目标任务,到2020年,贫困地区和贫困群众同全国一道进入全面小康社会,体现了党性和人民性的一致性、统一性。同时,考核监督机制将党内监督的权威和人民群众的参与结合起来,坚持"人民群众满意度是检验各级党委政府一切工作的根本标准",通过发现问题、解决问题、防范问题赢得人民群众信任,激发了全社会参与脱贫攻坚的热情。

参 考 文 献

[1] 陈立中,张建华. 经济增长、收入分配与减贫进程间的动态联系——来自中国农村的经验分析 [J]. 中国人口科学,2007 (1):53-59,96.

[2] 陈志刚. 应对世界性难题 中国始终倡导并践行全球减贫事业 [EB/OL]. (2018-05-24). http://www.cpad.gov.cn/art/2018/5/24/art_61_84345.html.

[3] 国家统计局. 中国统计年鉴 2015 [M]. 北京:中国统计出版社,2015.

[4] 国家统计局农村社会经济调查司. 中国农村贫困监测报告

2010 [M]. 北京：中国统计出版社，2011.

[5] 国家统计局住户调查办公室. 中国农村贫困监测报告2016 [M]. 北京：中国统计出版社，2017.

[6] 黄承伟. 深刻领会习近平精准扶贫思想 坚决打赢脱贫攻坚战 [EB/OL]. （2017-08-23）. http://dangjian.people.com.cn/n1/2017/0823/c412885-29489835.html.

[7] 李小云. 我国农村扶贫战略实施的治理问题 [J]. 贵州社会科学，2013（7）：101-106.

[8] 刘坚. 中国农村减贫研究 [M]. 北京：中国财政经济出版社，2009.

[9] 刘永富. 国务院关于脱贫攻坚工作情况的报告——2017年8月29日在第十二届全国人民代表大会常务委员会第二十九次会议上 [J]. 中华人民共和国全国人民代表大会常务委员会公报，2017：750-755.

[10] 中国共产党第十八次全国代表大会文件汇编 [M]. 北京：人民出版社，2012.

[11] 顾仲阳. 兄弟携手 共奔全面小康——全国东西扶贫协作工作20年综述 [EB/OL]. （2016-07-20）. http://finance.people.com.cn/n1/2016/0720/c1004-28567815.html.

[12] 汪三贵，曾小溪. 从区域扶贫开发到精准扶贫——改革开放40年中国扶贫政策的演进及脱贫攻坚的难点和对策 [J]. 农业经济问题，2018（8）：40-50.

[13] 汪三贵，郭子豪. 论中国的精准扶贫 [J]. 贵州社会科学，2015（5）：147-150.

[14] 汪三贵. 中国扶贫绩效与精准扶贫 [J]. 政治经济学评论，2020，11（1）：130-148.

[15] 汪三贵. 当代中国扶贫 [M]. 北京：中国人民大学出版社，2019.

[16] 汪三贵. 在发展中战胜贫困——对中国 30 年大规模减贫经验的总结与评价 [J]. 管理世界，2008（11）：78-88.

[17] 李勤. 国务委员陈俊生谈我国"八七扶贫攻坚计划" [J]. 瞭望新闻周刊，1994（1）：4-6.

[18] 中国扶贫开发年鉴编委会. 中国扶贫开发年鉴 2015 [M]. 北京：团结出版社，2015.

[19] Kraay A. When is growth pro-poor? Cross-country evidence [J]. IMF Working Papers, 2004 (47).

[20] Park A, Wang S, Wu G. Regional poverty targeting in China [J]. Journal of Public Economics, 2002 (86).

[21] Park A, Wang S. Community-based development and poverty alleviation: An evaluation of China's poor village investment program [J]. Journal of Public Economics, 2010, 94 (9-10): 790-799.

第七章

决胜脱贫攻坚的难点和对策

实施精准扶贫以来,扶贫氛围日渐浓厚,各级政府重视程度、各级财政投入力度和社会各界参与度均前所未有。全面建成小康阶段脱贫攻坚战将"两不愁三保障"以及社会公共服务和收入标准共同纳入扶贫目标,实现社会保障与收入增长相结合,在一定程度上克服了长期以来收入单维度指标和主要依赖经济发展驱动减贫的缺陷。通过精准扶贫,缓解了农村绝对贫困,遏制了农村内部收入差距不断扩大的趋势,缩小了城乡居民发展差距。按现行农村贫困标准,2013—2018年,中国每年减贫人口均保持在1000万人以上,已累计减贫8239万人,累计减贫幅度达到83.2%,农村贫困发生率下降到2018年年末的1.7%(国家统计局,2019)。这为拓宽低收入人口上升通道,建立以中等收入群体为主的橄榄型社会格局创造了条件。作为重要的社会干预实验,脱贫攻坚资源动员强度大,各方关注度高,国家治理技术越来越精细,必将对社会产生影响深远。然而,当前脱贫攻坚仍面临一系列挑战,较难实现短期增收和稳定脱贫双重目标,稳固现有减贫成果和预防贫困风险仍任重道远。笔者曾撰文回顾改革开放40年中国扶贫开发历程,并分析了脱贫攻坚的难点,提出采用超常规手段和创新机制,短期长期帮扶结合,短期内重点解决贫困人口生活问题,长期则需要重点解决发展动力和能力不足问题,并实施兜底政策

（汪三贵、曾小溪，2018a）。本章拟结合当前脱贫攻坚决战面临的新情况、新问题，以及近两年笔者参与精准扶贫第三方评估（贫困县退出专项评估）检查相关实践经验，对决胜脱贫攻坚的难点和对策做进一步分析。

第一节 大规模扶贫下的"逆向激励"难题

虽然新一轮脱贫攻坚实施以来减贫成效显著，但扶贫工作难度不断增大，减贫速度明显趋缓，在大规模扶贫投入下，出现了政策设计初衷与实际执行效果"事与愿违"的"逆向激励"现象。

中国的扶贫资源大部分来自政府投入，在数量众多的政府部门帮扶下，贫困户直接或间接可获得的扶贫资源大致可分为基本保障性资源（如低保、医疗和养老保险等）、基本生产和生活保障补助（如农业补贴和危房改造补贴等）以及直接作用于贫困地区经济和社会发展的投资（如种植和养殖补贴、基础设施建设等），基本可涵盖实现"两不愁三保障"和收入增长的各方面。

数量众多的扶贫资源分配机制有其缺陷，逆向激励问题是重要表现。调高标准、吊高胃口、瞄而不准、不切实际的帮扶措施和简单的分红是逆向激励问题产生的根源之一。精准政策隐含的含义是：基本上只有国家认定的精准扶贫对象（包括贫困县、贫困村和贫困户），才能得到或者获取更多的扶贫资源倾斜。在资源总量有限的情况下，越是表现出贫穷的，或者没有那么贫穷，但争夺资源能力越强的，越能得到更多的扶持，表明"贫困帽"背后存在逆向激励"预期"。

争戴"贫困帽"的不仅仅是地方政府和行政村，还有规模巨大的

"穷人"。过于依靠现金转移式再分配制度和政策减贫,容易形成受益者对于福利的依赖,逆向激励也就在"争穷"现象中表现得较为充分和典型。贫困群体一旦纳入帮扶对象,一般会与住房、教育、医疗、养老等福利发生捆绑。帮扶政策向农户传递的信息是,只要成为贫困户,就可以享受各方面的政策"照顾"。这些可能获得的经济利益搅乱了农民群体原本相对单纯的生活状态。"捆绑式"的制度设置为贫困户提供多种福利资源,帮扶资源堆积形成"福利叠加"效应,引导贫困户权衡退出贫困序列的机会成本和继续享受扶贫资源的收益,产生对政策福利的心理依赖和行为依赖,形成"脱贫是干部的政治任务,与我无关"的错觉。本不应成为帮扶对象或者处于需要帮扶边缘的群体产生能够享受有限的扶贫资源的"盼头",争相申请享受资源谋求生存或发展。在大规模的利益诱惑下,即使拥有一定劳动能力的扶贫对象,也容易以消极态度来对待脱贫,以"不脱贫抑或不工作"作为与政府博弈的手段之一(詹国辉、张新文,2017)。

上述情况出现的重要原因是现行扶贫制度存在一定的扭曲,国家和社会承担过多的责任,过度给予导致将本属于贫困人口个人的问题推给国家和社会,在客观上鼓励成为穷人或继续保持贫穷和争当贫困户的"逐末行为"。"挤占"扶贫资源的群体或组织越多,越容易产生慵懒心态,脱贫积极性越不高,越需要更多帮扶资源,降低了扶贫资源配置效率。

为有效遏制"争贫"现象并提升扶贫绩效,要做好贫困地区和贫困群体的期望引导,并对激励机制进行优化设计。通过设计适度的帮扶制度,减少逆向选择和道德风险,做到"激励相容"。中央设定了到2020年现行标准下贫困县、贫困村全部摘帽,建档立卡贫困人口实现脱贫和达到"两不愁三保障"的期限,早脱贫晚脱贫对于贫困县(贫困村、贫困户)来说意义不是很大,反而可以督促在规定时限内实现高质量脱贫，使脱贫者不再挤占稀缺的扶贫资源，从根本上阻止继续"装穷"、争相"戴帽"的动机。通过改进贫困县考核机制，由主要考核地区生产总值向考核扶贫开发工作成效转变，对限制开发区域和生态脆弱的重点县取消地区生产总值考核等措施，也在一定程度上扭转了贫困县"争贫"的动机。

要从源头上解决逆向激励问题，应重新审视"无意脱贫"群体，避免产生国家和社会能提供长期、稳定和高水平社会保障的预期，并解决贫困家庭所有难题的"幻象"。近年来，中央也在逐步调整现行政策。比如，改变以往"以分红为主"的产业扶贫模式，通过设立公益性岗位、发放建档立卡户劳动补贴、居家就业等多种形式，让建档立卡户通过提供力所能及的劳动服务来换取工资及分红收入。考虑到很多农户的贫困状态只是阶段性的，国家和社会的帮扶资源也只能解决贫困问题而非致富问题，可将贫困视为得到援助或支持的必要而非充分条件，要求受益群体履行相应的义务，以纠正逆向激励，避免不良预期。同时，要通过灵活补贴和约束机制来提高就业意愿和就业能力，可实行"有条件现金转移支付"（conditional cash transfers，CCT）计划、"福利到工作"（welfare-to-work，WTW）制度等做法，确定每个家庭的受益额度，通过有条件的补贴、限制性的使用管理，制定具有可操作性的有条件转移支付方案，将有限的资金转向有意愿、有能力脱贫的"发展的贫困者"，而不是简单地帮助那些暂时陷入贫困的"穷人"（汪三贵、曾小溪，2018b）。通过强调权利与义务并重，用差异化瞄准、引入竞争和分类帮扶的机制来确立正向的预期和激励：要想摆脱贫困，自身就必须付出努力；只要付出辛劳和创造，就会得到市场回馈和政府资助的双重回报（李学术，2007）。

第二节 兼顾扶贫成本与扶贫效益问题

新一轮脱贫攻坚政策实施以来，中央为脱贫攻坚设定了约束性指标，制定了指令性计划，规定了时间节点，政治议程转变为社会的道德行动，调动的社会资源以及集中投入的人力、物力、财力等各种资源规模之大，前所未有。精准扶贫对财政扶贫政策运用的合理性和精准性提出了更高的要求。随着政策手段更加精细、政策对象更加微观，财政扶贫政策短期配置绩效较为合理，但短期目标与长期目标冲突，政策的长期绩效存在耗损等问题愈发明显（黄林秀等，2019）。扶贫资源投入和产出不成比例，资源配置低效等问题也一直没有得到很好的解决。

概括而言，脱贫攻坚投入的资源或成本可分为：一是中央财政专项扶贫资金，这是脱贫攻坚的主力资金[①]。二是中央有关职能部门组织实施的公共投资项目，如交通、水利、电信、健康和教育项目等。三是东西部地区对口财政转移，如干部人才交流、产业发展和劳务对接，教育、文化、卫生、科技等方面的合作。四是行政指导下的企业收入转移，如中央企业"百县万村"扶贫行动，民营企业"万企帮万村"行动，企业捐资捐物等。五是间接性财政支出，主要是推行精准扶贫政策的行政成本，如精准识别、派驻驻村工作队和第一书记、组织第三方评估等[②]（朱玲、何伟，2018）。

[①] 从2016年起，中央财政补助地方专项扶贫资金年均增长20%以上，2018年达1061亿元。

[②] 比如，2014年精准扶贫工作"精准识别""建档立卡"时，全国动员人力约80万人；2015—2016年"回头看"工作动员全国人力约200万人，而同时期全国扶贫系统工作人员不到4万人。

脱贫攻坚的效益或成效比较难以精准定义。如果将脱贫攻坚收益简单地计算为减少了几千万的贫困人口，显然成本非常高昂。中国政府对于财政扶贫资金投入有其逻辑，虽然某些项目或产业整体来看短期投资回报率不高、亏损或需要政府补贴（如一些光伏扶贫、资产收益扶贫项目等），但从社会成本效益原则出发，考虑到能够直接为贫困人口创造机会，并且国家或地区又能够获得长期的合理回报，中国政府还是进行了投入（吴国宝等，2018）。因此，脱贫攻坚的效益应该从多方位、长远影响来看待，如大量的资金投入基础设施和公共服务可以发挥长期效应。同时，此轮脱贫攻坚对干部锻炼、改善地方治理体系都具有重要意义。这些效益显然都是沉淀的固定资产和无形资产，将发挥长远作用。

虽然无法精确衡量大规模的扶贫投入的成本和效益，但单从贫困人口减少的数量来看，资源投入的成效也是显著的。假定其他类型的资金增量不变，每新增1亿元中央财政专项扶贫资金，对应的贫困人口的减少量从2012年的39.12万人降至2018年的6.93万人，表明以中央财政专项扶贫资金计算的资金减贫边际效果明显下降（见表7-1）。由于边际收益递减规律在起作用，最后的贫困人口往往是"最难啃的骨头"，越往后，减贫难度越大。

表7-1 2010—2018年中央财政专项扶贫资金投入及农村贫困人口规模

年份	中央财政专项扶贫资金投入（亿元）	贫困人口（万人）	贫困发生率（%）	资金的减贫边际效果（万人/亿元）
2010	222.68	16567	17.2	—
2011	272.00	12238	12.7	87.77
2012	332.05	9889	10.2	39.12
2013	394.00	8249	8.5	26.47
2014	432.87	7017	7.2	31.70

续表

年份	中央财政专项扶贫资金投入（亿元）	贫困人口（万人）	贫困发生率（%）	资金的减贫边际效果（万人/亿元）
2015	467.45	5575	5.7	41.70
2016	670.00	4335	4.5	6.12
2017	860.95	3046	3.1	6.75
2018	1060.95	1660	1.7	6.93

注："资金的减贫边际效果"指的是每增加1亿元中央财政专项扶贫资金所对应的贫困人口减少的数量（万人），计算方法是（上年贫困人口－本年贫困人口）/（本年财政资金－上年财政资金），单位是万人/亿元。贫困标准为2011年调整后的标准，也是现行贫困标准，即每人每年净收入2300元（2010年不变价）。

资料来源：2010—2016年中央财政专项扶贫资金投入数据来自《中国的减贫行动与人权进步》白皮书，http://www.scio.gov.cn/zfbps/32832/Document/1494402/1494402.htm；2010—2016年贫困人口和贫困发生率数据来自《中国统计年鉴—2017》。

2017年中央财政专项扶贫资金投入数据来自《中央财政拨付2017年财政专项扶贫资金860.95亿元》，http://www.gov.cn/xinwen/2017-06/08/content_5200771.htm；2017年贫困人口和贫困发生率数据来自《2017年末我国农村贫困人口减少到3046万人》，http://www.gov.cn/xinwen/2018-02/01/content_5262917.htm。

2018年中央财政专项扶贫资金投入数据来自《中央拨付2018年财政专项扶贫资金1060多亿元》，http://www.gov.cn/xinwen/2018-05/04/content_5288150.htm；2018年贫困人口赫尔贫困发生率数据来自《国家统计局：2018年全国农村贫困人口减少1386万人》，http://www.gov.cn/xinwen/2019-02/15/content_5365982.htm。

随着中国扶贫筹资从救济式扶贫转向开发式扶贫，从计划式无偿的资金发放转向有偿的市场导向型资金发放，以加强贫困人口的能力建设，中国扶贫资金筹措越来越与扶贫政策相辅相成，扶贫资金精准投入更加突出重点，并发挥了杠杆作用，扶贫资金使用方式也更加注重创新（联合国开发计划署，2016）。这说明，中国的扶贫开发投入产出效率相对较高，大规模资金投入带动数量众多的贫困人口实现脱贫。

然而，扶贫资金投入越来越多，贫困发生率不断下降并不能完全等同于精准脱贫见成效。财政扶贫资金表面上看是越来越多，但管理仍然较为分散，资金管理部门化，部门管理条块化导致资金使用效率不高、瞄准率低。近年来精细化的精准扶贫虽然使得贫困瞄准精度提升、扶贫资源渗漏减少、信息不对称程度降低，但部分行业以部门职能分配资金、安排项目的制度安排仍然存在。同时，扶贫主客双方的扶贫和脱贫机会成本也在大幅增加。政府权威和扶贫治理效率提升，过多地向基层施压，同样会造成"上有政策，下有对策"的"策略式""有量无质"的效率损失。

扶贫资金使用效率不高的一个重要表现是扶贫资源投入和产出不成比例、供给和需求不匹配。一方面，对本来没有需求的项目进行了扶贫投入。比如，有些地方修广场、图书室和卫生室，但未充分考虑合理利用问题，造成资源浪费严重。又如，笔者参与精准扶贫第三方评估（贫困县退出专项评估）检查发现，中部某县被访乡镇所在地行政村未充分考虑资源利用问题，额外建设新的标准化村卫生室。但由于离乡镇卫生院走路仅需几分钟，除接待上级检查外，村卫生室基本处于无固定医生、无问诊病人、药品很少的闲置状态，资源利用率不高。另一方面，有需求，但过度投入。比如，有些地方已经投入大量资源将水泥路硬化到组，但没有考虑成本和收益问题，进一步硬化到户。由于农户本身居住分散，又没有那么多的经济活动，用砂石路、土路就能满足这些农户的需求，使用水泥路导致资源浪费严重。

总体来看，扶贫资金使用效率不高、资金瞄准率低，主要原因有以下四点：

第一，资金碎片化使用难以发挥规模优势。中国农村扶贫走的是从贫困地区区域开发为主转向以贫困家庭和人口为对象的精准扶贫之路。实施精准扶贫以后，虽然贫困县统筹整合涉农资金政策在一定程度上改善了资金碎片化使用的现状，但是一些地方将脱贫攻坚泛化为区域发展，把有限的扶贫资源分散使用，其结果是产生碎片化的治理效果，分散化的资金很难再集中起来发挥规模优势（许汉泽、李小云，2018）。

第二，帮扶手段单一降低了资金的使用效率。一些扶贫政策被简化为项目实施，目标局限于直接提高收入和福利，帮扶手段和模式被简化为直接给钱给物，重项目尽快落地，忽视发展受助主体能力建设。这种结果导向的福利制度很少考虑投入成本，很难进行全方位监测，既带来日益增长的财政负担，也助长了受助群体的"福利依赖"。

第三，权力寻租导致扶贫成本虚高。减贫方案由政府主导，扶贫资金来源多由中央拨付、省市（州）县配套，以项目形式专款专用，但依靠行政手段调拨扶贫资金可能会使财政扶贫资源的使用出现目标偏离，增加扶贫资金和资源监管难度，衍生权力寻租行为，资金滥用或实际受益群体偏离目标人群产生的"资源渗漏"问题导致扶贫成本虚高。在项目制和资金整合的大背景下，被动"跑部钱进"逐渐转化为主动"限时脱贫"，资金"跑冒漏"现象才有所好转。

第四，形式主义增加了扶贫成本。精准扶贫在基层实践中要求精细化，事无巨细，但贫困治理的同时也伴随着不同程度的形式主义问题，行政系统低效率而产生的大量重复性工作无疑会增加治理成本。比如，扶贫领域频繁的检查、督查、考核，过多的会议，各种层级和类型的量化考评同样会耗费较多的精力，挤占其他领域的扶贫资源投入。一些实质性的扶贫工作内容通过形式去表现，导致内容虚化并沦为形式。同时，原本用来说明和表现扶贫工作内容的一些辅助形式取代了内容的中心地位，导致工作重点偏移（陈辉、陈晓军，2019）。

随着财政收入增长速度大幅降低，在有限的资金预算约束下，持续、稳定的大规模扶贫资源投入将难以为继，通过"低水平、广覆盖"，提升既定扶贫资源分配效率是可选之路。针对不同的贫困状况，对谁贫困、谁脱贫、脱贫时间和成本等进行全方位衡量，掌握不同扶贫项目投入之间的平衡性，区分普惠型资源和特惠型资源的不同作用，引导扶贫资金分配逐步从普惠制向"普惠制+阶梯制+特惠制"转变，减少扶贫资源浪费，提高资源供给质量和使用效率，可防止扶贫机会成本大幅攀升。

一是贫困户识别方面。需要较强的技术能力与职业化扶贫队伍，并通过技术与制度创新来降低扶贫计划的管理和运行成本，提高扶贫工作的效率。因此，更有效的治理体系需要鼓励社会组织参与（周慧敏、陶然，2016），并将贫困人口认定从指标配额数量管理转向合理的可享受福利认证（仇叶，2018）。

二是贫困户帮扶方面。需要进一步提高贫困户自身脱贫的主动性，保障扶持对象权益。考虑到大规模扶贫资源外部输入后，如果主动帮扶抽离了贫困户的主体性，自我脱贫的愿望和能力便很难激活。如果内源式脱贫动力没有形成，一旦外部资源撤出，农户陷入返贫的风险就会提高。

三是贫困户管理方面。需要建好管好用好精准扶贫信息库和扶贫开发大数据平台，对贫困人口精细化管理，对扶贫资源精确化配置，对贫困农户精准化扶持。发现低效管理环节，减少不必要的管理程序，优化项目运行制度，从而节约财政资源，增强资金使用的有效性。

四是扶贫资金监测方面。可设立专门资金管理机构，统筹调配扶贫资金，追踪扶贫项目资金流程，观察扶贫资金传递成本和目标人群瞄准状况，发挥市场对扶贫资源的基础配置作用，研究判断贫困可能的持续时间及其动态转化趋势，推进扶贫资源供给与需求有效对接，提高扶贫项目效率。

五是财政资金盘活方面。建议根据国家有关政策，各级政府和财政部门加大存量资金盘活力度，减少资金滞留，改变财政资金短缺与闲置并存的现状，将连续若干年存在结转情形的资金作为结余资金，由政府统一收回后，按一定的比例统筹用于脱贫攻坚。

第三节　短期脱贫与可持续发展的矛盾

新一轮脱贫攻坚战有明确的时间节点（2020年），有清晰的空间划分（集中连片特困区、贫困县、贫困村），要在短期内达到预期目标（"两不愁三保障"和收入超过贫困线）是各级政府必须按时保质完成的一项政治任务。但贫困地区和贫困人口短期脱贫与可持续发展之间可能存在矛盾，影响精准扶贫成效。

第一，从目标上看，政府绩效评价目标的短期性与追求稳定脱贫目标的长期性构成矛盾。当前体制下，中央与省级层面负责脱贫攻坚战略引导，省级以下层级脱贫攻坚负责战略执行。精准扶贫作为地方政府在多重条件约束下的政治任务，虽然整体上提高了政策执行主体的积极性，强化了工具理性的效率优先逻辑，但一些地方囿于精准扶贫考核压力，在追求效率和政绩导向的双重目标下，短期内消除了多少绝对贫困人口往往成为评估精准扶贫绩效的重要依据，一些设计精良的政策在执行过程中由于考虑到执行成本等问题，往往被简约处理。由于国家正式分配制度与地方非正式分配规则之间存在差异，层层压力传导迫使政策执行者形成其自身的一套逻辑，把扶贫开发视为阶段性工作，采取"策略性"应对方法，将扶贫目标窄化为对收入水平、脱贫快慢等显性数据的追求，不计成本追求短期脱贫效果，导致政策出现走样，扶贫目标异化为手段。

第二，从手段上看，短期出效益与长期保公平存在矛盾。基于公平考虑，精准扶贫应"扶弱先于强，帮小优于大"。但在实践中，由于面临时间和目标的双重压力，扶贫执行主体会倾向于选择有效或有用的方案，并应用于扶贫工作中，以实现扶贫绩效最大化，对社会公平正义的价值追求被急功近利和效率优先所置换（刘康，2019）。同时，考虑到精准扶贫政策的有效执行可能会影响执行者利益，如项目引进会使地方政府承担项目失败的风险，因此，基于自身利益权衡后，一些执行者会选择政策规避的行动策略，使得政策效果达不到预期目标（张欣，2017）。由于财政扶贫资金使用与建档立卡结果相衔接、与脱贫成效相挂钩，在分配扶贫资源时，基于工作效率和多出政绩的考量，多数地方政府愿意根据对贫困户和脱贫户、非贫困户发展情况的综合分析和判断，并实施"短、平、快"的项目，进行选择性帮扶，因为这样操作起来难度小，省事省心且见效快。通过将有限的扶贫资源集中，进行政策倾斜，优先分配给资源条件相对较好的地区和能力相对较高的贫困户，在短期内可看到明显的效益和成果，既有利于总结扶贫经验，又能增加政治资本，是典型的使用扶贫资源来"亮点"自身"政绩"的行为。这些做法表面上提高了脱贫工作的效率，但难以有效回应贫困人口的真正需求和发展意愿，加剧了资源分配不公。"示范村"或"明星户"通过资源积累，强者更强，资源倾斜较少的弱者更弱，"马太效应"明显，整体负面效应大于正面效应。

第三，从结果上看，减贫速度和脱贫质量存在矛盾。减贫速度和脱贫质量是辩证统一关系，不能把握好速度，就不可能按时完成年均减贫1000万人的艰巨任务。但贫困问题并非一直处于绝对静止的状态，而是处在动态演变之中。贫困的动态性和相对性决定了消除贫困是一项长期工作。因此，精准扶贫并非应急任务，也不可能一劳永逸解决所有问题。在时间紧、任务重的情况下，采取一些非常规的政策和措施是必要和可以理解的，但为了更好地回应和完成上级的考核，以质量换时间、以风险换进度的做法绝非脱贫攻坚的初衷和努力方向（吴国宝，2018）。以脱贫指标为导向的治理行为会引发一系列偏差，如果过于强调速度而忽视质量，甚至不惜动用一切资源来完成扶贫任指标，对不良后果不能承担起责任，即使在 2020 年全面实现既定的脱贫攻坚目标，若不能确保贫困人口走上可持续发展道路，扶贫成效必定大打折扣，且经不起历史检验。

贫困问题是社会转型时期长期面临的社会问题，实行精准扶贫的目的是更加精准有效地解决农村贫困问题，解决发展中的不平衡。中央设定了到 2020 年打赢脱贫攻坚战的战略目标，并明确了摘帽不摘责任、摘帽不摘政策、摘帽不摘帮扶、摘帽不摘监管"四不摘"的硬性要求（习近平，2019）。中央传递的精神是，全面建成小康社会之前，大力引导贫困县将贫困治理调整至年度任务的优先位次，最大限度整合体制内外资源，治理重心由减少贫困规模变为提高脱贫质量、巩固脱贫基础，从片面追求减贫规模数量指标变为追求贫困发生率、错退率、漏评率、满意度和返贫率等质量指标。在时间紧、任务重的情况下，贫困地区更应该处理好短期脱贫与长期可持续发展的矛盾，防止出现急于求成造成的不良影响。

从宏观上看，处理好短期和长期的问题，需要把握扶贫开发资源短期减贫效应与脱贫主体可持续发展长效机制的关系，从注重减贫速度向注重脱贫质量转变。近年来，中央加大了考核监督评估力度，各级党委政府扶贫绩效考核制度建立和考核指标调整以及相应的问责制的严格执行，引导地方政府将重点放在稳定脱贫和防止返贫上，并认真细致考察每一项"两不愁三保障"政策的落实是不是短期的和可持续的。通过建立可持续的脱贫机制，加快从运动式治理向制度化治理转型，探索精准扶贫的常规化、长效化和制度化的实践机制，避免长期停留在政策和形势驱动状态。在制度上形成保障贫困户脱贫后不会返贫的机制，在新的贫困出现或出现返贫现象时具有能够有效兜底的制度保障（李小云等，2018），既解决贫困地区和贫困人口的基本生活困难，又不形成过度依赖。在接受帮扶的同时，形成贫困人口自身发展的动力和能力，短期脱贫与可持续发展的矛盾才能得到较好解决。

从微观上看,让贫困户特别是有劳动能力的贫困户实现可持续发展,重要的是提高他们的能力,建立脱贫信心和稳定就业或产业,让他们有稳定的创收渠道,获得源源不断的经济来源。一方面,可以帮助贫困户打造一个产业,将贫困户培养成小专业户,并随着产业的发展,能力不断提高,规模逐渐扩大。另一方面,可以帮助贫困户找到稳定的全职或兼职工作,能够让他们实现长期就业。因此,可以从以下几个方面衡量脱贫的可持续性,并从相应维度改进相关扶贫政策:一是看多种来源的收入结构,可观察贫困户收入来源是靠产业、就业,还是低保、简单的分红和临时性补贴,判断收入到底仅仅是数字上增加了,还是能实现可持续的增加。二是看不同种类的帮扶措施,可观察帮扶措施是否有利于贫困户形成产业或稳定就业,并获得稳定的收入来源。三是看各种类型的资产积累,可以观察贫困户一段时间的资产积累是否有利于抵抗各种冲击和风险。四是看各式各样的保障政策,可观察保障政策是否有利于贫困户从冲击和风险中迅速恢复或接近原有生活水平。

第四节 扶持对象与非扶持对象之间的模糊界限下的"悬崖效应"

"悬崖效应"是指事物在变化的临界点(线)阶段或范围所发生的变化特征和结果,即由量变突破"度",引起质变。随着扶贫资源投入不断增加,贫困村、贫困户因资金整合和政策叠加,超标准享受到村到户资金和项目,可能远远好于原本境况相似的临界群体,出现"贫困程度不相上下,扶持政策天上地下"的现象。这种因扶持对象与非扶持对象之间界限模糊、政策帮扶标准不同而形成的福利在贫困临界点上下的落差，可称为扶贫政策的"悬崖效应"（王瑜，2018）。当扶贫政策只针对某一部分群体，靠近政策分界线但又没有享受到政策好处的群体可能会处于边缘贫困状态，与其他条件差不多的群体相比，产生相对剥夺感和不公平感。经过一段时间的帮扶后，两个群体之间整体发展状况甚至可能发生根本逆转。"悬崖效应"将处于边缘贫困群体形象描绘出来，新一轮脱贫攻坚进入深水区后，这些群体的利益应受到更多关注。

在实践中，处于"悬崖效应"边缘的往往是（非）贫困村和（非）贫困户。一方面，被识别为建档立卡贫困村是获得扶贫资金和项目的主要政策依据。在项目执行过程中，各类分散的和整合的资金往往更倾向于投向贫困村，导致一些贫困村村庄基础设施建设、基本公共服务和产业发展超出基本标准以及保障"两不愁三保障"脱贫标准。而部分未被认定为贫困村的村庄，其经济社会发展水平、贫困发生率与贫困村较接近，实际上是"临界贫困村"或"边缘贫困村"。由于帮扶资金较少，这些非贫困村发展状况改变缓慢，基础设施供给、公共服务发展出现停滞甚至倒退，两者形成鲜明对比。另一方面，被精准识别为建档立卡贫困户是贫困家庭获得扶贫资源帮扶的前提。现阶段，大量的帮扶资源到户到人，只有少部分才外溢到非贫困家庭。部分没有纳入建档立卡的困难家庭实际上是"临界贫困户"或"边缘贫困户"，其生产生活条件与建档立卡贫困户相差不大，属于建档立卡"可进可不进"、精准帮扶"可帮可不帮"的情形。由于没有相应的帮扶政策，这些家庭具有高度脆弱性，陷入贫困的风险较高，在深度贫困地区尤为明显。深度贫困地区总体上较为贫困，贫困户与非贫困户个体贫困程度差异相对较小，政府帮扶力度相对较大，如果为帮扶对象提供全覆盖、高标准且帮扶对象不付费或很少付费的扶持，"悬崖效应"可能更加突出。比如，在四川凉山，为解决住房安全问题，建档立卡贫困户易地扶贫搬迁户均自筹不超过1万元，其他由政府承担，而对非建档立卡随迁户一般补贴

3万至5万元不等,其他由个人自筹,每户补贴相差几万元,最高达10万元左右(彭清华,2019)。

在实践中,笔者发现"悬崖效应"的若干表现。以健康扶贫政策为例,精准扶贫第三方评估检查发现,中部某县级市健康扶贫政策偏离目标。首先,2014年、2015年脱贫户不享受政府代缴基本医疗保险费和大病保险费以及健康扶贫政策,违背"脱贫不脱政策",造成脱贫户之间的"悬崖效应"。其次,大病存在过度保障。虽然建立了基本医疗保险、大病保险、医疗救助和政府兜底等"三保障一兜底"政策措施,虽然有效解决了"因病致贫、因病返贫"问题,但是过高的医疗保障水平可能导致建档立卡户小病大看的现象,过多地占用医疗资源,加大政府的财政负担。再次,慢性病救助政策不完善。虽然针对贫困人口中的慢性病患者制定了相关政策,但未规定门诊药品目录,导致慢性病救助政策扩大化。又如,精准扶贫第三方评估检查还发现,东北某县级市利用农户基础养老金担保进行银行贷款,为2020年年底前年满60岁的建档立卡人口一次性缴纳城镇职工基本养老保险费,致使60岁以上的贫困老人净领取养老金至少达1540元,70岁以上老人达到3000元,远高于普通农民所获得1000元左右的基础养老金,贫困户和非贫困户待遇差距较大。

脱贫攻坚实践中,任由"悬崖效应"长期存在可能会产生一系列的严重后果。一方面,超标准福利骤增容易造成临界群体心理不平衡和失落,产生相对剥夺感,不太认同现行政策,并质疑"凭什么他(们)有,我(们)没有",申诉"为什么我(们)不能享受这政策",给精准扶贫资源分配者造成巨大压力,使政府公信力受到边缘贫困群体的非议和质疑,甚至产生矛盾积聚和扶贫抗争,引发村与村之间、村民之间、村民与村两委之间关系紧张和不信任,增加乡村有效治理难度。另一方面,"贫困"身份带来的福利远超各方心理预期,获得的好处有相当部分并不是辛勤劳动付出所得，而仅仅是因为其"贫困"身份所带来的。付出和努力不对等将成为"等、靠、要""争当贫困户"和"脱贫后不愿退出"等现象的根源之一。如果低收入村庄和农户状况长期得不到实质性改善，边缘贫困人群与扶贫对象之间没有充分表达的利益冲突可能会通过各种形式表达出来。假如没有有效措施积极应对和及时化解"悬崖效应"，一旦矛盾进一步蔓延激化，造成局部地区社会不稳定，必将影响脱贫攻坚全局。

实际上，只要从事扶贫工作，并划定贫困标准，就会有边缘人群。要防止贫困人口"边缘效应"问题凸显，就不能盲目拔高标准，"既不要落下，也不要落差"，防止出现"政策鸿沟"和"悬崖效应"。在贫困户稳定超过现行扶贫标准后，政策措施应更加注意贫困户和非贫困户的待遇差距，不拔高标准，不对扶贫政策过度加码，"悬崖效应"和负面激励问题就不会那么突出。解决"悬崖效应"措施主要有以下几个方面。

一是在帮扶对象认定上，重视临界贫困，在确定贫困规模后，对帮扶对象实行动态管理。基于扶贫部门建档立卡和统计部门统计抽样数据，摸清临界贫困村和临界贫困人口的贫困现状，对徘徊在贫困边缘的人口数量进行估计。笔者认为，可将家庭人均年收入高于现行脱贫标准5%~15%以内的人群进行统一的分类分级登记管理。针对不同收入、不同家庭规模等因素，设定不同类型的多维贫困线标准，对排查出来的家庭情况各异的临界对象纳入整体帮扶，统筹整合使用财政涉农资金，解决扶贫实践中的具体难题，减少政策边界的模糊部分，留出一部分项目资金或扶贫资金，对相对困难的对象实施帮扶和带动。实践上，重庆市武隆区较早对"临界户"进行动态监测，并于2019年出台《关于加强脱贫攻坚"临界户"帮扶工作的实施方案》。根据方案，上年家庭人均可支配收入介于贫困线与贫困线1.2倍之间，以及家庭因医疗、义务教育、必备住房、重大灾害等刚性支出较大,造成家庭人均负债超过上年全区农村人均可支配收入,同时又不符合建卡贫困户条件的农户,即被列入"临界户",在医保资助、医疗救助、产业发展、金融服务等方面予以帮扶(新华社,2019)。

二是创新帮扶形式,以发展式、保障式扶持为主,资金扶持为辅。新时代的反贫困政策要以收入增长为核心转向以能力建设为核心,在坚持"两不愁三保障"的脱贫标准基础上,建立分类救助帮扶体系,细分帮扶对象年龄、性别、家庭结构、受教育程度、职业类型等家庭规模和结构特征,实现从"精准到户到人"到"精准到不同人群的特征"的转变,实现对贫困人口实行更精准、更公平和更有效率的帮扶,防止扶贫资源超水平供给。要消除不同年度脱贫户之间的政策差距,统筹贫困村贫困人口和边缘地区贫困人口的扶持办法,为贫困地区、贫困人口提供基本、及时和有效的帮助和支持,防止相对剥夺感聚集。转移性收入要避免直接给钱给物,防止出现仅享受产业分红而未参与生产经营的现象。要针对贫困户新增产业项目实施奖补,避免凭自家原有产业项目即可获得产业奖补资金。要改进公益岗位设置,岗位的设置应从实际用途和可持续性出发,重点覆盖有劳动能力的建档立卡户,促进长期稳定增收。既不能安排与本人工作能力不符的岗位,也不能虚设和滥设岗位。

三是注重风险防控,将风险干预前置。将各类专项救助与贫困户(低保户)身份进行脱钩,以专项救助的方式按需扶持,实现政策全覆盖,减少以贫困户身份作为救助和保障门槛的资源分配方式所产生的落差。比如,健康扶贫政策不仅仅是要针对建档立卡贫困人口,而是要照顾到那些有特殊类型疾病和慢性病的群体,提高抵御风险政策的覆盖面。考虑到一些风险防控的保障政策知晓率和利用率不高,可建立帮办代办制度,通过指定驻村工作队成员或帮扶责任人为帮办责任人,发挥帮办责任人熟悉政策的优势,为建档立卡贫困户帮办代办慢性病卡、慢性病门诊报销等事项，提高慢性病门诊报销政策的知晓率和利用率，确保健康扶贫工作落到实处，减轻贫困人口医疗负担。

四是在公共基础设施建设、公共服务提供和集体经济发展时，照顾到边缘贫困人口。结合国家产业政策和区域资源，在公共资源分配过程中兼顾贫困人群与贫困边缘人群，营造相对公平的发展环境，充分挖掘贫困户的劳动潜力，解决帮扶不深入、不平衡问题。除针对贫困户、贫困村组的"特惠"政策外，也要注重出台针对"临界贫困"的"普惠"政策，让各种群体都能平等享受精准扶贫带来的好处，从而提升资源投入地区和人口抵御风险的能力，共享贫困治理成果。

参 考 文 献

[1] 汪三贵，曾小溪. 从区域扶贫开发到精准扶贫——改革开放40年中国扶贫政策的演进及脱贫攻坚的难点和对策 [J]. 农业经济问题，2018a（8）：40－50.

[2] 扶贫开发持续强力推进 脱贫攻坚取得历史性重大成就 [EB/OL]．（2019－08－26）．http：//www.stats.gov.cn/tjsj/zxfb/201908/t20190812_1690526.html.

[3] 詹国辉，张新文."救困"抑或"帮富"：扶贫对象的精准识别与适应性治理——基于苏北 R 县 X 村扶贫案例的田野考察 [J]. 现代经济探讨，2017（6）：95－103.

[4] 汪三贵，曾小溪. 后2020贫困问题初探 [J]. 河海大学学报（哲学社会科学版），2018b（2）：7－13.

[5] 李学术. 论反贫困中的逆向激励与政策纠偏 [J]. 农业经济问题，2007（2）：88－93.

[6] 黄林秀等. 财政扶贫政策精准减贫绩效研究 [J]. 西南大学学报（社会科学版），2019，45（5）：59-66，198.

[7] 朱玲，何伟. 工业化城市化进程中的乡村减贫40年 [J]. 劳动经济研究，2018，6（4）：3-31.

[8] 吴国宝等. 中国减贫与发展（1978—2018）[M]. 北京：社会科学文献出版社，2018.

[9] 联合国开发计划署. 中国扶贫可持续筹资报告 [R]. 2016.

[10] 许汉泽，李小云. 精准扶贫：理论基础、实践困境与路径选择——基于云南两大贫困县的调研 [J]. 探索与争鸣，2018（2）：106-111，143.

[11] 陈辉，陈晓军. 内容形式化与形式内容化：精准扶贫工作形式主义的生成机制与深层根源 [J]. 中国农村观察，2019（3）：52-63.

[12] 周敏慧，陶然. 市场还是政府：评估中国农村减贫政策 [J]. 国际经济评论，2016（6）：5-6，63-76.

[13] 仇叶. 从配额走向认证：农村贫困人口瞄准偏差及其制度矫正 [J]. 公共管理学报，2018（1）：122-134.

[14] 刘康. 理性偏好与执行扭曲：精准扶贫实践困境的哲学审思 [J]. 海南大学学报（人文社会科学版），2019，37（2）：28-36.

[15] 张欣. 精准扶贫中的政策规避问题及其破解 [J]. 理论探索，2017（4）：86-92.

[16] 吴国宝. 要注意防控脱贫攻坚中潜伏的风险 [R]. 清华大学中国农村研究院——"三农"决策要参，2018（14）.

[17] 习近平. 在解决"两不愁三保障"突出问题座谈会上的讲话 [EB/OL].（2019-08-15）. http://www.qstheory.cn/dukan/qs/2019-08/15/c_1124874088.htm.

[18] 李小云等. 中国减贫四十年：基于历史与社会学的尝试性解

释 [J]. 社会学研究, 2018, 33 (6): 35-61, 242-243.

[19] 王瑜. 论脱贫攻坚中的悬崖效应及其对策 [J]. 中国延安干部学院学报, 2018, 11 (5): 122-127.

[20] 彭清华. 凉山脱贫攻坚调查 [J]. 求是, 2019 (16): 59-65.

[21] 重庆武隆出台政策对贫困"临界户"进行帮扶 [EB/OL]. (2019-05-24). http://www.xinhuanet.com/politics/2019-05/24/c_1124538605.htm.

第八章

脱贫攻坚与乡村振兴的对接

打赢脱贫攻坚战和实施乡村振兴战略是党的十九大对全面建成小康社会、实现"两个一百年奋斗目标"作出的重大决策部署,同时也是新时代补齐短板、化解我国发展不平衡、不充分问题的有效途径。当前,我国的脱贫攻坚战即将取得决定性胜利,乡村振兴也将成为下一阶段促进我国农业农村发展的重要战略,因此,探讨脱贫攻坚与乡村振兴的有效衔接具有重要的现实意义。

第一节 乡村振兴下的扶贫目标

一、乡村振兴战略的背景

中国不仅是一个农业大国,也是一个农民大国,农业、农村、农民在中国的经济社会发展中占据了极其重要的地位,对实现社会主义现代化影响深远。城乡发展不平衡、农业农村发展不充分是我国现阶段发展面临的最为突出的问题。为了提高农业农村现代化水平,解决新时期发展不平衡问题,实现"两个一百年"奋斗目标,党中央作出了打赢脱贫攻坚战和实施乡村振兴的重大战略部署。目前，我国已进入脱贫攻坚的收官之年，在党和人民共同努力下，脱贫攻坚取得了丰硕的成果，减贫成效显著，贫困地区及连片特困地区贫困人口大幅减少，人均可支配收入和消费增速较快，基础设施和公共服务明显改善，人居环境整治加快推进，教育、医疗卫生、文化等社会事业快速发展，农村社会焕发新气象[1]。

但是，我们不应该局限于脱贫攻坚的成效，还应该清醒地看到现实的短板。《乡村振兴战略规划（2018—2022年）》提出："当前我国农业农村基础差、底子薄、发展滞后的状况尚未根本改变，经济社会发展中最明显的短板仍然在'三农'，现代化建设中最薄弱的环节仍然是农业农村。主要表现在：农产品阶段性供过于求和供给不足并存，农村一二三产业融合发展深度不够，农业供给质量和效益亟待提高；农民适应生产力发展和市场竞争的能力不足，农村人才匮乏；农村基础设施建设仍然滞后，农村环境和生态问题比较突出，乡村发展整体水平亟待提升；农村民生领域欠账较多，城乡基本公共服务和收入水平差距仍然较大，脱贫攻坚任务依然艰巨；国家支农体系相对薄弱，农村金融改革任务繁重，城乡之间要素合理流动机制亟待健全；农村基层基础工作存在薄弱环节，乡村治理体系和治理能力亟待强化。"

为巩固脱贫攻坚成果，进一步丰富、完善"三农"工作重点，最终实现农业农村现代化，必须实施乡村振兴战略。实施乡村振兴战略是解决人民日益增长的美好生活需要和不平衡不充分的发展之间矛盾的必然要求，是实现"两个一百年"奋斗目标的必然要求，是实现全体人民共同富裕的必然要求，对我国实现产业兴旺、生态宜居、乡风文明、

---

[1] 汪三贵，冯紫曦. 脱贫攻坚与乡村振兴有效衔接的逻辑关系[J]. 贵州社会科学，2020（1）：4-6.

治理有效、生活富裕具有重要的意义①。

二、脱贫攻坚与乡村振兴对接的内在联系

脱贫攻坚和乡村振兴都是党中央为实现"两个一百年"奋斗目标提出的重大战略决策，是实现中华民族伟大复兴中国梦的必经之路，二者联系紧密。脱贫攻坚主要服务于第一个百年奋斗目标，而乡村振兴主要为第二个目标打基础（豆书龙等，2019）。乡村振兴是巩固脱贫攻坚成果的有效保障；脱贫攻坚是实现乡村振兴战略的先决条件，是在乡村振兴战略的任务框架内，对乡村振兴最终的胜利发挥着基础和关键的作用（卢黎歌等，2020）。

脱贫攻坚与乡村振兴目标相连，层层推进。脱贫攻坚与乡村振兴紧扣"两个一百年"奋斗目标，本质上都是为建成社会主义现代化强国，实现共同富裕。从农民发展看，脱贫攻坚瞄准现行标准下农村贫困人口的"两不愁三保障"问题，重点解决吃、穿、住、学、医五个方面的基本需求，为农村贫困人口后续发展消除障碍，同时不断提高贫困地区农村居民人均可支配收入水平，改善生活质量。乡村振兴在脱贫攻坚的基础上不断深化，提出了"生活富裕""农民全面发展"的振兴要求，目的是让农民有稳定的收入来源、经济宽裕、生活便利，最终实现共同富裕。从区域发展看，脱贫攻坚重在解决区域性整体贫困，瞄准贫困村、贫困县、连片特困地区发展的短板，集中发力，大力改善贫困地区基础设施和公共服务，不断缩短贫困地区与全国农村平均水平的差距。乡村振兴在脱贫攻坚解决区域性整体贫困的基础上，推动产业发展，提升乡村治理能力，促进城乡基础设施和公共服务的均等化，实现农业全

---

① 中共中央 国务院印发《乡村振兴战略规划（2018—2022年）》[EB/OL]. (2018-09-26). http://www.gov.cn/zhengce/2018-09/26/content-5325534.htm.

面升级和农村的全面发展（汪三贵、冯紫曦，2020）。

同时，脱贫攻坚与乡村振兴两大战略内容共融，都着眼于解决"'三农'问题"，从产业发展、移民搬迁、基础设施改善、乡村治理、民生保障以及体制机制构建等方面作出制度安排（高强，2019）。从政策实践的逻辑来看，乡村振兴是对精准扶贫成果的检验，而精准扶贫是乡村振兴的着眼点，是乡村振兴不可或缺的一部分（陈桂生、张跃蠙，2019）。

三、乡村振兴下扶贫开发的基本特征

2020 年是脱贫攻坚的收官之年，我国即将步入全面建成小康社会的发展阶段，原有的扶贫开发也需要根据时代的发展变化而变化，主要包括以下三个基本特征（姜会明、张钰欣等，2019）：

一是从原来的主要消除绝对贫困向缓解相对贫困转变。2020 年，随着我国贫困人口全部脱贫，贫困村全部出列，绝对贫困现象将不复存在。然而，城乡之间、村与村之间的发展水平、不同农户之间的收入水平依然不平衡，相对贫困问题突出，扶贫政策主要由发展经济向缓解收入分配不均转变。

二是从原来的主要解决收入贫困向缓解多维贫困转变。随着绝对贫困问题的解决，单纯从收入视角来衡量农村贫困状况已然不全面，机会的获得和个人能力发展问题也同样重要。乡村振兴阶段，解决农村贫困问题从维持最基本的生存问题向个人发展机会的提升以及教育、医疗、金融、公共服务等水平的提高转变。因此，2020 年后，解决贫困问题不仅仅是提高贫困人口的收入水平，还需要提升贫困主体的公共服务水平、个人发展机会、社会保障水平等。

三是从原来的重点解决农村贫困向解决城乡贫困转变。脱贫攻坚期

间,缓解贫困问题的重点是解决农村贫困问题,主要通过产业扶贫、就业扶贫、社保兜底等各种不同的措施解决。乡村振兴阶段,不仅要关注农村贫困问题,还要城乡统筹,城市、农村贫困问题一起考虑。主要从统一城乡扶贫标准、健全城乡扶贫体系和扶贫措施等几个方面构建城乡融合的扶贫体系。

四、乡村振兴下的扶贫目标

乡村振兴战略与脱贫攻坚既有联系又有区别,既不能离开乡村振兴谈脱贫攻坚,也不能离开脱贫攻坚谈乡村振兴。随着发展目标的变化,需要调整扶贫目标和扶贫政策,以适应新的时代发展要求。脱贫攻坚作为短期减贫目标,坚持"六个精准""五个一批"及精准识别、精准帮扶、精准管理,具有非全面、具体和可操作等特点;而乡村振兴作为长期目标,致力于实现农业农村现代化和"产业兴旺、生态宜居、乡风文明、治理有效、生活富裕"的整体目标,具有系统性和整体性的特征(卢黎歌等,2020)。乡村振兴下扶贫整体目标具有系统性和整体性,包含农村社会、产业经济和村民能力的全面发展。这个目标的实现具有鲜明的时效性和阶段性,可以分为短期和长期两个维度。短期目标是落实精准扶贫,消除绝对贫困;长期目标则是在摆脱绝对贫困的基础上致力于解决相对贫困问题,实现乡村全面振兴和社会主义现代化。

(一)乡村振兴发展目标

乡村振兴实行三步走战略。第一步,到 2020 年全面建成小康社会之后,将消除绝对贫困,但相对贫困仍将长期存在。到那时,现在针对绝对贫困的脱贫攻坚举措要逐步调整为针对相对贫困的日常性帮扶措施,并纳入乡村振兴战略架构下统筹安排。第二步,到 2035 年,乡村振兴取得决定性进展,农业农村现代化基本实现。农业结构得到根本性改善,农民就业质量显著提高,相对贫困进一步缓解,共同富裕迈出坚实步伐;城乡基本公共服务均等化基本实现,城乡融合发展体制机制更加完善;乡风文明达到新高度,乡村治理体系更加完善;农村生态环境根本好转,生态宜居的美丽乡村基本实现。第三步,到 2050 年,乡村全面振兴,农业强、农村美、农民富全面实现。①

乡村振兴发展目标分三步走,决定了乡村振兴下的扶贫目标不能一概而论,因此,乡村振兴阶段,短期扶贫目标是打赢脱贫攻坚战,消除绝对贫困;长期扶贫目标就是在消除绝对贫困的基础上缓解相对贫困问题,到 2050 年实现乡村全面振兴和社会主义现代化。

(二) 乡村振兴下的短期扶贫目标

2018 年中央一号文件《中共中央 国务院关于实施乡村振兴战略的意见》提出:乡村振兴,摆脱贫困是前提。必须坚持精准扶贫、精准脱贫,把提高脱贫质量放在首位,既不降低扶贫标准,也不吊高胃口,采取更加有力的举措、提供更加集中的支持、统筹更加精细的工作,坚决打好精准脱贫这场对全面建成小康社会具有决定性意义的攻坚战。乡村振兴阶段,短期的扶贫目标就是打赢脱贫攻坚战,消除绝对贫困。具体要做到以下几点:

一是瞄准贫困人口精准帮扶。对有劳动能力的贫困人口,强化产业和就业扶持,着力做好产销衔接、劳务对接,实现稳定脱贫。有序推进易地扶贫搬迁,让搬迁群众搬得出、稳得住、能致富。对完全或部分丧失劳动能力的特殊贫困人口,综合实施保障性扶贫政策,确保病有所

---

① 中共中央 国务院印发《乡村振兴战略规划(2018—2022 年)》[EB/OL]. (2018-09-26). http://www.gov.cn/zhengce/2018-09/26/content-5325534.htm.

医、残有所助、生活有兜底。做好农村最低生活保障工作的动态化和精细化管理,把符合条件的贫困人口全部纳入保障范围。

二是聚焦深度贫困地区,集中发力。全面改善贫困地区生产生活条件,确保实现贫困地区基本公共服务主要指标接近全国平均水平。以解决突出制约问题为重点,以重大扶贫工程和到村到户帮扶为抓手,加大政策倾斜和扶贫资金整合力度,着力改善深度贫困地区发展条件,增强贫困农户发展能力,重点完成深度贫困地区脱贫任务。新增脱贫攻坚资金项目主要投向深度贫困地区,增加金融投入对深度贫困地区的支持,新增建设用地指标优先保障深度贫困地区发展用地需要等。

三是激发贫困人口内生动力。把扶贫同扶志、扶智结合起来,把救急纾困和内生脱贫结合起来,提升贫困群众发展生产和务工经商的基本技能,实现可持续稳固脱贫。引导贫困群众克服"等、靠、要"思想,逐步消除精神贫困。要打破贫困均衡,促进形成自强自立、争先脱贫的精神风貌。改进帮扶方式方法,更多采用生产奖补、劳务补助、以工代赈等机制,推动贫困群众通过自己的辛勤劳动脱贫致富。

四是强化脱贫攻坚责任和监督。坚持中央统筹、省负总责、市县抓落实的工作机制,强化党政一把手负总责的责任制。强化县级党委作为全县脱贫攻坚总指挥部的关键作用,脱贫攻坚期内贫困县县级党政正职要保持稳定。开展扶贫领域腐败和作风问题专项治理,切实加强扶贫资金管理,对挪用和贪污扶贫款项的行为严惩不贷。做好实施乡村振兴战略与打好精准脱贫攻坚战的有机衔接,制定坚决打好精准脱贫攻坚战三年行动指导意见,逐步实现持续性减贫。

(三)乡村振兴下的长期扶贫目标

乡村振兴阶段长期的扶贫目标是在打赢脱贫攻坚战、消除绝对贫困的基础上,缓解发展过程中必然出现的相对贫困问题。到 2050 年,实现乡村全面振兴和社会主义现代化。

一是继续实施产业扶贫政策,鼓励新型经营主体的发展,建立低收入人口和贫困人口产业增收的长效利益联结机制,坚决避免为了短期脱贫而发展不可持续的产业(汪三贵、冯紫曦,2019)。

二是继续实施就业扶贫政策,鼓励低收入人口在乡就业或创业,多种途径引进扶贫车间,此外,公益岗位的设置要兼顾村容村貌的治理。

三是继续实施教育扶贫政策,建议将非义务教育阶段纳入教育保障系统,包括幼儿园、高中阶段的教育,逐步提高学前教育和高中教育的入学率;同时,将非贫困家庭的孩子纳入教育保障范围,适度加大教育支持力度。

四是梯次推进乡村振兴。科学把握我国乡村区域差异,尊重并发挥基层首创精神,发掘和总结典型经验,推动不同地区、不同发展阶段的乡村有序实现农业农村现代化。发挥引领区示范作用,如东部沿海发达地区、人口净流入城市的郊区、集体经济实力强以及其他具备条件的乡村等区域;推动重点区加速发展,如中小城市和小城镇周边以及广大平原、丘陵地区的乡村,其涵盖我国大部分村庄,是乡村振兴的主战场;聚焦攻坚区精准发力,革命老区、民族地区、边疆地区、集中连片特困地区的乡村等。[①]

五是建立解决相对贫困的长效机制。主要包括:相对贫困线以中位收入比例确定,同时随着经济的发展,比例不断提高;城乡扶贫体制一体化,统一城乡贫困标准,加快推进城乡社会保障体系一体化;建立健全缓解相对贫困政策体系(叶兴庆、殷浩栋,2019)。

---

① 中共中央 国务院印发《乡村振兴战略规划(2018—2022 年)》[EB/OL]. (2018-09-26). http://www.gov.cn/zhengce/2018-09/26/content-5325534.htm.

第二节 乡村振兴下缓解相对贫困的策略

消除贫困、改善民生、逐步实现共同富裕是社会主义的本质要求，是中国共产党的重要历史使命。打赢脱贫攻坚战，消除绝对贫困是促进全体人民共享改革发展成果、实现共同富裕的重大举措。然而，绝对贫困的全面消除并不意味着贫困的终结，相对贫困将伴随经济社会的发展长期存在。乡村振兴阶段，加快建立健全缓解相对贫困的政策体系和工作机制，持续改善欠发达地区和其他地区相对贫困人口的发展条件，对实现2035年乡村振兴阶段性目标、迈向共同富裕意义重大。

一、乡村振兴阶段相对贫困的主要特征

2020年中央一号文件明确提出，"脱贫攻坚任务完成后，我国贫困状况将发生重大变化，扶贫工作重心转向解决相对贫困，扶贫工作方式由集中作战调整为常态推进。要研究建立解决相对贫困的长效机制，推动减贫战略和工作体系平稳转型。加强解决相对贫困问题顶层设计，纳入实施乡村振兴战略统筹安排。"乡村振兴阶段，相对贫困取代绝对贫困，成为我国贫困的主要形态，与绝对贫困相比，贫困特征也发生明显变化。

（一）相对贫困更加关注经济社会发展的不平等问题

脱贫攻坚阶段，精准扶贫以实现贫困人口和贫困地区所需的基本发展需求为主。以贫困人口为例，绝对贫困重点解决了"两不愁三保障"问题，确保建档立卡贫困人口不愁吃、不愁穿，安全饮水、义务教育、基本医疗和住房安全有保障，切实保障了贫困人口的基本生活水平，为

贫困人口实现自身发展解决了生存性难题。乡村振兴阶段，在全面消除绝对贫困的基础上，相对贫困重点关注经济社会发展中阶层分化、收入分配不平等导致的贫困问题。相对贫困除了关注贫困群体的基本生存需求外，更进一步关注服务、资源分配不平等导致的部分群体收入相对较低、教育、医疗资源缺失等问题。

（二）相对贫困的贫困维度广、贫困人数多

贫困是一个综合而复杂的社会现象，既包含由于收入不足造成的不能维持基本需要的现象，也包括处于社会困境而不能实现教育、卫生、住房等基本能力的社会排斥现象（高强、孔祥智，2020）。从贫困标准看，相对贫困的收入标准一般高于绝对贫困，致使相对贫困人口数量和比例高于绝对贫困。从贫困群体分布看，相对贫困群体空间分布更广，不仅涵盖农村贫困群体，还包括进城务工的农民工以及城镇低收入群体。从贫困衡量维度看，相对贫困不局限于"两不愁三保障"，还关注教育、医疗等资源、福利被剥夺的程度，贫困维度广。乡村振兴阶段，贫困维度广、贫困人数多，为缓解相对贫困增加了难度和障碍。

（三）相对贫困的分布呈现散点化和高流动性的特征

脱贫攻坚以来，随着对贫困地区的扶持力度不断加大，集中连片的区域性贫困问题得到较大缓解。虽然贫困现象在一些地区可能依然相对集中，但就全国而言，相对贫困群体将以散点分布为主（叶兴庆、殷浩栋，2019）。随着乡村振兴和城镇化的发展，经济发展快的地区会吸引越来越多的农村劳动力进城务工，势必有一部分低收入群体随着农民的转移进入城镇，导致城镇流动性贫困群体数量增加（王晓毅，2020；叶兴庆、殷浩栋，2019）。乡村振兴阶段，贫困群体的流动性特征使相对贫困群体的识别、监测、帮扶等工作更加复杂，也为实现缓解相对贫困

与融合城乡发展的统筹工作提出了要求。

（四）相对贫困群体以脆弱性群体为主

乡村振兴阶段，容易陷入相对贫困的群体主要有未享受建档立卡的边缘户群体、依靠政策兜底脱贫的人群和脱贫不稳定的群体、低收入和弱保障的农村流动人口群体、城市三无人员、城市失业人员，以及受自然灾害、突发疾病、突发事故等因素造成贫困的群体。按照具体的致贫原因，可以将这些群体归纳为社会脆弱性群体、自然脆弱性群体和生理脆弱性群体（张琦等，2020）。脱贫攻坚以来，通过产业扶贫、就业扶贫等精准帮扶手段，帮助绝大部分有劳动能力的贫困人口实现了稳定脱贫，而脆弱性群体对减贫帮扶政策的依赖性更强，很难通过自身努力实现脱贫增收，这也为乡村振兴阶段如何构建缓解相对贫困长效机制增加了难度。

二、乡村振兴阶段缓解相对贫困的重点和难点

结合相对贫困的特征，乡村振兴阶段缓解相对贫困需要注意以下重点和难点：一是明确相对贫困标准。乡村振兴阶段，缓解相对贫困首先要明确贫困标准。我国人口基数大，东西部发展水平存在明显差距，相对贫困标准的变动可能影响亿万人的福利。确定适应中国国情的相对贫困标准，对缓解相对贫困意义重大。二是城乡统筹合力减贫。相对贫困空间分布的散点化、流动性等特征使缓解相对贫困不能将农村减贫与城镇减贫割裂开来，"农村搞一套""城镇搞一套"，而需要城乡统筹，合作减贫。三是激发贫困群体的内生动力。相对贫困维度广、人口多，仅靠政府投入，减贫效率低下。乡村振兴阶段，需要发挥相对贫困群体的主体地位，激发贫困人口的内生动力，让更多有劳动能力的低收入群体主动融入经济社会发展中，享受经济发展的红利。

三、乡村振兴阶段缓解相对贫困的策略

（一）突出"防贫"工作的重要性

解决乡村振兴阶段的相对贫困问题，要突出"防贫"工作的重要性。2020年3月，《国务院扶贫开发领导小组关于建立防止返贫监测和帮扶机制的指导意见》明确指出，"必须把防止返贫摆到更加重要的位置。"乡村振兴阶段，一要坚持事前预防与事后帮扶相结合，建立以防贫为主的治理机制和政策体系，避免防贫工作不到位，导致贫困群体被遗漏的情况；二要落实防贫动态监测预警机制。

（二）构建常规制度化缓解相对贫困治理体系

解决乡村振兴阶段的相对贫困问题，需要构建常规制度化缓解相对贫困治理体系。为确保2020年全面打赢打好脱贫攻坚战，如期完成全面建成小康社会的目标，党中央采取了一系列超常规举措。而面对相对贫困问题，需要由广泛社会动员向常规制度化贫困治理转变，应尽快把相对贫困问题纳入国家和各部门的常规性治理工作中，加快构建城乡一体化反贫困治理体系和多部门协同一体化反贫困治理体系（左停、苏武峥，2020）。

（三）建立缓解相对贫困长效机制

解决乡村振兴阶段的相对贫困问题，需要尽快建立缓解相对贫困长效工作机制。一是做好产业规划，积极探索帮助贫困群体缓解相对贫困的利益联结机制，把握好贫困人口产业扶贫与乡村振兴产业兴旺的衔接点与平衡点。二是坚持外部帮扶与群众主体相结合，激发贫困群体内生动力。扶贫先扶志，通过文化扶贫、产业扶贫、就业扶贫等模式，激发

贫困人口对美好生活的追求，降低贫困人口的发展门槛，提高贫困人口的自信心和行动力。三是坚持政府主导与社会参与相结合，充分发挥政府、市场和社会的作用，形成防贫减贫工作合力。

（四）构建城乡统筹减贫治理体制

解决乡村振兴阶段相对贫困问题，需要构建城乡统筹减贫治理体制。一是要构建城乡一体化的贫困监测机制。结合我国东西部发展差异较大的实际情况，城乡一体化贫困监测机制不仅要做好城乡监测衔接，还要做好不同相对贫困识别标准的衔接。二是构建城乡一体化减贫体系，解决城乡农民工流动性贫困问题。

第三节 乡村振兴下的扶贫体制与机制

脱贫攻坚之所以成效显著，与行之有效的体制机制密不可分。乡村振兴借鉴脱贫攻坚构建的责任体系，建立了一套科学的乡村振兴农村工作领导体制机制。

一是在领导机制上，建立实施乡村振兴战略领导责任制，明确党政一把手是乡村振兴的第一责任人，要求省、市、县、乡、村五级书记一起抓乡村振兴，县委书记要当好乡村振兴的"一线总指挥"。二是在工作机制上，沿用"中央统筹、省负总责、市县抓落实"的工作机制，要求省区党委和政府每年向党中央、国务院报告推进实施乡村振兴战略的进展情况[1]。三是在考核机制上，为确保乡村振兴责任落实到位，政策落地生根，将建立市县党政班子和领导干部推进乡村振兴战略的绩效

---

[1] 乡村振兴关键在党（政策解读·聚焦中央一号文件④）[EB/OL]. (2018-02-08). http://politics.people.com.cn/n1/2018/0208/c1001-29811947.html.

考核制度，并将考核结果作为干部任用、选拔的重要标准。此外，第三方评估在脱贫攻坚成效考核中积累的成功经验对乡村振兴成效考核也具有重要的借鉴意义，值得总结经验后借鉴推广（汪三贵、冯紫曦，2019）。

在基层治理上，脱贫攻坚期间各地向贫困村派驻第一书记、驻村工作队，长期驻村帮扶，落实干部与贫困户结对帮扶等。这些措施对帮助贫困村和贫困户摆脱贫困，促进贫困村村级集体经济发展有明显作用，对乡村振兴阶段如何增强村级治理能力、达到治理有效的目标有一定的借鉴意义。但乡村振兴涉及所有村庄，显然不能简单照搬脱贫攻坚的驻村帮扶方式。乡村振兴阶段具体驻村方式、驻村人员要求、驻村时间，应充分结合各地的实际情况，作出相应的调整，以增强村社的法治、德治和自治能力为根本目标，共同迈向和谐社会（汪三贵、冯紫曦，2019）。

第四节 乡村振兴下的扶贫政策

当下我国乡村振兴的优先任务是打赢脱贫攻坚战，促进农村扶贫和乡村振兴融合，形成良性循环。乡村振兴是贫困户顺利脱贫、防止返贫的有效保障，而脱贫攻坚则是实现乡村振兴战略的基础和前提条件（蒙婷婷，2020）。党的十九大以来，乡村振兴和乡村扶贫逐渐趋向融合发展，乡村振兴的时代特征也为当代的扶贫工作注入新的血液，在给我国扶贫工作带来新挑战的同时，也指明了新的方向。

2018年12月，中央农村工作会议强调，乡村振兴要做到：重塑城乡关系促进城乡融合，完善农村基本经营制度实现共同富裕，深化农业供给侧结构性改革促进质量兴农，坚持人与自然和谐共生推动乡村绿色发展,继承发展农耕文明以促使乡村文化兴盛,创新乡村治理以完善乡村善治体系,坚定打好精准脱贫攻坚战等。

结合乡村振兴短期与长期扶贫目标,乡村振兴下扶贫政策应当分为短期政策和长期政策。首先,短期内落实精准扶贫,完成"绝对贫困"下的扶贫收尾工作,并解决该阶段遗留的难点、痛点;其次,在长期背景下,致力于解决"相对贫困",并在此基础上促进农业现代化,促进乡村在文化、生态、经济、组织等领域的全面振兴。

一、乡村振兴下扶贫政策短期规划

我国扶贫政策经历以下四个阶段:1978—1985年瞄准区域,为救济式扶贫阶段;1986—2000年瞄准县级,为大规模开发式扶贫阶段;2001—2010年瞄准村级,为综合性扶贫阶段;2011年至今瞄准家庭和个人,为片区攻坚和精准扶贫阶段。总体来看,我国扶贫政策呈现"分散—集中整合—精准"的发展特点和螺旋式上升的规律(赵宁宁,2019)。

经过40多年的发展,我国逐渐形成专项扶贫、行业扶贫[①]和社会扶贫"三位一体"大扶贫格局,工作方式由"大水漫灌"转为精准施策、因地因人制宜,扶贫主体由政府全力推动转为政府主导、市场和社会参与,扶贫的体制机制和模式也更加丰富和成熟。但总体来看,我国仍处于第一阶段中"绝对贫困"的收尾阶段。

乡村振兴下扶贫政策是对我国既往扶贫政策的继承,在落实精准脱贫、消除绝对贫困领域上,二者一脉相承。乡村振兴下扶贫政策的短期

[①] "行业扶贫政策"包括安全饮水工程、易地扶贫搬迁工程、危房改造工程、教育扶贫、健康扶贫、农业产业扶贫、就业扶贫、社会保障兜底工程、科技扶贫、交通等基础设施建设扶贫、人才队伍建设、文化扶贫、电商扶贫、旅游扶贫、完善基层治理、生态治理等。

目标是打赢精准脱贫攻坚战，消除绝对贫困，这也是我国当下的主要任务（蒙婷婷，2020）。因此，乡村振兴下的扶贫政策和我国既往扶贫政策在短期目标上是一致的，前者是对后者的继承。过往的扶贫政策在乡村振兴的初期是可以借鉴和适用的，需要在继承的基础上取其精华，此外还需要重点关注当下扶贫的难点、痛点。

（一）深入推动精准扶贫，解决绝对贫困

在当前背景下，深入实施精准扶贫政策要求我们集中资源重点发力，更加关注深度贫困问题，有效应对扶贫"悬崖效应"，精准帮扶贫困户，培育贫困户的内生动力等（陈志钢等，2019；莫光辉，2020）。

一是完善精准扶贫体系。坚持因地制宜、因人因事施策，试点推出多元的精准扶贫渠道和路径，加强东西部合作力度与对口支援力度，加强区域产业协作和产业发展，实行县级定点对接，不断推动定点扶贫工作，健全驻村帮扶等制度。

二是聚焦深度贫困问题。致力于解决重大的贫困难点、热点，推进重大扶贫工程项目，实现到村到户到人的精准帮扶，同时加大政策倾斜和资金支持力度，优化深度贫困地区发展条件，增强贫困户的发展动力。

三是应对扶贫"悬崖效应"。各项扶贫政策在落实过程中产生新的失衡，扶贫资源分配不合理现象凸显，临界贫困人口从制度机制上得不到帮扶，资源过度集中加码在贫困地区与贫困户身上，甚至可能出现过度扶贫等问题。

四是提高精准扶贫的针对性。对有劳动能力的贫困户，通过产业发展、就业培训等方式提供支持，从内生性的角度提高其可持续发展能力。而对丧失劳动能力的贫困户，采取各种保障性扶贫政策，保障其病有所医、残有所助、老有所养。

五是坚持内生性扶贫。坚持扶贫先扶"志"和"智"，把基本救济

和内生脱贫相连接，提高贫困户农业生产、务工经商的素质和能力，增强其可持续发展能力，并有效防止其返贫。引导贫困群众克服"等、靠、要"等思想，打破低水平下的均衡陷阱和恶性循环机制，形成自强自信、争先脱贫的新风气（余应鸿，2018）。

（二）多维度健全社会保障网络

一要坚持健康和医疗扶贫，完善医疗体系。加大我国对基本医疗卫生体系的发展力度，防止贫困户因病致贫与因病返贫。其中，要进一步完善我国的基本医疗保险和医疗救助制度、政策性大病保险制度和商业医疗保险等制度，确保贫困户能够看得上病、看得起病。逐步实现基本医疗服务全覆盖，提高贫困户报销比例，推动慢性病补助、签约服务，大病住院治疗，采取"先诊疗、后付费""一站式"结算等（任志江、苏瑞珍，2019）。

二要做好扶贫措施与低保、五保的衔接。在我国扶贫事业收尾阶段，扶贫政策应当适时灵活调整，统筹协调与低保户、五保户以及残疾人救助政策之间的关系，在认定标准、管理模式、扶持救助渠道等领域并轨统筹，由扶贫脱贫向常态化的社会保障转变，建立和完善乡村振兴下的社会保障和救济机制。

（三）关注边缘群体多维临界贫困问题

一是要重点关注边缘群体多维贫困问题，创新精准识别模式，实行多元化帮扶对策。针对"非贫低收入户、非高标准脱贫户"这两大边缘群体，提高政策帮扶的效率和力度，加强跟进和预警，完善我国乡村振兴下边缘群体的防贫和扶贫制度；二是初步脱贫后，逐渐将贫困和边缘群体的优惠政策转向针对相对贫困群体和低收入群体，如综合利用社会资源，建立低收入群体预警和帮助机制等。

（四）防范返贫风险，巩固脱贫成果

目前，脱贫人口不具有长期性和稳定性，返贫风险大。首先，在总结经验的基础上，完善防范脱贫户返贫的长效机制，确保贫困群众稳定脱贫。其次，重视精神扶贫，克服"等、靠、要"思想，打破贫困户思想的路径依赖。同时，建立激励制度，将扶贫政策与贫困户的参与相结合，培育和提高贫困户的素质和能力。

（五）促进教育扶贫、金融扶贫和科技扶贫协同发展

一是大力发展教育扶贫事业。加大教育资金投入，使扶贫关口前移，提升扶贫对象的内生动力。当前，我国应大力发展学前教育，重点提高义务教育覆盖率，提高高中阶段教育普及程度，尽快完成对我国贫困地区基础教育体系的全覆盖[①]。

二是鼓励科技扶贫。完善贫困地区的科技管理制度，改革当地的科技激励体制，加大对农业新品种和技术成果的开发与引进，提高当地创新和创业能力。此外，加强对农村多元化的产业进行技术性升级，发挥高校和科研单位的优势，建立技术帮扶机制和对接制度，助力当地的特色产业发展。

三是做好金融扶贫工作。我国已初步建成政府主导、金融机构参与的金融扶贫体系，继续深入金融扶贫改革，优化金融扶贫路径，提高脱贫效率，在扶贫的同时促进产业振兴（孟垚希、宋海军、黄圆等，2019）。例如，采取扶贫小额信贷扶贫、"金融+产业"等金融服务的创新模式，满足贫困地区生产生活的金融需求，提高扶贫模式的"造血"功能，缓解长期困扰贫困户的资金问题。

---

① 国务院关于印发国家教育事业发展"十三五"规划的通知［EB/OL］.（2017-01-19）. http：//www.gov.cn/zhengce/content/2017-01/19/content_5161341.htm.

（六）强化脱贫攻坚责任和监督，加强扶贫工作人才队伍建设

一是健全扶贫责任和监督体系。扶贫工作应坚持中央统筹、省负总责、市县落实，发挥地方党政一把手的作用，强化县级党委的先锋作用。加强监督体系建设，开展反腐败和作风建设，加强扶贫监管和结果评估（李树海，2016）。

二是加强扶贫人才队伍建设。我国乡村振兴战略和精准扶贫都迫切要求打造"扎根农村、熟悉农业、爱护农民"的"三农"干部队伍。完善扶贫中的人事制度，拓展选人用人渠道，积极吸纳大学生村官、返乡创业青年等群体，加大宣传和教育培训，壮大我国基层扶贫队伍。

二、乡村振兴下扶贫政策的长期规划

实施乡村振兴战略，在消除绝对贫困问题的基础上逐步缓解相对贫困问题，最终实现乡村的全面振兴。乡村振兴下，长期扶贫政策除了要解决短期目标的遗留问题之外，还要从系统性、整体性的角度，与我国乡村振兴战略相结合。在解决"相对贫困"问题的基础上，推动农业、农村现代化建设，完善就业扶贫政策和培训体系，创新生态扶贫等政策机制。全面打造农业社会化服务体系，加快建设基层组织体系，加快建设高效的现代流通体系，发展农业农村新产业、新业态，做好供销合作社扶贫等工作。

（一）深化农业供给侧结构性改革，走质量兴农之路

根据乡村振兴的内涵，要将农村产业发展的落脚点放在惠及广大农户上，建立乡村振兴长效机制，提高农业和非农产业的"造血"能力，

探索建立利益联结机制，提升贫困户的经济收入，实现短期帮扶与长期发展的有机统一。乡村振兴下，产业扶贫政策应坚持以农业产业供给侧的结构性改革为着力点，深化供销合作社改革，推动多种渠道的联合与合作，从实际出发，切实提高各方效益。

1. 完善农业与农村社会化服务体系。农业的现代化要求不断提高市场创新力、品牌竞争力和产业的全要素生产率。因此，要促进农产品深加工业的大发展、大繁荣，推进农业产业链的整合。通过引进先进设备，延长产业链条，培育特色品牌，提高泛农产品的经济附加值。此外，要推动建立社会化和现代化农业服务体系，优化土地托管服务，将农户利益和现代农业相结合，提高组织程度和市场化程度（王玉斌、李乾、王文博，2019）。

2. 提升产业结构，实现多业态发展。创新农村的产业形态，大力发展现代产业。受贫困人口人力资本禀赋的影响，脱贫攻坚的产业扶贫主要依靠技术性较低的初级农产品加工产业和劳动密集型的非农产业。《中共中央　国务院关于深入推进农业供给侧结构性改革　加快培育农业农村发展新动能的若干意见》指出，农村要发挥本地的资源优势，培育农业品牌、发展休闲农业、电商农业和乡村旅游，推进农业与教育、健康、科技等多业态相互融合，同时试点培育农产品个性化定制、农业众筹、会展农业等新业态。

一是大力发展旅游产业扶贫。旅游产业是贫困地区亟待开发的产业资源，为贫困地区三大产业的融合注入新活力，同时也是衔接中国美丽乡村建设的重要举措。因此，应鼓励因地制宜适度发展特色休闲农业，积极发展乡村旅游和生态旅游（覃建雄、张培、陈兴，2013）。

二是开展电商产业下乡，支持农村现代物流建设。国家鼓励电商开辟特色农产品网销平台，与农村产地建立稳定的供销关系，同时加快农村物流配送体系建设，让农户获得切实的收益（徐天睿，2019）。充分利用市场对农产品的示范作用,引导农户按需生产,发展基于互联网的新型产业体系,优化农林牧渔产业结构,推动农业、加工业、休闲旅游和电商等多业态融合发展。

三是创新资产收益扶贫。国家应集中资源,大力推进农业基础设施建设、生态环境建设,以及光伏、水电和风电等大型新能源工程项目建设,根据情况折股给农户或村集体,特别照顾丧失劳动能力的贫困户(汪三贵、梁晓敏,2017),并与生态扶贫中的补偿机制相结合,完善收益分配方式,拓宽农户增收渠道。

(二)创新乡村治理体系,走乡村善治之路

一是建立农村综合服务社、社区综合服务中心,及时提供信息服务咨询、文体体育娱乐、土地放管托管、餐饮住宿服务、养老幼教中心、金融代办业务、乡村旅游规划、电商物流发展、信息技术培训、社区社保医疗等综合服务。

二是加强党的领导。建立农村基层党组织,培养众多优秀的农村基层党组织书记,发挥党员的先锋模范带头作用,鼓励群众深度参与乡村振兴。

三是因地制宜,合理布局。根据不同村存在的不同问题,结合经济发展水平和文化现状,敢于创新,因地制宜探索乡村治理的有效实现形式。

四是构建乡村善治体系。坚持法治和德治相统一,推进乡村基层自治,完善农村治理体系及各方参与基层治理的渠道,帮助农村加快实现共建共治共享的目标(白杰峰、魏久朋,2018)。

(三)继承发展农耕文明,走乡村文化兴盛之路

一要传承农耕文明精髓,促进乡村文化兴盛。乡风是维系我国历史文化基因的核心纽带,也是传承中华优秀文化的关键载体,培育"乡风

文明"风尚是建设美丽乡村的内在要求。传承农耕文明，不断增强和提升乡村文化自信，不断丰富和发展村规民约。农耕文化的振兴是实现我国乡村振兴的必经之路，也是当代实现中华民族伟大复兴战略的重要组成部分。

二要克服"等、靠、要"思想，打破路径依赖。要打破贫困僵局下形成的依赖惯性，引导贫困户形成自立自强、争先脱贫的精神新风貌（刘俊显，2020），同时设置惠农政策申报和领取的前置条件，协助提高参与式扶贫的覆盖率范围，完善扶贫方法，与生产奖补、劳务补助、以工代赈相结合，引导农民自力更生。

三要推进乡村文明建设。乡村振兴格外强调乡风文明建设和当地的文化建设，因此要大力推进乡村文化复兴，移风易俗，改善当地乡风面貌。

（四）促进就业和创业，提高农民收入

1. 因地制宜地促进就业和创业。支持农村就业创业、促进贫困户就近安置也是产业扶贫的重要举措之一。一是因地制宜地引导贫困户通过多种渠道进行就业。通过鼓励发展乡村的特色农业、乡村旅游、乡村电商等产业，结合生态扶贫中的生态公益性岗位等方式，提高贫困户的参与度和受益程度，助力农户多渠道就业（彭德金、黎小勇，2010）。二是以创业带动就业。加快农村创业孵化基地建设，加大创业环境建设和配套设施建设、加快创业培训和信息服务力度，鼓励创业带动就业，支持返乡农民工、大学毕业生和退役军人等回乡创业（孟红，2003）。

2. 大力发展就业培训，提高人力资本可持续发展能力。能力扶贫是深化我国供给侧结构性改革、推进高质量发展和就业的重要措施，是我国当下就业扶贫的核心内容，也是最可持续和最根本的措施。一是完善就业技能培训体系，实现乡村人才振兴。要加强技能培训与转移就业

工作衔接，统筹协调当地就业、产业发展与职业技能培训，提高培训针对性。二是建立多维度、多梯度的培训体系。加强对贫困人员培训、就业意愿调查，进行分类职业技能培训，加快农村职业培训系统化建设，提供培训补贴支持等。此外，大力引导农村发展多业态的涉农教育培训，促进农业现代化和智慧农业发展（刘红侠，2011）。

（五）坚持人与自然和谐共生，走乡村绿色发展之路

生态宜居是乡村振兴的关键，乡村振兴战略要打造农村绿色生态体系，加大生态环境保护力度，建设美丽乡村。生态保护与扶贫开发二者高度统一，加大对农村贫困户的支持，将中国扶贫事业与生态保护相结合、脱贫致富与可持续发展相结合，推动我国扶贫与生态文明建设的协同发展。

一是建设美丽乡村，完善乡村绿色生态体系。习近平指出，绿水青山就是金山银山，坚持人与自然和谐相处，贯彻落实科学发展观，坚持走可持续性发展道路。因此，要大力进行农村环境整治，加强农村面源污染治理，完善城乡回收利用体系，深化农药减量和控害、测土配方和施肥，在农村倡导使用生物有机肥、低毒低残留农药，大力提升农膜和秸秆、农药包装等废弃物资的资源化再利用，推动农村生活垃圾分类回收，促进农村生活垃圾的资源化再利用、再开发。此外，通过宣传提高生态环境意识，形成爱护环境、节约资源的生产生活习惯。

二是完善生态扶贫下的政策体系。在生态问题上，我国逐渐形成了以生态搬迁和生态补偿、就业安置和提供劳务等为主体内容的、多位一体的生态扶贫模式（易裕元，2019）。在此基础上，要加快解决贫困户在提供生态工程服务后的工资报酬和待遇支付等问题，发展农村的生态产业，提高贫困户的经济收入，并探索完善我国的生态保护补偿机制与转移支付制度。政府应鼓励加强生态工程建设，创新资源管理方式和生

态岗位管理制度，助力生态扶贫政策的落实。

第五节 乡村振兴下的扶贫模式

2020年是脱贫攻坚的收官之年，所有未摘帽的贫困县都将摘帽，但贫困帽的摘除并不意味着扶贫工作的结束，在乡村振兴背景下，扶贫工作被赋予了新的时代内涵。在扶贫模式上，表现为既要有对精准扶贫下脱贫攻坚实施模式的延续，又要积极探索，勇于创新，开拓新的扶贫模式。脱贫攻坚期的扶贫模式主要分为产业扶贫模式、就业扶贫模式、易地扶贫搬迁模式、生态扶贫模式、教育扶贫模式、健康扶贫模式和社会保障兜底模式等。脱贫攻坚成效显著，与行之有效的扶贫模式密切相关，这些扶贫模式也适用于乡村振兴阶段缓解相对贫困。但是，这并不意味着乡村振兴要一成不变，盲目照搬照抄以前的经验，相反，必须与时俱进，积极求变，探索创新扶贫模式以适应时代的要求。

一、乡村振兴下的产业扶贫模式

2018年3月5日，习近平总书记在参加内蒙古代表团审议时指出，要把脱贫攻坚同实施乡村振兴战略有机结合起来。对于脱贫攻坚而言，产业扶贫是精准扶贫"五个一批"工程中的首要工程，也是实现持续稳定脱贫的根本之策。产业兴旺居乡村振兴发展目标的首位，是乡村振兴战略的重点，为乡村振兴其他发展目标的实现提供物质基础和源源不断的动力。因此，要实现脱贫攻坚和乡村振兴的有机结合，必须探讨产业扶贫模式与产业兴旺的衔接关系。

脱贫攻坚和乡村振兴具有内容同质性、作用互构、主题一致性等特征（豆书龙、叶敬忠，2019），因此，分别作为脱贫攻坚和乡村振兴重要内容的产业扶贫和产业兴旺也具有内在的一致性。这种一致性主要表现为以下两个方面：

一方面，产业扶贫为产业兴旺这一目标的实现奠定了基础。第一，产业扶贫促进了贫困地区特色产业的发展，中央在多个政策文件中提出发展特色产业脱贫，如《中共中央 国务院关于打赢脱贫攻坚战的决定》明确发展特色产业脱贫，制定贫困地区特色产业发展规划的要求；《中华人民共和国国民经济和社会发展第十三个五年规划纲要》要求实施贫困村"一村一品"产业推动行动；《贫困地区发展特色产业促进精准脱贫指导意见》对贫困地区发展特色产业作出全面部署：科学确定特色产业，促进三产融合发展；《"十三五"脱贫攻坚规划》提出每个贫困县建成一批脱贫带动能力强的特色产业，每个贫困乡、村形成特色拳头产品。这些政策方面的扶持为贫困地区特色产业的发展创造了良好的环境和条件。在一系列政策驱动下，贫困地区积极开放当地优势资源，推动了一批特色产业的发展。第二，产业扶贫要求培育新型农业经营主体，这些经营主体在国家政策和资金的扶持下不断发展壮大，有效带动了贫困地区的经济发展。

另一方面，产业兴旺能够巩固和提升产业扶贫质量。第一，产业兴旺能够巩固脱贫攻坚成果，促进扶贫产业可持续发展，防止脱贫人口返贫。在脱贫攻坚工作结束之际，如何巩固既有成果，防止脱贫人口返贫成为一项重要议题。产业扶贫承担着上千万贫困人口的脱贫任务，但是由于贫困地区产业基础薄弱，技术含量低，对政府补贴扶持依赖程度高，脱贫人口面临着因产业发展失败而返贫的风险。而产业兴旺能够在"后脱贫攻坚"时代为贫困地区带来政策、人才和资金等方面的支持，从而巩固既有扶贫成果。第二，产业兴旺追求第一、第二、第三产业融合发展，能够推动扶贫产业的优化升级，实现更高质量的脱贫。

尽管产业扶贫与产业兴旺有着内在的一致性，但是二者在有机衔接中仍然存在着一些问题。首先是在脱贫攻坚任务的约束下，地方政府更倾向于选择投资小、见效快的项目，忽视市场评估，且各贫困地区的产业项目同质化现象严重。这些规模小、同质化的产业不能满足乡村产业的多元化和可持续性发展。其次，产业扶贫项目以种养殖业为主，技术含量低，产业链条短，第一、第二、第三产业融合度低，项目为农民带来的收益有限。而产业兴旺要求第一、第二、第三产业融合发展，增加农业产品附加值。因此，目前很多产业扶贫项目的理念还有待改进，以逐步适应产业兴旺发展的要求。再次，政府在产业扶贫中培育了一批龙头企业、农民合作社和家庭农场作为新型农业经营主体来带动产业发展，但是部分合作社流于形式，企业多以分红的方式带动贫困户，违背了"造血式"扶贫的初衷，而且新型农业经营主体和贫困户的利益联结机制松散。这些问题导致新型农业经营主体难以在产业兴旺中发挥带动作用。最后，产业扶贫项目需要兼顾经济效益和社会责任，加之扶贫时间紧、任务重，因此多为政府推动，存在着与产业兴旺"市场主导、政府引导"的冲突（刘明月、汪三贵，2020；李冬慧、乔陆印，2019）。

面对上述问题，我国的产业扶贫模式应作出适当调整，以更好地与产业兴旺对接。第一，优化顶层设计，做好全局性长期性规划。与产业扶贫相比，产业兴旺是一场持久战，短平快的项目无法承担起产业兴旺的重任。因此，贫困地区需要充分考察当地的资源禀赋条件和市场动向，科学规划当地的产业项目，不能盲目追求贫困户短期的收益，要将目光放长远些，只有扶贫产业能够可持续地发展，贫困户才能真正稳定地实现脱贫。第二，实现第一、第二、第三产业融合发展，延长扶贫产业链条。除了发展传统的种养殖业外，要充分挖掘地方的文化资源和自然景观资源等，发展旅游行业。积极发展电子商务，通过线上渠道为农副产品扩展市场。第三，提升新型经营主体的发展带动能力，规范农村合作社的运行，完善贫困地区龙头企业参与产业扶贫的激励机制，完善新型经营主体和贫困户的利益联结机制。第四，充分发挥市场的主导作用，政府要转变职能，逐步将产业发展推动者的角色转变为引导者和监管者的角色。

二、乡村振兴下的就业扶贫模式

《中共中央 国务院关于实施乡村振兴战略的意见》指出，乡村振兴，生活富裕是根本。目前，我国有数亿农民工在城市工作，非农就业是他们的主要收入来源。因此，解决农民的就业问题是提高农民收入、实现生活富裕的重中之重。在脱贫攻坚过程中，就业扶贫是整个扶贫战略中重要的一环。就业扶贫对于消除贫困的积极作用也得到学者们研究的支持。世界银行认为，贫困人口获得劳动收入是比给予现金更为有效的减贫方式（世界银行，2013）。张世伟、周闯（2008）通过对中国的研究发现，为城市贫困人口提供就业可以有效地增加其劳动供给，从而提高其收入，达到扶贫减贫的目的。因此，在乡村振兴战略背景下，仍然要持续开展精准就业扶贫工作，消除贫困，改善民生（张学敏、高凡，2019），同时就业扶贫的模式也要与乡村振兴的需要相适应。

这就要求就业扶贫与扶志、扶智相结合，激发农民在乡村振兴中的主体意识；就业扶贫与产业扶贫相结合，既增加农民收入，又能为乡村振兴积累物质基础（汪鹏，2019）。提高农村贫困人口就业质量，努力消除就业歧视，避免"工作贫困"现象的发生（李长安，2018）。鼓励贫困人口就地就近就业，推动劳务输出，将公益岗位和村容村貌治理结合起来（汪三贵、冯紫曦，2019）。

三、乡村振兴下的易地扶贫搬迁模式

易地扶贫搬迁涉及对象约981万人,是我国脱贫攻坚工作的一项重要内容,易地扶贫搬迁不仅解决了贫困地区"一方水土养不活一方人"的问题,而且对于安置点如何规划布局的问题、搬迁户的社会融合问题、搬迁后的就业安置问题都做了许多有益的尝试。这为乡村振兴阶段面临的村庄搬迁、整合积累了丰富的经验(汪三贵、冯紫曦,2019)。

然而,我国的易地扶贫搬迁工作仍有很多地方需要完善,以更好地对接乡村振兴。第一,提高迁入地区的产业发展水平。产业兴旺是乡村振兴的重点,而目前很多迁入地区的产业结构单一、规模小、技术含量低,能够吸纳的劳动力有限。因此,政府在开展易地扶贫搬迁工作时,要注重迁入地区的产业发展。第二,加强迁出地的复垦复绿工作。生态宜居是乡村振兴的关键,迁出地的复垦复绿是修复改善农村生态环境的重要举措,要做好搬迁户的思想工作,完善对基层干部开展复垦复绿工作的激励机制。第三,加强对搬迁农户的教育培训工作。乡风文明是乡村振兴的保障,搬迁户由于长期受传统思想的影响,一些传统的陋习以及腐朽落后的思想一时难以改变,导致其行为与现代社区生活格格不入,如乱扔垃圾、破坏公共物品、在社区燃放烟花爆竹等。因此,地方政府要物质文明和精神文明一起抓,深入推动移风易俗活动,用社会主义核心价值观来教育引导搬迁贫困户。第四,提高社区管理服务水平。治理有效是乡村振兴的基础,集中安置点的基层党组织、自制委员会成立的时间比较短,很多工作还处于摸索阶段;安置点的村民来自不同的村庄,这又增加了治理的难度,导致目前安置点的社区管理服务水平难以满足搬迁户的需求。因此,地方政府要着力提升安置点的治理能力,形成自治、法治、德治相结合的治理体系。第五,稳定搬迁农户的收入来源。生活富裕是乡村振兴的根本,土地是农民安身立命之本,离开了土地的农民要实现生活富裕,就要依靠非农就业。因此,地方政府应当一方面着力推动劳务输出,另一方面充分开发本地就业岗位,确保搬迁农户就业增收。

四、乡村振兴下的生态扶贫模式

生态扶贫与生态振兴具有内在的一致性,它们都是在"绿水青山就是金山银山"的思想指导下,将生态保护与产业发展相统一的表现(胡钰、付饶、金书秦,2019)。因地制宜、多样化的生态扶贫手段,如生态补贴、生态旅游、休耕轮耕等实践方式,为生态振兴提供了很多有益的经验借鉴(豆书龙、叶敬忠,2019)。

生态扶贫与生态振兴虽然具有内在的一致性,但它们有着不同的侧重点。生态扶贫的重心在于扶贫,而生态振兴的重心则在于生态。生态扶贫通过生态保护来改善贫困地区的自然地理环境和生产生活条件,以达到提高贫困人口收入的目的。而生态振兴要求生态宜居,对人居环境的改善、农村污染治理、农业绿色发展提出明确要求,其主要关注对自然环境的保护,而非收入的提升。因为脱贫攻坚时间要求紧迫,而生态扶贫的经济效益难以迅速显现,所以生态扶贫在脱贫攻坚整体效益中所占的比重不高。乡村振兴是为实现第二个百年目标打基础,与生态扶贫相比,生态振兴有着更为充分的发展空间和历史耐心(胡钰、付饶、金书秦,2019),而生态振兴的实施也会为生态扶贫带来更多的机遇和更大的发展。

五、乡村振兴下的教育扶贫模式

人才是实施脱贫攻坚战略和乡村振兴战略都不可或缺的资源,大力发展教育是这两大战略的共同要求。从当前的情况来看，教育扶贫能够有效阻隔贫困的代际传递，助力脱贫攻坚；从长远来看，教育扶贫为乡村振兴储备了大量的乡土人才（康莉、薛薇，2019）。此外，教育扶贫丰富了贫困人口的精神生活，提升了他们的综合素养，推动了乡风文明（相雪梅，2018）。由此可见，教育扶贫与乡村振兴存在着较强的一致性与协同性。

为了进一步深化两者之间的一致性与协同性，教育扶贫可以从以下几个方面做进一步的调整与改善：第一，将非义务教育阶段纳入教育保障体系，着力提升学前教育普及率和高中教育入学率（汪三贵、冯紫曦，2019）；第二，地方政府要投入更多资金来建设乡村幼儿园，鼓励社会力量创办幼儿园并做好监督和引导工作（孙雪晴，2019）；第三，充实壮大乡村教师队伍，提升乡村教师的工资待遇，在职称评定上适度向乡村教师倾斜，降低评定难度（徐永军、张剑，2018）。

六、乡村振兴下的健康扶贫模式

脱贫攻坚阶段主要关注的是贫困人口的基本医疗保障。政策重点是让贫困人口看得上病、看得起病。政策措施包括县、乡、村三级医疗体系的建设，基本医疗保险和政策性大病保险对贫困人口全覆盖，提高贫困人口的报销比例，慢性病补助和签约服务，大病住院治疗实行"先诊疗、后付费"和"一站式"结算等优惠政策。这些政策措施的实施对解决贫困人口因病致贫的问题起到了重要作用。乡村振兴阶段，大部分脱贫攻坚期间对贫困人口的医疗保障政策都可以保留，部分政策可以扩展到全体农村居民。特别是，以贫困人口大病、长期慢性病保障制度为蓝本，加速建立全民重大疾病和慢性病救助体系。但要防止部分地区出现的对贫困人口过度保障和过度医疗问题的发生，保障水平必须与当地的经济社会发展相适应，具有财政上的可持续性。医疗卫生部门要重视培养乡村医疗人才和全科医生，推进县乡村医共体建设和远程医疗的普及，大幅度提高基层医疗服务水平，提升全民健康水平（汪三贵、冯紫曦，2019）。

七、乡村振兴下的社会保障兜底模式

乡村振兴是我国减小城乡差距、促进社会平等的重大战略举措。社会保障兜底对完全或部分丧失劳动能力的贫困人口给予基本生活保障，充分体现了社会主义共同富裕的原则，是兑现"全面小康一个都不能少"诺言的具体体现。从这一点来看，乡村振兴与社会保障兜底扶贫模式存在一致性。

社会保障兜底为贫困地区建立了基本生活保障的"安全网"，提升了其进一步发展能力；缩小贫困差距，维护贫困地区社会稳定，为乡村振兴提供安稳的社会环境；在一定程度上释放了贫困地区的消费力，促进了当地经济发展（公丕明、公丕宏，2017）。因此，在乡村振兴背景下，针对缺乏自主发展能力的脆弱性群体，加强社会兜底保障，做到精准识别、动态监测、应管尽管，同时统筹城乡社会保障兜底政策，实现城乡一体化管理。

参 考 文 献

[1] 白杰峰，魏久朋. 新型乡村治理体系：生成逻辑、治理功能和实践路径 [J]. 新疆农垦经济，2018（11）：13-18.

[2] 陈桂生，张跃巅. 精准扶贫跨域协同研究：城镇化与乡村振兴的融合 [J]. 中国行政管理，2019（4）：79-85.

[3] 陈志钢,毕洁颖,吴国宝,何晓军,王子妹一. 中国扶贫现状与演进以及2020年后的扶贫愿景和战略重点 [J]. 中国农村经济, 2019 (1): 2-16.

[4] 豆书龙,叶敬忠. 乡村振兴与脱贫攻坚的有机衔接及其机制构建 [J]. 改革, 2019 (1): 19-29.

[5] 高强,孔祥智. 论相对贫困的内涵、特点难点及应对之策 [J]. 新疆师范大学学报(哲学社会科学版), 2020, 41 (3): 120-128, 2.

[6] 高强. 脱贫攻坚与乡村振兴有机衔接的逻辑关系及政策安排 [J]. 南京农业大学学报(社会科学版), 2019, 19 (5): 15-23, 154-155.

[7] 公丕宏. 精准扶贫脱贫攻坚中社会保障兜底扶贫研究 [J]. 云南民族大学学报(哲学社会科学版), 2017, 34 (6): 89-96.

[8] 国务院关于印发国家教育事业发展"十三五"规划的通知 [EB/OL]. (2017-01-19). http://www.gov.cn/zhengce/content/2017-01/19/content_5161341.htm.

[9] 何文虎,杨云龙. 金融扶贫模式的新探索: 宁夏固原模式 [J]. 宁夏社会科学, 2017 (S1): 59-65.

[10] 胡钰,付饶,金书秦. 脱贫攻坚与乡村振兴有机衔接中的生态环境关切 [J]. 改革, 2019 (10): 141-148.

[11] 姜会明,张钰欣,吉宇琴,顾莉丽. 2020年后扶贫开发政策转型研究 [J]. 经济研究参考, 2019 (24): 104-112.

[12] 康莉,薛薇. 教育扶贫助推陕北山区乡村振兴战略探析——以陕西省榆林市清涧县为例 [J]. 林业经济, 2019, 41 (2): 118-122.

[13] 李冬慧,乔陆印. 从产业扶贫到产业兴旺: 贫困地区产业发展困境与创新趋向 [J]. 求实, 2019 (6): 81-91, 109-110.

[14] 李树海. 发挥监督作用助力精准扶贫 [J]. 中国政协, 2016 (9): 38.

[15] 李长安. 乡村振兴战略背景下就业扶贫的机制与措施 [J]. 中国高校社会科学, 2018 (6): 29-36, 154.

[16] 刘红侠. 农民教育培训体系发展思路与对策 [D]. 杨凌: 西北农林科技大学, 2009.

[17] 刘俊显. 扶志扶智激励内生动力发展 [J]. 合作经济与科技, 2020 (16): 172-175.

[18] 刘明月, 汪三贵. 产业扶贫与产业兴旺的有机衔接: 逻辑关系、面临困境及实现路径 [J]. 西北师大学报（社会科学版）, 2020, 57 (4): 137-144.

[19] 卢黎歌, 武星星. 后扶贫时期推进脱贫攻坚与乡村振兴有机衔接的学理阐释 [J]. 当代世界与社会主义, 2020 (2): 89-96.

[20] 蒙婷婷. 乡村振兴战略下精准扶贫政策的探究 [J]. 广西质量监督导报, 2020 (1): 29.

[21] 孟垚希, 宋海军, 黄圆等. 乡村振兴背景下吉林省金融精准扶贫绩效研究 [J]. 吉林金融研究, 2019 (11): 34-39.

[22] 莫光辉, 杨敏. 2020年后中国减贫前瞻: 精准扶贫实践与研究转向 [J]. 河南社会科学, 2019, 27 (6): 99-106.

[23] 彭德金, 黎小勇. 实施产业化扶贫促进农民增收致富 [J]. 新重庆, 2010 (2): 18-19.

[24] 乡村振兴关键在党（政策解读·聚焦中央一号文件④）[EB/OL]. (2018-02-08). http://politics.people.com.cn/n1/2018/0208/c1001-29811947.html.

[25] 任志江, 苏瑞珍. 农村医疗保障制度反贫困的传导机理、当前困境与对策创新 [J]. 理论探索, 2019, 235 (1): 116-123.

［26］世界银行. 2013年世界发展报告［M］. 北京：清华大学出版社，2013.

［27］孙雪晴. 乡村振兴战略背景下教育精准扶贫的内涵、价值及实施路径［J］. 教学与管理，2019（22）：9-12.

［28］覃建雄，张培，陈兴. 旅游产业扶贫开发模式与保障机制研究——以秦巴山区为例［J］. 西南民族大学学报（人文社科版），2013，34（7）：134-138.

［29］汪鹏. "富脑袋"才能"富口袋"——河北省新河县就业扶贫助力乡村振兴工作思考［J］. 前线，2019（2）：60-62.

［30］汪三贵，冯紫曦. 脱贫攻坚与乡村振兴有机衔接：逻辑关系、内涵与重点内容［J］. 南京农业大学学报（社会科学版），2019，19（5）：8-14，154.

［31］汪三贵，冯紫曦. 脱贫攻坚与乡村振兴有效衔接的逻辑关系［J］. 贵州社会科学，2020（1）：4-6.

［32］汪三贵，梁晓敏. 我国资产收益扶贫的实践与机制创新［J］. 农业经济问题，2017，38（9）：28-37，110.

［33］王浩. 金融精准扶贫模式［J］. 中国金融，2016（22）：25-26.

［34］王晓毅. 贫困治理机制转型［J］. 南京农业大学学报（社会科学版），2020，20（4）：144-151.

［35］王玉斌，李乾，王文博. 加快构建农业社会化服务体系 助力农业农村优先发展［J］. 中国农民合作社，2019（4）：62-63.

［36］相雪梅. 精准扶贫与乡村振兴的耦合协同研究［J］. 山东行政学院学报，2018（6）：94-98.

［37］徐天睿. 乡村振兴战略背景下农村电商服务站发展现状的田野调查［D］. 杭州：浙江工业大学，2019.

[38] 徐永军,张剑.《乡村教师支持计划》的政策朔望与内涵分析[J]. 现代中小学教育,2018,34(1):57-61.

[39] 叶兴庆,殷浩栋. 从消除绝对贫困到缓解相对贫困:中国减贫历程与2020年后的减贫战略[J]. 改革,2019(12):5-15.

[40] 易裕元. 关于产业扶贫与乡村振兴的研究——基于产业生态化与生态产业化理念[J]. 粮食科技与经济,2019,44(2):160-162.

[41] 余应鸿. 乡村振兴背景下教育精准扶贫面临的问题及其治理[J]. 探索,2018(3):170-177.

[42] 孟红. 加大再就业工作力度 多渠道推进再就业基地建设[J]. 中国林业,2003(14):42-43.

[43] 张琦,杨铭宇,孔梅. 2020后相对贫困群体发生机制的探索与思考[J]. 新视野,2020(2):26-32,73.

[44] 张世伟,周闯. 城市贫困群体就业扶持政策的劳动供给效应———个基于自然实验的研究[J]. 经济评论,2008(6):23-30.

[45] 张学敏,高凡. 乡村振兴战略背景下精准就业扶贫的路径与对策研究[J]. 全国流通经济,2019(22):115-116.

[46] 赵宁宁. 演进与经验:改革开放以来中国共产党扶贫方式研究[D]. 曲阜:曲阜师范大学,2019.

[47] 中共中央 国务院关于深入推进农业供给侧结构性改革加快培育农业农村发展新动能的若干意见[EB/OL]. (2017-02-05). http://www.gov.cn/zhengce/2017-02/05/content_5165626.htm.

[48] 中共中央 国务院关于实施乡村振兴战略的意见[EB/OL]. (2018-02-04). http://www.gov.cn/zhengce/2018-02/04/content_5263807.htm.

[49] 中共中央 国务院印发《乡村振兴战略规划(2018—2022年)》[EB/OL]. (2018-09-26). http://www.gov.cn/zhengce/2018-

09/26/content_5325534.htm.

［50］左停，苏武峥. 乡村振兴背景下中国相对贫困治理的战略指向与政策选择 ［J］. 新疆师范大学学报（哲学社会科学版），2020，41（4）：88 – 96.